현대를 지배하는 아이디어맨

알렉스 F. 오즈보온 / 이정빈옮김

지성문화사

창조적 아이디어가 당신의 성공을 보장한다!

현대를 지배하는 아이디어맨

알렉스 F. 오즈보온／이정빈 옮김

신은 우리에게 상상력을 주셨다.
우리가 살아가는 데 가장 강력한 무기는 상상력이다.
상상력을 통해 아이디어는 개발되고
인류 역사는 진보한다.
그러나 그것을 건설적으로 발휘하는 사람은 흔치 않다.
지식도 좋고 근면도 좋다.
그러나 창조적 상상이야말로 기적을 낳는 것이다.

창조적 아이디어를 갈망하는 이들에게

    지금까지 진행된 사회역사의 진보와 발전은 인간의 상상력의 소산이다. 궁극적으로 역사란 인류의 상상력의 기록이라 단언해도 과언이 아니다. 다른 동물에 비해 허약하기만한 인류에게는 다행스럽게도 '상상력'이란 강력한 무기가 있었다. 이 상상력은 당시의 생산력과 생산수단으로는 예측할 수 없었던 상황에 능동적으로 대처 가능케 한 창조적 아이디어를 발상시켰다. 만일 인류가 고통스럽고 더디기만 한 창조적 노력과 실패를 끊임없이 되풀이하지 않았더라면 나무 열매나 과실, 나무 뿌리, 날고기를 먹는 생활에서 벗어나지 못했을 것이다.

    제너럴 모터스 사의 찰스 캐털링은 이러한 진보와 발전이 계속될 것을 확신하며 이렇게 말하고 있다.

    "캘린더를 넘길 때마다 우리는 아이디어와 진보를 위한 새로운 장면과 마주친다."

    간혹 전도가 밝고 상상력이 풍부한 내 젊은 친구는 이런 말을 하곤 한다.

    "아무리 아이디어를 짜내려 해도 짜낼 수가 없습니다. 아이디어 발상이란 오리무중 같습니다."

    그러면 나는 그에게 넌즈시 이른다.

    "여보게, 자네에게 내재된 상상력을 믿게. 그리고 떠오른 생각을 싹둑 자르지 말게. 아무리 조잡하게 여겨지는 것일지라도 그 안에 뛰어난 아이디어가 숨어 있을 테니……."

투정이 아니라 본심으로 내 젊은 친구처럼 질문할 수 있는 사람은 정신박약아뿐일 게다. 왜냐하면 창조적 아이디어를 내놓는 기본 토대인 상상력은 기억과 마찬가지로 인간이라면 어느 누구나 가지고 있다는 절대적 증거가 있기 때문이다.

한 학술기관에서 이런 질문을 한 적이 있다.

"학생들에게 창조성에 대해 가르친다고 해서 그들이 창조적으로 될 수 있을까요?"

창조력을 연구하는 사람들의 대답은 분명 "예."였다.

두뇌의 기능을 기르는 데에는 훈련의 역할이 매우 크다. 예를 들면 날마다 20분씩 20일 동안 수학 공부를 한다면, 수학 실력은 그만큼 늘어난다. 수학은 상상력보다 쉬울지도 모르지만, 상상력도 연습하면 훨씬 좋아진다. 적어도 연습한 만큼의 보람은 있나.

창조력 훈련의 효과를 인지하고 창조성 교육을 처음으로 시도한 곳은 제너럴 일렉트릭 사이다. 교육 실시 후의 평가는 1962년 8월 23일자 〈월스트리드 저널〉에 게재된 내용을 빌리는 게 나을 것 같다.

현대를 지배하는 아이디어맨

"제너럴 일렉트릭 사의 창조성 훈련코스를 밟은 사람들은 이 코스를 밟지 않은 사람보다 특허를 세 배나 더 따고 있다."

창조적 아이디어는 바로 창조적으로 생각하는 과정에서 싹튼다. 빵을 먹다가 혹은 길거리를 한들한들 걷다가,

'이 빵을 좀더 맛있게 할 수는 없을까?'

'거리를 좀더 편안하게 걷는 방법은 없을까?'

라는 생각을 떠올려 보라. 아이디어는 바로 거기서부터 조금씩 아주 조금씩 구체화되고 실용화되어 가는 것이다.

만약 당신의 머릿속에 떠오른 아이디어를 동료들에게 말했다가 비웃음을 받을지라도 절대 주눅들지 마라.

프랑스 공상 소설가인 쥬울 베르스는 자신의 집을 떠난 적이 거의 없었음에도 불구하고, 그의 상상력은 2만 마일의 해저는 물론 전세계, 심지어 달나라까지 미쳤다. 그의 아이디어를 비웃는 사람에게 그는 이렇게 대답하곤 했다.

"인간의 머릿속에서 생각할 수 있는 것은 언젠가는 반드시 그 누군가에 의해 성취될 것이다."

그의 말대로 수십 년 전에 상상한 잠수함의 원형인 노티러스 호가 오늘날 만들어 졌다. 베르스가 예상하지 못했던 것은 노티러스 호가 원자력으로 움직인다는 점뿐이다.

하지만 머릿속에 떠오른 아이디어가 모두 실용적인 경우는 드물다. 아이디어를 살리지 못한 까닭은 획득하는 수단보다도 적용면에서의 적극적인 상상력이 모자라기 때문이다. 독창적 상상의 과정은 아이디어가 나오면 끝나는 것이 아니라 아이디어가 나오고 나서야 비로소 시작된다는 것을 잊지 말기 바란다.

이 책에서는 창조적 아이디어 개발의 원리와 방법, 그리고 그 심리적 배경에 대해 이야기하고 있다. 또한 개인적인 아이디어 발상 뿐만 아니라 기업 운용, 품질 개량, 시장 확대 등을 위한 아이디어를 모으는 방법으로 집단적 아이디어 발상의 통로인 브레인스토밍을 제시하고 있다.

아이디어 개발법을 모르거나 독창력을 소홀히 여기고 있는 사람들 그리고 지금 자신이 가지고 있는 독창력을 한층 풍부하게 하려는 사람들에게 널리 읽히길 바란다.

Alex F. Osborn

차례

차례

제3장

브레인스토밍이란 무엇인가

차례

현대를 지배하는 아이디어맨

제4장

아이디어 발상을 활발하게 하려면

차례

제5장

'숙고'는 '영감'을 떠오르게 한다

차례

현대를 지배하는 아이디어맨

제6장

상상력은 인간관계를 개선한다

제1장

상상력은
누구에게나 있다

상상력은 누구에게나 있다

1. 알라딘의 램프는 지금도 빛난다

자네에게 희망을 걸어보겠네

"미안하지만 자넨 그만둬 줘야겠네."

어느 토요일 밤, 〈버팔로 타임즈〉의 편집장인 지미 스타크스는 운명적인 말 한 마디를 불쑥 내던졌다.

"말하긴 거북하지만 노먼 막크 씨가 유럽에서 돌아왔네. 그는 사회부의 인건비가 너무 비싸니 근속연한이 가장 짧은 셋만 해고하라고 말하더군."

부지불식간에 해고된 나는 어깨를 축 늘어뜨린 채 공장이나 창고들이 늘어서 있는 인적 드문 골목길을 타박타박 걸어서 집으로 돌아왔었다.

대학을 다니기 위해 내 가족들의 몇 푼 안 되는 돈까지 가져다 썼고, 방학도 없이 학창시절 내내 일만 해야 했었다. 나는 그날 밤 치욕의 괴로움 속에서 한잠도 이루지 못했다.

스물한 살의 청년에게 있어서 일대 비극으로 여겨졌던 이 해고 사건도, 이제 와 생각해 보니 흔해빠진, 아니 도리어 득이 되는 인생의 경험이었다. 그것은 그렇다 치고 다음날 나는 〈버팔로 타임즈〉에서 쓴 내 기사를 스크랩한 것을 한 손에 들고 〈버팔로 익스프레스〉를 찾아가 사회부장에게 취직을 부탁했다.

"이 계통에서 일한 지 얼마나 되었습니까?"

"석 달 정도 됐습니다. 하지만 이 기사들을 참고로 한 번 봐 주십시오."

스티브 에반즈라는 이름의 이 사회부장은 내가 건넨 스크랩북을 쭉 훑어봤다.

"마침 경찰서 출입기자인 조니 휘스턴이 병으로 결근 중이니까……. 좋소, 자네에게 기회를 주지. 2,3주간만 그를 대신하여 일해주시오. 아직 아마추어 티가 많이 나지만, 자네 기사를 훑어보니 아이디어가 있어 보이네. 자네에게 한번 희망을 걸어 보겠네."

이때 처음으로 나는 아이디어가 다이아몬드와 맞먹는 가치가 있다는 것을 알았다. 그때까지 그 어디에서건 내게 아이디어의 가치에 대해 말해 준 사람은 하나도 없었다.

'아이디어가 그렇게 귀중하다면 더 많은 아이디어를 생각해 내도록 노력해봐야지. 보이스카웃이 일일일선(一日一善)을 생각해낸다면, 난 날마다 한 가지의 아이디어를 생각해낼거야.' 하는 생각이 들어 그 후 나는 '상상'을 취미로 삼았다.

신문사 시절 내 일은 광고 관계였다. 이것은 곧 아이디어로 승부를 걸고 있었다는 말이 된다. 지금은 약 2천7백여 명의 사원을 거느린 기업을 경영하고 있는데, 의도적으로 사원들의 잠재된 독창적인 상상을 일깨워 주려고 노력하고 있다. 내가 얻은 창조적인 성공은 '창조력은 노력하면 촉진되고 창조적인 사고방식에는 여러 가지 방식이 있다.'라는 굳은 신념이 토대가 되었기에 가능하였다.

창조력의 알라딘 램프

《아라비안 나이트》는 창조적인 생각이 한 여인의 목숨을 구하고, 이어서 비극을 기쁨으로 바꾸어 놓은 좋은 본보기라 말할 수 있다.

샤알 왕은 여성불신이 극에 달해서 매일 밤 결혼식을 올리고는 다음날 아침 여자의 목을 베곤 하였다. 날이 갈수록 여자들의 씨가 말라갔다. 그러던 어느 날 세헤라자데라는 현명한 아가씨가 시집을 왔고, 그녀는 사형을 연기시키기 위하여 천일 동안 밤마다 새로운 얘기를 꾸며서 왕에게 들려주었다. 그녀의 이야기는 샤알 왕을 무척 즐겁게 해주었으므로 결국 죽이기를 미루고 미루다 3년이라는 세월이 흘렀다. 왕은 어느새 세헤라자데를 사랑하게 되어, 폭정을 멈추고 그녀와 행복하게 살았다는 이야기이다.

그녀의 이야기 중에 〈알라딘의 램프〉가 있다. 이야기 속의 알라딘의 램프는 현대인에게 있어서 창조력 바로 그것이다. 만약 알라딘이 그 어둡고 험한 동굴에서 밖으로 나갈 방법을 생각하고 찾아 나서지 않았다면 어떻게 되었을까? 또 요술램프는 찾았으나 문질러보지 않았다면 어떻게 되었을까? 아마 알라딘은 영원히 동굴 속에 갇혀 실의와 낙담으로 서서히 죽어갔을 것이다. 알라딘, 아니 세헤라자데는 독창적인 상상 때문에 죽음의 문전에서 되돌아온 것이다.

그러나 머리 속에 떠오르는 모든 상상이 독창적인 것은 아니다. 이러한 상상은 환각, 과대망상, 피해망상, 그리고 열등감 등이 있다. 또 순교자 컴플렉스, 또는 '상처받은 영웅' 컴플렉스가 있다. 이것은 기분이 상했다고 상상하고, 병적인 자기연민으로까지 과장해 나가는 것이다. 심리학자들은 이러한 컴플렉스의 근본 원인을 '곤란을 회피하고자 하는 욕망에서 상상을 잘못 사용하는 것'이라고 주장하고 있다. 이는 프로이트의 다음 학설과도 일치한다.

"모든 신경병은 환자를 현실생활에서 추방해서 현실과 떨어지게 하는 결과, 또는 목적을 가지고 있다."

외과용 메스가 회색의 뇌수를 절개하여 그 물질적 구성은 밝혀냈지만, 인간의 사고기능을 일으키는 것은 무엇이고 마음은 어떻게 작용하는가에 대해서는 아직도 과학적으로 검증해내지 못하고 있다. 다만 다양한 삶을 살아가는 사람들을 연구, 관찰함으로써 인간의 정신능력을 기능이라는 관점에서 파악할 뿐이다. 그것은 다음 네 가지로 요약된다.

- ●흡수력 : 관찰하고 주의를 집중하는 능력
- ●보유력 : 기억하고 생각해내는 능력
- ●추리력 : 분석하고 판단하는 능력
- ●독창력 : 아이디어를 구체화하고 예견하며 생각해내는 능력

이 중에서 먼저 말한 세 가지는 현재 전자 두뇌로 어느 정도 처리할 수 있다. 그러나 어떠한 획기적인 기계가 나오더라도 독창적 아이디어는 내놓을 수 없을 듯싶다.

아인시타인 박사의 "상상은 지식보다 더 중요하다."는 의견에 이의가 있을지 모르지만, 지식을 독창적으로 이용하면 더욱

강력해진다는 데는 의심의 여지가 없다.

상상력이 미국을 이룩했다

지금까지 진행된 사회역사의 진보와 발전은 인간의 상상력의 소산이다. 그 누구라도 이 위대한 가치에 제동을 거는 사람은 없을 것이다. 고통과 실망에 가득찬, 더디기만 한 독창적인 노력이 없었다면, 인간은 지금까지도 나무열매나 날고기를 먹는 원시생활에서 벗어나지 못했을 것이다.

유럽이 사고력, 특히 독창적 사고력을 평가하기 시작한 것은 불과 오백 년밖에 되지 않는다. 르네상스에 활력을 준 것도 이 새로운 정신 자세였다.

북미(北美)는 세계의 독창적인 흐름 속에서도 행운의 수익자(受益者)였다. 〈뉴요커〉지가 "미국을 이루어 놓은 것은 아이디어이다."라고 기술하고 있듯이 미국의 높은 생활 수준은 독창적 사고에 의하여 획득된 것임이 틀림없다. 유럽에서 미국으로 가져온 새로운 아이디어의 하나는 내연 기관(內燃機關)이라는 수단으로 불을 사용하는 것이었다. 이것이 자동차 산업을 낳았다.

농업에 대한 아이디어는 미국의 비옥한 국토를 더욱 풍요롭게 만들었다. 매코믹 회사나 디아즈 회사 등에 의하여 개발된 농업기구는 수확을 종래보다 훨씬 높여주었다. 미국사회 초기에는 한 사람의 도시 거주자를 먹이는 데 19명의 농부가 필요했는데, 오늘날에는 19명의 농부가 자기 말고도 66명에게 충분한 식량을 제공할 수 있다.

1900년대엔 누가 이런 변화를 예상할 수 있었을까? 말과 사류차에서 자동차, 그리고 비행기, 다시 제트기로, 철도와 철도 편으로부터 대서양 횡단 전화와 라디오, TV로, 느리기만 한 배에서 퀸메리 호로……

가스 램프에서 간접 조명으로, 유황과 당밀에서 설파치아졸로, 수동 빅터 축음기에서 하이파이로, 선풍기에서 에어 컨디셔너로, 석탄 스토브에서 벽에 장치된 전기 렌지로, 얼음 냉장고에서 전기 냉장고로, 나팔형 라디오에서 트랜지스터 라디오로, 기름 윤활유 자동차에서 전기 충전 자동차로……

그러나 맨 처음부터 상상의 가치가 완전히 인정된 것은 아니다. 아마 50년대 무렵이었을 것이다. 크라이슬러 회사는 상상력을 '미래를 향한 길을 비추고 미래를 향한 실마리를 조사하며 그 길을 가는 사람에게 더 좋은 방법을 제시해주는 지도적인 힘'으로써 찬미하기 시작하였다. 또 알루미늄 회사는 '이매지니어링'이라는 새로운 말을 만들어 사용하였는데, 이 말은 상상력을 최대한으로 활용하여 그것을 잘 처리하고 토착화시킨다는 뜻이다. 끊임없는 기술혁신과 비약적인 개량이 없으면 소비자들이 더이상 찾지 않을지도 모른다. 이같은 경쟁이 있기 때문에 미국 기업은 어쩔 수 없이 의식적으로 독창적인 노력을 해야 하는 것이다.

독창적 상상력은 연령과 관계없다

"경험은 축적되기보다 잃는 편이 더 많다. 그러므로 노인보다 젊은이 쪽이 아이디어가 많다."

플라톤의 말이다. 이 말을 할 당시 플라톤은 60세의 소크라테스가 새 아이디어를 잇따라 내놓고 있다는 말을 듣고 있었다. 그런데 왜 그런 말을 했을까?

알렉산더 대왕의 경력이 플라톤의 논점을 뒷받침한 것 같다. 알렉산더의 생애를 연구해 보면, 25세에 페르시아를 정복하기 전에 그는 군대 이외의 여러 분야에서 크게 독창적으로 일했다. 25세 이후 그의 독창력은 허영에 의해서 마비되어 버렸다. 그 뒤의 유일한 새 아이디어는 수염을 없애는 방법뿐이었다. 즉 그가 세계를 정복했을 때와 같이 젊어 보이기 위해 수염을 깎는다는 것이었다. 어째서 이처럼 독창력이 빨리 쇠퇴해 버렸을까? 아마 그의 노력이 시들해진 결과 그의 독창력이 차츰 감퇴되었기 때문일 것이다.

간혹 특출한 재능이 인생의 초기에 나타났다가 쉬 불타버리는 경우도 있다. 그래서 천재라는 말이 있다. 그러나 플라톤의 견해를 뒷받침할 만한 조숙(早熟)은 있을 수 없다.

"만일에 당신이 40세가 될 때까지 유명해지지 못한다면 단념하는 편이 낫다."

플라톤의 견해를 뒷받침한 듯한 올리버 웨델 홈즈의 말이다. 하지만 실증되지 않고 있다. 게다가 홈즈 자신의 생애가 그 의견이 잘못되었음을 보여 주고 있다. 그는 48세까지 무명의 의사요, 교수였다. 문학적 명성은 《아침 식탁의 독재자》로 높아졌는데 이것을 쓴 것은 쉰 살이 넘어설 즈음이었다. 그의 전 생애를 통해 가장 독창적이었던 기간은 랄프 월드 에머슨의 전기를 쓰던 75세 무렵이었다.

그의 아들의 경력 또한 독창력은 나이와 함께 쇠퇴한다는 이론에 반기를 들고 있다. 재판장이었던 아들 홈즈는 그 위대한 《코먼 로오》를 72세 때에 썼다. 1933년의 세계 공황기에 그는 92세였는데 미국 대통령은 어떻게 그 공황을 타개해야 할지 그 방안을 그에게 요청하기도 했다.

작가는 요절한다고들 말한다. 그러나 이것도 당치 않은 말이다. 밀튼은 44세에 시력을 잃고, 57세에 《실락원》을, 62세에 《복락원》을 썼다. 마크 트웨인은 71세에 《이브의 일기》와 《3만 달러의 연회》라는 책을 발표하였다.

토마스 제퍼슨은 66세로 은퇴했는데, 그가 70대, 80대에 생각한 여러 가지 혁신적인 고안은 방문자들을 놀라게 하고도 남았다. 벤자민 프랭클린은 정치가요, 발명가였다. 또한 뛰어난 독창적 작가이기도 했다. 그의 걸작 중의 하나는 노예 제도를 폐지하기 위한 호소문이었다. 이것을 쓴 것은 1790년, 즉 84세 때였다.

독창적 과학자 중에서 조지 워싱턴 카버 박사는 80세가 되고도 새로운 아이디어를 잇따라 발표했다. 그 풍부한 아이디어에 〈뉴욕 타임즈〉는 남부의 농업에 가장 공헌을 많이 한 사람이라고 그를 칭찬했다. 초기 과학자의 한 사람인 알렉산더 그래함 벨은 58세에 전화를 완성하고, 일흔이 지나서 항공기의 밸런스를 안정시키는 문제를 해결했다.

심리학자인 조지 로튼은 '인간의 지력(知力)은 80세까지 계속 성장한다.'는 견해를 갖고 있다. 로튼에 의하면 지력의 쇠퇴는 매우 더뎌서 80세에도 30세 때의 지력과 큰 차이가 없으며 나이가 들어감에 따라 기억력 등의 능력은 잃어가지만, 독창적 상상력은 연령과 관계가 없다고 말한다.

'독창력은 캘린더를 무시할 수 있다.'는 학구적 증좌는 오하이오 대학의 헨리 레어만 교수가 탐구하고 있다. 그 하나는 세상에 중요한 아이디어를 내놓아 공헌한 명사들에 대한 연구이다. 레어만 교수가 발표한 1,000개 이상의 독창적인 산물을 검토해 본 결과, 그것이 만들어진 때의 아이디어 메이커들의 평균 연령은 74세였다.

제너럴 일렉트릭 회사의 특허심사부는 발명을 많이 한 사람들의 특허 건수의 기록을 작성해 본 결과, 어떤 경우에는 나이가 들어감에 따라 발명 건수가 적어진다는 사실을 발견했다. 그러나 이것도 앞에서 말한 추진력의 다과, 정신 에너지의 유무로 설명할 수 있다. 성공하면 노력의 정도를 늦춘다는 것은 인정상 피할 수 없는 일 같다. 사람이란 높은 지위와 충분한 보수로 마음을 놓게 되면 과거와 같은 노력은 하지 않게 된다. 같은 연유로 옛날에 비해서 사회 복지 제도가 좋아지면서 옛날 사람들과 같은 독창적인 공헌은 차츰 볼 수 없게 되는 경향이 나타나고 있다.

비록 타고난 재능은 성장하지 않더라도 우리의 독창력은 거기에 쏟는 노력의 정도에 따라서 줄곧 성장시킬 수 있다. 서머셋 모옴은 이렇게 말한다.

"상상은 훈련함으로써 성장하고 어릴 때보다 성인이 되면 더 강력해진다."

남녀의 독창력의 차이

여성은 근육 조직에서는 남성에게 뒤질지 모르나 상상력에서는 뒤지지 않는다. 존슨 오코너 재단에서는 702명의 여성을 조사한 결과 그 독창력이 남성들보다도 평균 25%나 높다는 사실을 발견했다.

대부분의 주부들은 남편보다 더 많은 상상을 한다. 남편들은 밖에 나가 정해진 코스대로 일을 하지만 주부들은 여러 가지 문제 해결을 위한 상상으로 하루를 보낸다. 생각해보라. 쇼핑, 식사, 가구 정돈, 자녀 교육 등 연구할 일이 얼마나 많이 산적해 있는가?

여성은 크리스마스 선물로 골치를 앓는 일은 없다. 왜냐하면 의무나 깊은 애정을 가지고 무한한 상상력을 추동시키기 때문이다. 한 해를 되돌아봤을 때 여성이 크리스마스 때 생각하는 만큼 독창적인 일을 하는 남성은 거의 없다. 여성은 자기의 남편, 자녀, 백모, 사촌 누이, 그 밖에 선물 리스트에 실려 있는 모든 사람들에게 줄 새롭고 각기 다른 선물을 생각해내야 한다. 대개의 경우 그녀는 '메리 크리스마스, 아빠로부터'라고 쓴 표지를 붙인 선물까지 생각해내야 한다.

상상력을 작용시켜야만 좋은 어머니가 될 수 있다. 어머니는 아기가 젖을 먹지 않고 보채도 금방 단념하지는 않는다. 어떻게 하면 먹일 수 있을지 그 방법을 생각해낸다. 자녀에게 유익한 것은 무엇이나 생각해내는 습관을 본능적으로 어머니는 터득하고 있는 것이다.

여성의 독창력은 가정에만 국한된 것은 아니다. 독창력의 분야에 있어서 여성 스타는 자꾸 늘어나고 있다. 그러나 주목할 만한 독창성은 분명히 여성보다 남성 쪽이 많다. 오하이오 대학의 도노반 교수는 그 연구에서 이 점을 지적하고 있다. 그러나 여성이 그 독창력을 발휘할 기회를 갖게 된 것은 역사상으로 보아 극히 최근의 일이다.

포올 포페노 박사가 남녀의 심리적 차이를 분석하여 지적했듯이 이 차이는 타고난 것이라기보다는 생후에 습득한 차이이며, 여성이 더 폭넓은 생활을 함에 따라 눈에 띄게 줄어드는 것이다. 만일 남녀간에 차이가 있다면, 그것은 아마 선천적인 재

능이 아니라 많은 남성들은 독창적 상상력을 적용해야 할 여러
가지 문제에 직면할 기회가 많다는 사실에 있다. 즉 독창력은
연습에 의해 향상되는 것이다.

남녀 양성의 어느 쪽이 독창성이 높은가에 대한 과학적 연구
의 결론은 아직 나오지 않았다. 미네소타 대학의 토런스 박사
는 〈성의 역할과 독창적 사고〉에 대한 연구를 하였는데 그 결
과에 따르면, 독창력의 총 득점과 남자다움이나 여자다움 사이
에선 남녀 양성이 다 별다른 차이를 볼 수 없었다는 것이다.

또 스탠포드 대학의 밀튼 박사도 〈문제 해결 기술에 대한 성
의 역할이 미치는 영향〉이라는 조사를 했었다. 밀튼 박사가 지
적한 점의 하나는 남성적인 남자는 여성적인 남자보다도 문제
해결이 빠른 것과 마찬가지로 남성적인 여성은 여성적 역할이
많은 여성보다 문제 해결자로서 뛰어나다는 점이다.

대학에 가지 않고도 독창적인 아이디어는 생산된다

'대학에만 갔었더라면 나도 한 자리 차지하였을텐데…….'라
고 생각하는 사람들도 많겠지만, 고등교육이 독창력을 높였다
는 증거는 어디에도 없다. 대학이란 대개 독창력이란 테마를
무시하고 있다.

과학적인 검사에 의하면 독창력의 발현에는 동시대 사람들의
대학학력과는 상관이 없다고 해도 좋다고 한다. 많은 학위를
소지하고 있는 윌리엄 이스턴 박사는 이런 말을 하고 있다.

"교육이 결정요인은 아니다. 고등교육을 받은 자 중에도 멍
청이가 많고 정규교육을 거의 받고 있지 않아도 훌륭한 업적을
이룬 자가 많다."

10대 시절부터 직업을 갖는 자는 독창적인 램프의 최량의 기름인 체험을 저축하여 나가고 있는 것이다. 게다가 이 젊은이들은 독창적 아이디어를 내는 데 없어서는 안 될 노력하는 습관을 단련한다.

레나 힌멜슈타인은 열다섯 살 때, 고등학교에도 다녀보지 못하고 러시아에서 미국으로 이민왔지만, 임신한 사실이 겉으로 드러나지 않는 임신복을 고안하여 레인 브라이앙트 회사를 창설하였다.

서스튼 박사는 이렇게 말한다.

"극단적으로 머리가 좋다는 것은 독창력이 있다는 뜻이 아니다. 머리가 좋은 학생이 반드시 독창적 아이디어를 내놓는다고는 할 수 없다. 시험점수가 좋으면 천재라고 불린다. 틀림없이 기억력은 좋다. 그러나 아이디어를 끊임없이 내놓을 수 있을지는 의문이다."

전문적인 교육을 받지 않은 사람으로부터 위대한 아이디어가 많이 나오고 있다는 것은 역사가 여실히 보여 주고 있다. 전신기(電信機)는 화가인 모르스가 발명했다. 증기선은 화가 풀턴이 고안했다. 학교 교사였던 에리 휘트니는 조면기(繰綿機)를 발명했다.

전쟁 초기에 새로운 피폭 방지구(被爆防止具)가 뉴욕 시의 운수 회사 사무 직원에 의해 고안되었다. 진주만 사건 이래 그 고안은 많은 생명을 구했다. 이러한 것은 교육을 못 받은 사람이 받은 사람보다도 독창적으로 사고하는 경우가 많다는 단적인 예이다.

《보편성의 디자인》의 저자 프리츠 카안에 따르면, 교육 정도가 높은 사람이 독창적이지 못한 까닭은 자유분방한 사고를 하기 어렵기 때문이라고 말한다. 그는 파라디의 획기적인 아이디어를 칭찬한 아인시타인 박사의 말을 소개하고 있다.

"이 발견은 대단한 상상의 산물이다. 파라디는 학교에 다니지 않았기 때문에 자유분방하게 생각할 수 있는 보기 드문 재능을 간직하게 되었고 그로 말미암아 결국에는 이런 아이디어가 나온 것이다."

독창력은 인고의 노력 끝에 발현된다

아무리 지식이 많고 잠재적 재능이 있다 해도 사기가 없으면 아무것도 안 된다. 이 점을 좀더 쉽게 설명하기 위해 예를 들어보기로 하자.

당신이 나와 함께 어떤 건물의 16층에 있는데, 그때 내가 이렇게 말했다고 하자.

"여기에 편지지와 연필이 있습니다. 갑자기 이 건물이 지진으로 넘어진다는 사실을 알면 어떻게 하시겠습니까? 당신이 할 것으로 보이는 일을 1분 동안에 써주십시오."

당신은 틀림없이 이렇게 대답할 것이다.

"유감입니다만, 저는 아이디어가 떠오르지 않습니다."

그런데 훌륭한 배우로 하여금 이 사무실에 뛰어들게 하여 자못 그럴 듯한 장면을 설정시켰다고 하자.

"이 건물은 2분 이내에 무너진다."

당신이 그 배우의 말을 진정으로 받아들인다면 몇 가지 아이디어가 즉석에서 떠오를 것이다.

천재 중에는 자기의 램프를 힘있게 문지르지 않아도 아이디어가 손쉽게 떠오르는 것처럼 보이는 사람이 있다. 알렉산더 울코트는 대학 시절의 친구이다. 그의 타고난 재기는 나를 아찔하게 만들 정도였다. 나는 작은 램프에서 몇 줄기의 빛을 얻기 위해 열심히 문질러야 했는데, 그의 것은 아주 커서 소매로 문지르면 되는 것 같았다. 그러나 그 뒤 그를 알게 됨에 따라 그의 훌륭함은 그에게 독창력이 있다기보다는 정신 에너지, 즉 열심히 생각하는 데 있었음을 알게 되었다. 엄밀히 살펴 보아도 현재 사용하는 것보다 훨씬 많은 지력을 지니고 있다. 뇌 중심부의 대부분 예를 들면, 말하거나 읽거나 하는 곳은 이중으로 되어 한쪽이 상하거나 병에 걸리면 그 스페어 쪽이 대신하는 것이다.

루이 파스퇴르는 뇌의 절반이 파괴당할 만큼 큰 타격을 받았는데도 그의 위대한 발견의 일부는 그 후에 이루어 졌다. 비교해서 말하자면, 두뇌의 기계적 복잡성은 1,000억 단위의 것이지만 가장 진보된 컴퓨터는 10만 단위밖에 되지 않는다. 따라서 기계로서만 두뇌를 생각한다면 전자 계산기보다도 100만 배의 능력이 있다는 말이 된다.

개미는 조직적인 능력이 있다고 알려져 있다. 그러나 개미의 신경세포는 겨우 250밖에 되지 않는다. 한편 인간의 두뇌는 100억의 신경세포로 이루어져 있다. 바꾸어 말하면, 우리 대부분은 현재 사용하고 있는 것보다는 훨씬 많은 지적능력을 지니고 있다는 것이다.

독창력에 유전적인 영향이 있는지는 아직 확실치 않다. 환경은 하나의 측정하기 어려운 요인이 되어 있다. 예일 대학의 엘스워스 하이틴튼 교수는 청교도 자손의 발명 재능을 연구하여 그들이 발명한 특허수와 이민 자녀들의 특허수를 비교해 보았다. 청교도 자손 쪽이 훨씬 독창력이 높다는 사실을 발견했다. 그러나 아놀드 토인비가 지적했듯이 북부에 사는 미국인의 연구력은 선천적이라기보다도 노력에 힘입은 바가 크다.

초기의 뉴잉글랜드 주민은 인디언, 추위, 산림, 흙 속의 바위와 싸워야 했다. 그 환경이 노력하는 습관을 만들었고, 그것이 독창력을 조금씩 향상시킨 것이다.

부룩스 애트킨슨이 말했듯이 독창적인 사고방식을 하려는 의욕은 사람에 따라 현저한 차이가 있고, 그 차이는 타고난 재능의 차이와는 비교할 수 없을 만큼 크다.

2. 독창력을 방해하는 것

판단에 급급하면 기껏 떠오른 아이디어마저 꺾게 된다

우리의 사고는 대개 분석하거나 비교하고 선택하는 판단력과 구현하고 예견하고 아이디어를 짜내는 독창력의 둘로 나뉜다. 판단은 상상력이 일정 궤도에 오르도록 돕고, 상상력은 판단을 개발한다. 비판적 노력과 독창적 노력은 모두 분석과 종합을 필요로 한다는 점에서 같다.

판단력은 사실을 분석하고, 그 무게를 측정하고, 비교하고, 또 어떤 것은 버리고 남은 요소를 정리하여 결론을 내린다. 독창력도 마지막 결과가 판단이 아니라 아이디어라는 점을 제외하면 거의 같은 일을 한다. 그러나 판단력은 입수한 사실에만 의존하려는 경향이 있는데 비해 독창력은 미지의 것, 예를 들면, 2에 2를 더하면 4라는 명제 그 너머까지 미친다.

보통 판단력은 나이와 더불어 성장하는데 비해 독창력은 의식적으로 기르지 않으면 차츰 약화된다. 주위의 환경은 언제나 비판력을 발휘하기를 바란다. 잠을 깨고부터 잠자리에 들 때까지, 어린 시절로부터 죽음에 이르기까지 우리는 항상 판단력을 훈련하고 있다. 훈련에 의해 판단력은 성장하고 연마된다. 교육도 판단력을 기르고 있다. 학교 교육의 90% 이상이 비판력과 판단력 훈련에 할애하고 있다. 게다가 그릇된 판단을 하지 않도록 해야 한다는 현대의 관습도 판단력을 기르고 있다.

우리는 평소 주변에서 "그는 훌륭하다. 실수를 한 일이 없다."는 말은 자주 듣지만, "그는 상상력이 풍부하다. 게다가 늘 그것을 활용하고 있다."는 말은 좀처럼 듣기 어렵다. 그만큼 생활 속에서 사람들은 독창력 향상에 힘을 기울이고 있지 않다는 증거이다.

미네소타 대학의 폴 토런스 박사는 연구에 의해 지식이나 판단력이 향상됨에 따라 상상력은 쇠퇴된다는 사실을 밝히고 있다. 이는 토런스 박사의 저서 《독창적 재능의 길잡이》에 서술되어 있다. 이와 같은 현상을 50여 년 전에 심리학을 연구하던 리보트가 발견하고 있다. 판단력과 상상력의 갈등이 결과적으로 거의 모든 사람들의 독창력을 나이들기도 전에 쇠퇴시켜 버린다고 지적했다. 리보트에 의하면, 인간은 일반적으로 어릴 적에는 판단력보다 상상력의 향상이 빠르지만, 판단력이 발달됨에 따라 상상력은 약화된다고 한다. 왜냐하면 판단력은 대체로 부정적인 시각이 지배적이기 때문이다.

이에 반해 독창적 사고에는 적극적인 태도가 필요하다. 희망을 가져야 한다. 정열도 가져야 한다. 자신도 갖도록 해야 한다. 실패가 두려워 안전주의자가 되어도 안 된다. 에디슨이 발명한 최초의 램프는 형편없는 것이었다. 그는 그 불완전한 모델에 달라붙어 노력을 쌓은 끝에 개량할 수 있었으며, 그 아이디어 전체를 버릴 수도 있었을 것이다. 그러나 그는 그 어느 쪽도 택하지 않았다. 최초의 전기 램프는 양초나, 휘발유 램프나, 가스등보다도 훨씬 좋았다. 그래서 그는 그것을 그대로 세상에 소개했다. 소개한 뒤에 개량하기 시작한 것이다.

제너럴 일렉트릭 회사의 수츠 박사는 적극적 태도를 '독창적인 사람'의 특징이라고 단언하고 있다. 그는 말한다.

"새로운 아이디어를 기꺼이 받아들이는 습관을 들여라. 왜 그것이 잘 되지 않는지는 가만히 있어도 다른 사람이 가르쳐 주니까 먼저 왜 그것이 좋은지 그 이유를 생각하라."

판단력과 상상력은 그 필요에 따라 분리해서 사용하면 서로 도움이 될 수 있다. 독창적인 일을 할 때에는 '지킬 박사와 하이드 씨'가 되어야 한다. 비판력을 누르고 독창력을 작용시켜야 할 때도 많다. 독창력을 발휘하고 나서 판단력을 발휘할 때까지의 사이에는 상당히 긴 기간을 두지 않으면 안 된다. 판단을 너무 급히 서두르면 독창력의 싹을 꺾고, 떠오른 아이디어마저 모두 사라지게 할 우려가 있다. 특히 독창적 문제를 푸는데에는 판단력보다 상상력에 우선권을 주고 목표 주위에 상상의 그물을 쳐야 한다.

독창적 상상력이 풍부한 내 친구는 갖가지 아이디어를 생각해내기까지는 판단력을 사용하지 않기로 규칙을 정하고 있다. 우리는 의식적으로 노력하여 스스로 조잡한 아이디어라고 생각될지라도 계속 아이디어를 생산하는 습관을 들여야 한다. 이것은 사고근육을 유연하게 만드는 작업이다. 워밍업을 할 때에 나오는 조잡한 아이디어라도, 어리석게 생각될 때도 있겠지만, 웃어 넘기지 말고 적어 두는 것이 중요하다. 어리석게 여겨지는 것 속에 실마리가 될 소중한 것이 있을지도 모른다.

　세계의 진보라는 크나큰 문제에 대해서도 모두 그렇게 생각한다고 판단을 내려버리면 과학적 진보는 저지당하고 만다. 제임스 코넌 박사가 말했듯이, 하나의 개념은 새로운 개념을 받아들이는 경우에 장애가 된다. 어느 아이디어를 상용하려는 단계에 이르기까지는 아이디어의 좋고 나쁨을 결정할 필요가 없다. 이것이 포인트이다. 어느 쪽을 사용하느냐 하는 단계에 이르면 독창적인 사고의 경우에 정열을 불태우던 것과는 반대로 애써 냉정한 판단을 내려야 한다. 판단할 단계가 되면 생각하는 것보다는 테스트하는 편이 좋다. 주관적인 판단은 쓸모가 없을 뿐 아니라 주위의 편견에 좌우되기 쉽고, 객관적으로 되기도 어렵다.

습관이 문제 해결을 어렵게 만든다

　교육 받고 경험을 쌓음에 따라 이렇게 해서는 안 된다, 저렇게 해서는 안 된다는 생각이 점점 강화된다. 이것은 습성화 되어 새로운 문제에 대한 상상력 적용을 어렵게 만든다.

　제너럴 일렉트릭 회사의 프랑크 힉스는 이 장애물을 '기능적 고정(機能的固定)'이라고 일컫고 있다. 실험심리학자는 이것을 '문제 해결의 고착', '메카니제이션', '세트', '자세' 등의 여러 가지로 부른다. 수많은 실험심리학자들은 아이디어를 내놓는 과정은 그 사람의 생활태도에 따라 달라지는 경향이 있다고 보고 있다. 보거나 해 온 모든 것, 특히 가장 손쉽게 성공하는 행동이나 사고방식은 마음가짐의 일부가 되어 있는 것이다. 이런 습관은 과거에 직면했던 문제를 해결하는 경우에는 도움이 된다. 과거와 비슷한 양상의 문제와 마주치는 경우에는 과거의 해결안이 그대로 사용되기도 한다.

그러나 새로운 문제에 직면했을 때에도 우리의 사고는 전에 부딪쳤던 비슷한 문제에 사용했던 해결 방법에 사로잡히는 경향이 있다. 이것도 저것도 잘 되지 않을 경우, 즉 새로운 해결책을 생각해 내야만 할 경우에 우리는 몇 가지 습관적인 행위의 한 부분을 결합시켜 새로운 행동을 유발한다. 다시 말하면, 전에 취한 행동의 부분을 몇 가지 취합하여 또 다른 새로운 모양으로 종합하는 것이다.

하지만 '과거의 습관적 단편'들을 짜맞추는 방식으로는 새로운 문제를 해결할 수 없다. 즉 체험한 경험의 범위 안에서만 아이디어를 짜내려는 습관을 버려야 한다. 그리고 새로운 해결을 위한 실마리를 찾는 데에 상상력을 자유로이 작용시켜야 한다. 그 목적을 달성하기 위해서는 다른 사람의 격려가 아주 좋은 영향을 준다. 이것은 로체스터 대학의 에모리 코엔의 실험으로 밝혀졌다.

코엔은 학생을 두 조로 나누고 한쪽은 극찬해 주고, 다른 한쪽은 비판을 퍼부었다. 루틴의 워터쟈 테스트에서 칭찬을 받은 무리는 스트레스를 받은 무리보다도 틀에 박힌 고정적인 대답이 37%나 적었다. 고정적인 행동이 이만큼 감소된 것은 피험자의 걱정이 감소되기 때문이다.

방해물로서의 자기 상실

대다수의 사람들은 자기에게 독창력이란 없다고 생각한다. 그러나 자기 상실, 이것이 독창력의 숨통을 틀어쥐는 경우가 많다. 지금까지 수많은 독창적인 아이디어를 내놓은 사람들을 살펴보면, 미치광이, 괴짜 등으로 불리웠고, 비웃음을 받았다. 에디슨, 아인시타인, 파스퇴르도 그러했다.

옛날에는 달타냥처럼 위험을 두려워하지 않고 전진하는 것이 미국 사람의 특성이었다. 영국인들은 우리의 조상을 뽐내기 잘하는 떠버리로 여기고 있었다. 그런데 이상하게도 이런 양상이 바뀌어 겸손이 전형적인 미국인의 상징처럼 돼 버렸다. 비웃음을 무릅쓰고라도 당당하게 자기 의견을 피력하며 나서는 것을 부끄럽게 생각하였고, 그 결과 수많은 유망한 두뇌의 산물이 빛을 보지 못하게 되었다.

독창력을 방해하는 또 하나의 경향은 틀에 박히고 싶어하는 감정이다. 이것이 '인습주의'이다. 인습은 창의성에 커다란 방해물이다. 바보로 다루어지기 싫다는 것을 뒤집어 보면 남과 동떨어진 사람이 되고 싶지 않다는 것이다. 이 컴플렉스는 내가 지도하려던 많은 사람들에게 장벽이 되고 있었다. 설교가될 우려는 있었으나, 나는 다음과 같이 말했다.

"다른 사람에게 바보로 다루어지는 것과 스스로 자기는 바보라고 생각하는 것은 어느 쪽이 더 나쁩니까? 당신의 아이디어 중 어떤 것은 설익은 것이라고 여길 사람이 있을지도 모릅니다. 그렇다고 해서 더 좋은 아이디어를 내놓으려고 하지 않는 것처럼 어리석은 일은 없지 않습니까?"

그러나 바보로 다루어지고 싶지 않다는 기분은 누구에게나 있는 감정적인 방해물이다. 정녕코 지성이 있는 사람들은 독창적인 노력을 찬미한다. 모든 좋은 것은 모든 사람이 어리석다고 단정한 아이디어에서 나왔음을 인식하기 때문이다.

불행히도 우리는 세계에서 가장 독창적인 사람들을 돼 먹지 못한 에고이스트라고 오해해왔다.

조지 버나드 쇼의 덥수룩한 모습은 일부러 취한 포즈일지도 모른다. 소년 시절의 그는 자학적인 사람이었다. 그는 이렇게 기록하고 있다.

"나는 너무 내성적이어서 마음을 단단히 먹고, 문을 노크하기까지는 20분 이상을 이리저리 서성거리는 일이 많았다. 내가 청년 시절에 단지 소심하다는 이유로 고민한 것보다 더 고민한 사람은 아마 없을 것이다."

그는 소심증을 극복하기 위해 대중 앞에서 말하는 공부를 시작했다. 처음에는 무릎이 떨렸으나 일부러 건방진 사나이로 보이려고 힘썼다.

독창적인 사람들은 매우 겸손하다. 나는 독창적인 연구에 우수한 사람을 몇몇 알고 있지만, 자기를 위대한 사람이라고 자만하는 사람은 아무도 없다. 그 성공의 비결을 들어 보면, 대개 자기들의 독창력 같은 것은 도저히 천재의 레벨과는 비교도 안 된다면서 자기가 한 일은 잇딴 실패에도 굽히지 않고 자꾸 시도해 보았기 때문에 이루어졌다고 말한다.

아이디어를 가로막는 소심증

자기 자신에게 기대를 너무 걸면 소심증이 자만을 압도해버리는 일도 가끔 있다. 어느 날 밤, 우리 그룹은 새로운 라디오 쇼를 검토하기 위해 비밀 협상을 하고 있었다. 나이든 우리는 모두 아이디어를 내놓았으나, 젊은이들은 그저 듣기만 할 따름이었다. 나는 그 중 한 사람이 나보다도 훨씬 많은 독창력이 있음을 알고 있었다. 그래서 그에게 물었다.

"어째서 당신은 아무것도 내놓지 않습니까?"

선뜻 대답하기를 망설이던 그는 넌지시 말을 꺼냈다.

"당신이 나한테 기대하는 만큼 좋은 아이디어가 되지 못할까 봐 두렵습니다."

나는 소심증이란 자기의 독창력에 의심을 품는 데에서 생긴다는 것을 깨달았다. 셰익스피어는 말하고 있다.

"그러한 의심은 배반자이다. 때로는 하면 성공할 가능성이 있는 것을 두려운 나머지 안 하고 만다."

우리에게 독창력이 있는 것은 확실하다. 그것은 발휘하려고만 하면 반드시 더 잘 구사할 수 있다. 그러나 생각은 하지만, 그것을 발표할 단계가 되면 망설이는 경우가 많다. 몇 년 전의 일인데 어느 큰 회사에 비서가 있었다. 인격은 온화하고 해야할 일은 꼬박꼬박 잘 했지만, 전도가 그리 밝지 않았다. 왜냐하면 2에 2를 더하면 4가 된다는 그 이상의 것은 생각해내지 못했기 때문이다. 그러나 몇 년이 지나자 그는 많은 사람을 물리치고 그 회사에서 최고 경영자 셋 중의 한 사람이 되었다. 성공의 비결은 대체 무엇이었을까?

처음 10년 동안에는 아이디어가 있어도 그것을 다른 사람 앞에 내놓기가 두려워서 도무지 기를 펼 수가 없었다. 그러던 어느 날 그는 결심했다. '비록 최악의 경우일지라도 비웃음을 사는 게 고작이다.' 이렇게 결심하고 몇 가지 아이디어를 내놓았다. 그것이 채택된 뒤부터는 대담해졌다. 너무나 대담해져서 자신이 생각하는 아이디어를 모조리 발표해도 전혀 망설이지 않게 되었다.

"질문을 하고, 사실을 탐구하고, 경험을 쌓고, 실패를 똑바로 직시해 보라. 그리고 독창성이라는 게임의 어느 단계에서나 테두리를 벗어나서 사물을 생각하라. 2와 2는 22도 되고, 0이나

4로도 된다는 것을 배워라. 즉 하늘이 내린 상상력을 작용시켜라. 그것이 일단 습관화되면 신앙과 마찬가지로 상상력은 능히 산도 움직일 수 있음을 알 것이다."

빅터 와그너의 말이다. 그의 말대로 하면 할수록 독창력은 본능적으로 작용하게 된다. 독창적인 일을 시작하면 소심증이 방해를 하는 경우가 있다. 이 소심증이라는 두터운 벽은 스스로 깨뜨려 내야만 한다.

수많은 과학자들도 의욕을 잃고 일을 내던지는 일이 없도록 자신을 스스로 격려해야 했다. 로날드 로스는 말라리아 박멸 방법을 연구하고 있었는데, 인도에서 뜻하지 않은 벽에 부딪치고 말았다. 그러나 단념하지 않고, 실마리를 찾을 때까지 연구를 계속했다. 그는 "말라리아의 비밀은 거의 내 수중에 있다. 몇 주 안에 조국의 영광을 위해 그것을 해결할 것이다."라고 캘커타에서 런던으로 전보를 쳐서 자신을 격려했던 것이다. 시간이라는 점에서는 그대로 되지 않았으나 최종해결은 그의 말대로 되었다.

여러분들이 뛰어난 아이디어 메이커로서 성장하려 할 때, 언제나 암담할 때는 있게 마련인데 그 문제에 확고한 신념을 가지고 곤란을 무릅쓰며 전진하면 마지막에는 성공할 가능성이 있다는 것을 잊지 말길 바란다.

격려가 아이디어를 기른다

"어느 정도의 반대는 인간에게 크게 도움이 된다."

토마스 카아라일의 말은 옳은 말이지만, 독창성은 매우 섬세한 꽃이어서 칭찬하고 격려해주면 꽃이 피지만 실망시키면 피지도 못하고 봉오리로 지고 만다. 누구나 자기의 노력에 감사하다는 말을 듣고 칭찬받으면 더 많고 더 좋은 아이디어를 내놓으려고 한다. 악의가 있으면 하겠다는 의지에 브레이크를 건다. 재치있는 기지는 해가 된다.

"파리는 위대한 아이디어를 멸하게 하고, 그 아이디어를 기지로 죽음에 이르게 하는 도시이다."
라고 발자크는 풍자시로 표현하고 있다. 비록 아이디어는 좋지 않더라도 적어도 아이디어를 내놓기 위해서는 격려가 필요하다. 좋은 상사란 자신도 좋은 아이디어를 내놓고 독창력을 지도하기도 한다. 스타틀러는 한 호텔 조직으로부터 전국적인 조직을 완성한 사람인데 남의 아이디어를 끌어내는 재능은 곧잘 자랑했지만, 자기 아이디어의 재능에 대해서는 별로 자랑하지 않았다. 전에 나한테 이런 말을 한 적이 있다.

"내가 휠링 맥클루어 하우스의 벨보이로 일하고 있을 때, 전에 생각하지 못했던 아주 좋은 아이디어가 떠올랐습니다. 나는 주전자를 들고 계단을 오르내리려야 했지요. 그런데 좀더 청결한 방법도 있을 터이고 얼음을 넣은 물이 필요함에도 벨보이 부르기를 망설이는 손님이 많다는 사실도 알고 있었지요. 여기서 방마다 차가운 얼음물을 파이프를 통해 보낸다는 아이디어가 떠오른 것입니다. 현재 나는 호텔을 경영하고 있지만, 우리 호텔의 벨보이 중에도 내 그 아이디어처럼 멋진 아이디어를 내놓을 만한 사람이 있다는 사실을 결코 잊지 않고 있습니다. 따라서 모든 종업원에게 아이디어를 제출하라고 거듭 당부하고 있습니다. 제안을 하는 사람이 있으면 나는 반드시 그 노력을 칭찬하죠. 그리고 만일에 그 아이디어가 좋으면 반드시 포상을 합니다."

독창성을 가장 해치는 것은 사랑하는 사람으로부터의 비웃음이다. 가정에서는 칭찬이 가장 좋다. 부모는 자녀들의 독창력을 조금이라도 실망시키는 말은 하지 말고, 먼저 잘 생각하여 상대방이 하는 말에 귀를 기울여야 한다. 면전에 세워놓고 칭찬하는 것도 어린이의 독창력을 향상시키는 데 도움이 되지만, 다른 사람에게 어린이를 칭찬하게 하면 더욱 효과적이다. 어린 시절에는 누구나 독창적이다. 그러나 성장하면 대부분의 사람들이 비독창적으로 되어 버린다. 그 한 가지 이유는 아이디어의 중요성을 충분히 인식하지 못한 데 있을 것이다.

또 하나의 이유는 부모가 함부로 어린이를 실망시키든가 적극적으로 칭찬하지 않기 때문이다. 나의 친구 중에 아이디어를 상품으로 사업을 하는 사람이 있는데, 그가 그 일을 시작하게 된 것은 어렸을 때였다고 한다. 가스등을 끄는 아이디어를 내놓은 것이다. 그의 아버지는 그 아이디어를 크게 칭찬했다. 그 날 밤 식사를 하면서 손님과 함께 아들의 뛰어난 연구심을 거듭 칭찬했다. 이렇게 격려를 받은 뒤부터 그는 자기도 아이디어를 내놓을 수 있음을 알았고, 또 아이디어를 짜내는 일이 재미있게 되었다. 이 신념이 그를 성공시킨 것이다.

형제끼리는 좀 사디스틱해서 서로 한 일이나 하려는 일을 비웃으려는 경향이 있다. 형이 동생의 독창적인 착상을 격려하는 것은 별로 기대할 수 없으나 트집을 잡으려는 유혹을 억누르기만 한다면 훨씬 나아질 것이 틀림없다.

큰아버지, 큰어머니, 조부모는 트집을 잡기보다는 좀더 격려하려고 한다. 내가 아는 사람은 5세 되는 조카가 불 옆으로 도화지와 크레용을 가지고 가서 화염과 창문 계단을 그린 것을 보고 어린이의 독창력의 싹을 키우려면 칭찬하는 길 밖에 없다고 굳게 믿고 있었기 때문에 그 큰아버지는 타자기로 친 편지 같은 것은 아직 받아 본 적이 없는 어린이에게 처음으로 편지를 타자해서 보냈다. 그 편지에는 이렇게 씌어 있었다.

"네가 그린 불길 그림이 너무 좋아서 큰아버지 사무실 사람들에게 보였다. 모두가 내가 생각했듯이 진짜 불길처럼 보인다고 했다. 큰아버지는 네가 그림 그리기를 좋아하는 것을 기쁘게 생각한다. 그리고 앞으로도 계속해서 그림을 그리기 바란다. 언젠가 네가 위대한 화가가 되면 우리는 너를 자랑스럽게 여길 것이다. 생일에는 크레용을 선물하겠다. 다음 크리스마스에는 산타클로스 할아버지에게 화구를 한 벌 보내 주라고 부탁하겠다."

실망에 맞설 의지력을 기르는 방법은 위대한 아이디어는 대부분이 처음에는 비웃음을 샀다는 사실을 아는 일이다. 찰스 뉴볼드가 주철로 만드는 쟁기의 아이디어를 발표했을 때, 농부들은 쇠는 토양을 더럽히고 잡초를 나게 하는 몹쓸 것이라고 사용하지 않았다. 1844년 허라스 웰즈는 이를 뽑을 때에 가스를 쓴 최초의 사람이었다. 의사들은 이 새로운 아이디어를 사기라면서 경멸했다. 사무엘 랑그레이가 최초로 공기보다도 무거운 기계, 즉 증기로 비행하는 비행기를 만들었을 때, 신문들은 모두 랑그레이의 도락이라면서 프로펠러 식 비행기의 아이디어를 전부 웃어 넘겼다.

자신을 상실하면, 그 독창력의 숨길은 끊어진다는 사실을 잘 기억해두기 바란다. 마찬가지로 다른 사람의 독창력을 억누를 수도 있다. 이것도 기억해두기 바란다. 모든 사람에게 적용되는 규칙은 언제나 아이디어를 내놓도록 격려하는 것이다. 생각하는 것과 마찬가지로 그것을 발표하는 것도 장려해야 한다.

독창적인 분위기와 독창적인 방법은 끊임없이 사용하면 사업 발전에 크게 기여하는 것이 있다. 예를 들면, 10년 전에 라트워크는 구두끈 회사를 시작했다. 오늘날 이 회사는 그 분야의 일류 회사가 되었다. 그 이유를 그는 이렇게 말하고 있다.

"우리가 길러 온 독창적인 풍토가 성공의 열쇠였다. 간부와 직원은 생산과정에서 빚어지는 문제를 해결하는 방법을 생각하고 새 제품을 만들며 새로운 시장과 사용방법을 연구 개발시키기 위해 정기적인 회합을 갖는다. 서로 격려하는 것이 절대적인 규칙으로 되어 있다. 부정적인 태도는 아이디어를 다 내놓을 때까지는 결코 허용되지 않는다."

3. 독창성을 향상시키는 방법

재능이란 자기 스스로 만드는 것이다. 인간은 하늘이 내린 독창력을 발휘하지 않고 쓸모없게 만들 수도 있으며, 상상력을 기르거나 그 훈련이 될 활동을 해서 독창력을 향상시킬 수도 있다.

능력이 향상된다는 점에는 의문의 여지가 없다. 심리학자들은 훈련만 하면 어느 정도까지 기본적 능력을 향상시킬 수 있다고 밝히고 있다. 암산 능력은 훈련으로 배가된다. 기억에 대해서도 많은 사람들은 훈련에 의해서 그 힘을 배가하고 있다. 감정적인 특성도 훈련하면 분명히 좋은 방향으로 바꿀 수 있다. 친절하려고 하면 친절해진다. 성격도 훈련하면 할수록 쾌활해지고 유머의 센스도 향상된다.

상상기관을 정신적인 근육으로 보는 것이 좋을 듯싶다.

경험은 좋은 아이디어의 연료를 공급한다

독창성을 향상시키기 위해서는 훈련 뿐만 아니라 아이디어가 더 좋은 모양으로 형성될 수 있도록 여러 관련 재료들을 머리 속에 넣어 둘 필요가 있다. 아이디어를 찾아내기 위한 가장 좋은 연료는 경험이다. 직접적인 경험은 으뜸가는 연료이다. 이 같은 경험은 언제까지고 간직되었다가 필요한 때는 줄기차게 쏟아져 나온다. 완벽하지 못한 경험, 예를 들면, 천박한 독서, 청강(聽講), 관찰 등은 매우 빈약한 연료에 지나지 않는다.

토마스 에디슨은 14세가 채 되기도 전에 신문을 발행했다. 그 동안에 그는 야채 장사도 했다. 아주 많은 일을 직접 경험했던 터라 22세가 되었을 무렵에는 유니버셜 스토크 티카(오늘날의 인쇄 전신기의 시조)를 완성했으며, 그것을 웨스턴 유니온 회사에 4만 달러를 받고 팔아넘겼다. 에디슨의 눈부신 독창력의 성과는 이 직접적인 경험의 산물이다.

여행은 상상력을 기르는 하나의 체험이다. 관심을 끄는 것은 우리의 기억에 오래 남고 관념의 연합력을 강화한다. 여행에 독창적 가치가 있는지 없는지는 거기에 노력을 얼마나 기울이느냐에 따라 달라진다. 내 동료인 브루스 버튼은 예전에 세계 일주를 했을 때, 그 동안 줄곧 일기를 쓰고 있었다. 거기에는 경험한 것 뿐 아니라 매일 떠오른 아이디어도 기록해두었다. 이 기록은 여행이 끝나고도 줄곧 도움이 되었다. 2,3 개월 전에도 그는 그 일기에서 아이디어를 찾아내어 전국 50개 이상의 신문에 실리는 주간 논평의 자료로 삼고 있었다.

두 자녀와 함께 10 시간이나 기차를 타야 했던 부인이 있었다. 그녀는 아이들이 무언가를 하자고 조를 게 틀림없다고 생각했다. 그래서 그녀는 아이들에게 말했다.

"여기 공책하고 연필이 있다. 기차를 타면서 하고 싶은 것을 모두 적어 보렴. 멋진 생각에는 10센트씩 줄게."

그 결과 그녀는 10세의 소년에겐 2달러 30센트, 7세의 아이에 겐 1달러 20센트를 주었다. 나는 그들이 생각한 35가지 아이디 어를 보았는데, 그 중의 어떤 것은 팜플렛으로 만들어 기차 안 에서 나누어 주고 싶을 만큼 값진 것이었다.

방랑(放浪)만큼 상상력을 풍부하게 해주는 것은 없다. 유진 오닐은 24세까지 보헤미안처럼 떠돌아다녔다. 그는 생계를 꾸 리기 위해 남아메리카의 여러 곳에서 일하며, 대서양을 횡단 했다. 그 사이 그의 내부에는 각양각색의 삶을 살아가는 사람 들의 모습이 차곡차곡 쌓였다. 생생한 감동을 주는 그의 연극 에는 이 재료들이 선별 선택된 것이다.

쿠퍼 씨는 사람이 가지 않는 곳을 정처없이 방랑하면서 상상 력을 길렀다. 가장 감동적인 여행은 아들과 함께 금지된 티벳 을 여행한 일이다. 아들이 이 여행에 대해 쓴 책은 독자의 상상 력을 일깨우기에 충분하다. 하물며 그것을 직접 경험한 쿠퍼 가(家)의 사람들이야 얼마나 그 상상적 근육을 강화했겠는가?

여행이란, 이 세상 밖이든 교외이든 경험을 풍부하게 만 든다. 여행은 지식을 쌓고 상상력은 그 지식에 의해서 아이디 어를 낳으며 자동적 연합력을 증대한다. 여행도 우리의 마음을 열고 관념 구성의 기능을 조장해준다.

사람들과의 교제도 또한 상상력을 향상시키고 자극한다. 특 히 젊은 사람들과의 교제가 그렇다. 어린이들과 함께 있으면 상상력이 향상된다. 어린이들과 항상 가까이하는 직업에 종사 하는 사람들을 보면 짐작할 수 있다.

어린이들과 어울림으로써 독창력이 증진하는지 어떤지는 어린이들과 접하는 어른의 태도에 달렸는데, 어린이들의 세계에 들어가기란 좀처럼 쉽지 않다. 이들을 설득시키려고 하면 어린이들은 곧 눈치채고 입을 열지 않는다. 그러나 어른 입장으로서의 상상을 단절해버리면 어린이들의 멋진 세계에 들어갈 수 있다.

게임, 퍼즐 풀이

한가할 때 게임을 즐기는 사람이 많은데, 어떤 종류의 게임은 상상력을 향상시킬 수 있지만 그렇지 못한 것도 있다.

실내 유희는 대개 250종이 있다. 분석해 보면, 그 가운데에서 독창력에 도움이 되는 것은 겨우 50종뿐이다. 여기서도 또한 게임의 방법이 문제된다. 체스를 예로 들어 보자면, 기억에 의존해서 정석대로 말을 움직일 수도 있지만 내가 아는 체스의 명수 가운데 한 사람인 어느 과학자가 하는 것처럼 독창적으로 말을 움직일 수도 있다. 그는 "정석 같은 것은 시시해서 나는 늘 목적을 달성하기 위해 새롭고 기발한 방법을 생각하고 있다. 게임이 훨씬 재미 있어지고 머리도 훈련된다."고 말하고 있다.

어떤 사람은 체카가 체스보다 독창력을 훈련하게 한다고 말한다. 그들은 에드가 알랜 포우의 의견에 찬성하고 있다.

"체스에서는 말이 제각기 기묘한 움직임을 한다. 이래서 복잡하다는 말이 깊은 뜻을 지녔다는 것과 혼동되고 있다."

체카에서는 명민한 팀만이 득점할 수 있다. 실내 게임 가운데 '스무고개'는 단지 '예'나 '아니오'라고 대답하는 쪽엔 전혀 독창력의 훈련이 되지 않는다. 그러나 질문하는 쪽은 대용의 답을 찾기 위해 머리를 써야 한다. 이보다는 엘리자 맥스웰이 개정한 제스처가 훨씬 좋은 훈련이 된다. 이 게임에 참가하는 사람은 모두 독창적인 노력을 해야 한다. 제스처를 하는 사람은 물론, 보고 맞히는 쪽도 하나하나의 동작이나 얼굴 표정이 무엇을 뜻하는지 상상하지 않으면 안 된다.

게임 중에 어떤 역할을 맡는가에도 달렸지만 옥외 스포츠는 어쨌든 머리 운동이 되는 것 같다. 예를 들면, 야구에서는 포수가 상상력을 제일 많이 발휘해야 한다. 포수는 제자리에 웅크리고 앉기 전에 이렇게 할까, 저렇게 할까 하고 간단없이 생각해야 한다. 팀 전체의 전략은 포수를 중심으로 회전된다. 이렇게 해서 받는 독창력 훈련은 포수가 야구를 그만둔 뒤에도 도움을 준다. 그 증거로 대 리그의 매니저로 활약하고 있는 사람 가운데에 포수 출신이 많다.

아들 찰스의 말에 따르면 토마스 에디슨은 퍼즐 풀이가 독창력의 연습이 된다고 확신하고 있었다는 것이다. 오늘날 우리는 〈뉴욕 타임즈〉지의 일요판에 게재되는 크로스워드퍼즐을 풀어 봄으로써 독창력의 단련과 오락을 결부시킬 수 있다. 그것을 풀기 위해서는 정신을 집중시키고 머리회전을 빠르게 작용시켜야 한다. 이것이 독창적인 소질을 강화하게 한다.

엘리자베드 킹슬레이라는 80세 된 부인이 만든 '더블 크로스틱'이라는 게임은 노력을 필요로 하는 게임이다. 그녀는 분명히 이렇게 말하고 있다.

"지식만으로는 이 더블 크로스틱을 풀지 못합니다. 무엇보다도 독창적인 사고방식의 훈련이 되도록 만들었습니다."

가장 힘이 드는 것은 암호의 작전과 해독이라는 일이다. 이 비밀 연락의 과학이나 오락으로서의 기원은 고대 이집트로 거슬러 올라간다. 암호문에 취미를 가진 사람은 그 독창력을 한도까지만 훈련하지 않고 국가가 위급할 경우에 봉사할 수 있도록 훈련하고 있는 것이다. 만일 큰 전쟁이라도 일어난다면 그들 중에서 많은 사람은 거의 밤낮을 가리지 않는 엄격한 직무를 맡게 된다.

상상력을 자극하는 취미를 가져라

취미로 알려져 있는 것은 대개 400가지가 있다. 그 중에 대부분은 독창적이라기보다는 배우는 것이다. 수집하는 취미는 상상력을 자극한다기보다는 지식을 쌓고 판단력을 훈련한다. 취미에 의해서 독창력을 훈련할 수 있는 정도가 크게 다르므로 상상력을 많이 사용하는 취미를 잘 선택하면 좋다.

그런데 수예는 수집보다 훨씬 더 독창력의 연습이 된다. 두뇌의 작용과 수공 기술 사이에는 밀접한 관계가 있는 것 같다. 손을 쓰지 않으면 두뇌 기능이 둔하게 된다고 주장하는 이도 있다.

수예는 그저 하는 데 그치지 않고, 아울러 디자인도 하도록 하면 훨씬 독창적인 것이 된다. 이것은 바구니 만들기, 양각(陽刻), 조각, 금속 세공, 모형 제작, 기타 수많은 기술에 대해서도 말할 수 있다. 스크랩을 무언가 다른 것으로 사용하거나 장식적인 것으로 사용하는 것도 독창력을 향상시킨다. 한 조각의 나무, 종이, 천, 병, 상자, 토막으로도 몇백 가지나 되는 작품을 만들 수 있다. 누구나 '아무것도 아닌 것에서 무언가'를 만들 수가 있고, 그렇게 함으로써 도움이 되는 상상력의 배출구를 찾을 수가 있다는 것이다.

새로운 취미를 생각해내는 것도 상상력의 좋은 훈련이 된다. 제너럴 일렉트릭 회사 연구 실험실의 유리 부문 직원 중에 그런 생각을 하는 사람이 있었다. 이 젊은 과학자는 쉬는 시간에 유리로 배의 모형을 만드는 '일'을 한다. 이것은 얼마나 좋은 상상력의 훈련이 되는지 모른다. 설계를 하여 돛, 돛대, 그물 하나를 용해된 무수규산(無水珪酸)으로 만드는 방법을 발명해야 하는 것이다.

에드워드 뉴톤은 '반대되는 두 가지 취미를 가지라.'고 권하고 있다. 독창적인 문학의 거의 모든 거장들이 그런 취미를 가지고 있다. 빅톨 위고는 가구를 만드는 일 외에도 그림을 그리는가 하면 잉크의 얼룩이 마르기도 전에 디자인을 바꾸어가며 즐겼다. 그가 잇따라 만든 창작의 하나에는 실을 따라 기어오르는 작은 악마와 거미줄에 앉은 검은 거미의 디자인이 있다.

미술도 상상력을 필요로 한다. 즉 아이스토텔레스가 표현했듯이 '무에서 유를 낳기' 때문이다. 이는 음악, 조각, 회화는 물론 무용에 대해서도 말할 수 있다. 그러나 우리가 예술에서 얻는 창조적인 선은 어떤 입장에 서는가에 따라 달라진다. 예컨대 우리가 수동적으로 음악을 들을 때에는 단지 상상적인 기분에 젖을 따름이다. 그러나 작곡을 하려고 하면 우리는 독창력을 활발하게 작용시킨다. 뉴욕의 변호사 유진 마케트는 통근 열차에서 작곡으로 시간을 보내는 일이 많다. 이런 일은 독창력을 활발히 발휘하고 있는 예이다.

그림을 그리거나 색칠하는 일도 상상력에 도움이 된다. 우리의 연상을 불러일으키는 자동적인 힘이 한 점 한 획의 움직임을 좌우한다. 유진 스파이커는 그림을 그리는 일을 전기 다루는 일에 비유하여 "캔버스의 한 곳에 붓이 닿으면 곧 다른 부분에도 무슨 일이 일어난다."고 말하고 있다.

창조력은 독서에 의해 성장한다

"독서는 완전한 사람을 만든다."

프란시스 베이컨의 말이다. 굳이 그의 말을 빌지 않더라도 독서는 상상력을 기르기 위한 빵과 그것을 씹기 위한 뼈를 제공한다. 그러나 독서에서 많은 것을 얻기 위해서는 읽을 책을 잘 선택해야 한다. 그러면 무엇을 읽어야 할까? 이 문제에 맞닥뜨리면 "이 책은 내 머리를 독창적으로 훈련시켜 줄까?"라는 간단한 질문을 해 보는 게 좋다.

디킨즈, 뒤마, 괴테, 톨스토이가 쓴 것과 같은 고전 소설은 우리의 상상력을 자극한다. 그러나 시시한 소설은 단순한 시간 낭비일 뿐이다. 그러나 좋은 추리 소설은 독창력에 좋은 훈련이 된다. 다만 방관자로서 읽지 말고 등장 인물의 한 사람으로서 생각하고 특히 실마리가 포착되면 읽기를 중지하고 '누가 범인인가'를 곰곰이 생각해봐야만 훈련이 된다. 짧은 단편은 독자의 상상에 맡길 것을 생략하고 있기 때문이다. 단편 소설로 독창력 훈련을 하려면, 절반쯤 읽고 난 다음에 이후 전개될 이야기를 스스로 생각하여 써 보기도 하고, 작가의 의도를 알아 내려고 하면 된다. 특히 극적 반전(反轉)이 뛰어난 오 헨리의 작품들은 상상력 훈련의 좋은 교재가 된다. 한번 시도해 보라. 오 헨리의 예측할 수 없는 결말과 여러분의 새로운 구성과 상상을 겨뤄 보라.

"책 중에서도 얻는 것이 가장 많은 것은 전기(傳記)이다."라고 한 것은 해리 에머슨 포스딕의 판단이다. 출판할 가치가 있는 생애라면 어느 것이나 영감적인 사상을 기록하지 않았을 리가 없다는 것이다. 알버트 바처 박사는 "성서야말로 그것을 바르게 읽는 사람에게는 독창력을 향상시키는 원천이 된다."고 믿고 있다. 윌리엄 라이온 헬프스도 두뇌의 훈련을 위해 성서를 읽도록 권하고 있다.

월트 디즈니는 정기 간행물 중에서 〈리더스 다이제스트〉를 추천하고 있다.

"당신의 상상력은 관절 부분에서 삐걱거리거나 소심증으로 굳어 있는 것 같다. 〈리더스 다이제스트〉는 관절 훈련을 위한 좋은 운동이 될 것이다."

〈내셔널 지오그래픽〉이나 〈롤리데이〉와 같은 여행 잡지도 상상력의 연료 탱크를 채우는 데 도움이 된다. 부인 잡지는 독자에게 자극이 될 뿐 아니라 때때로 독창적인 행동을 고취할 만한 기사를 발표한다. 〈포풀러 사이언스〉와 같은 잡지는 독창적인 분위기를 조성하고, 더우기 새로운 아이디어의 진열장 역할을 한다. 많은 사람들은 독서를 할 때에 너무 지식 흡수에만 신경을 쓴다. 그와 같은 수동적인 독서 대신에 예일 대학의 엘리오트 던럽 스미드는 적극적인 노력, 즉 '우리의 독창적 사고를 환기하는 노력'을 논하고 있다. 조지 버나드 쇼는 책을 펴지 않고 그 책의 개략을 썼다.

모티마 아들러는 《독서 방법》에서 독서한 결과도 얻는 정보와 개발을 구별하고 있다. 즉 독창적 상상력을 기를 수 있는 정도의 구분이다. 개발을 위해서는 읽고 있을 때에 생각하지 않으면 안 된다. 그렇게 하면 독서에서 많은 아이디어를 얻을 수 있다. 독창적 사고와는 전혀 관계가 없는 문장에서 멋진 아이디어가 떠오르는 경우도 많다. 책을 읽으면서 메모를 하면 아주 좋은 독창력의 훈련이 된다. 또 하나 메모를 하면 더 많은 에너지를 끌어내게 되기 때문이다.

전기 작가(傳記作家) 알버트 비게로 페인은 《마크 트웨인의 생애》에서 이렇게 쓰고 있다.

"가까운 책상 위, 침대 위, 당구장의 선반에 그는 애독서를 놓아 두었다. 거의 모든 책에는 주석을 해놓았다. 표제, 서문 또는 여백에 쓴 주의 사항이나 독후(讀後)의 논평 등을 그는 거듭 읽고 매번 읽을 때마다 무언가 더 쓰지 않는 경우는 거의 없었다."

이렇게 생각하는 사람도 있을 것이다. 독서 대신 경험에 의해서도 창조적 훈련은 충분히 가능하다고. 일리가 있는 말이다. 앞에서도 말했듯이 경험은 결코 간과할 수 없는 중요한 문제이다. 하지만 경험에 의한 그것은 독서보다 훨씬 시간이 많이 걸린다. 단시일에 해결 가능할 문제를 굳이 오랜 시일 동안 끌 필요는 없지 않은가?

창조의 연습으로써의 저술

글을 쓰는 것도 상상력에는 좋은 훈련이 된다. 과학적 테스트에서는 '글을 쓰는 데에 능숙한 사람'이라는 사실을 독창적 소질의 기본적인 지침으로 삼고 있다.

글을 쓰는 경우 반드시 천부적인 작가일 필요는 없다. 어떠한 저작가라도 처음에는 초보자인 것이다. 의사인 코난 도일은 취미로써 《셜록 홈즈》를 썼고, A. J. 크로닌도 의사였으며, 올리버 웨델 홈즈도 그랬다. 찰스 램은 인도성(印度省)에서 서기로 일하고 있을 때, 무료함을 달래기 위해 저작을 시작하였다. 스티븐 리콕은 맥길 대학에서 오랫동안 교편을 잡은 뒤에 책을 쓰기 시작하였다. 롱펠로우는 언어학 교수였으며, 안토니 트로로프는 우편 검열 계원이었다. 《백경》의 멜빌은 20년 동안 하급 세무서원이었다.

최근의 조사에서 250만 명의 미국인이 돈을 벌기 위해 책을 쓰려 한다는 사실이 밝혀졌다. 그들의 대부분은 손쉽게 돈을 벌려고 하지만 뜻을 못 이루고, 원고뭉치는 길가에 버려져서 실망 끝에 붓을 꺾을 것이다. 잡지 〈저작가〉의 편집자 바라크의 주장에 따르면, 오랜 시간이 걸려 성공하는 사람도 많다.

"저작이 크게 성공하여 큰 돈과 명성을 얻은 사람이 한 사람 있다면, 하루 두세 시간의 저작으로 충분한 수입, 또는 수입의 방편으로 삼는 사람이 적어도 30~40명은 있다."

꽤 성공한 작가로서 다른 직장에 계속 나가는 사람도 있다. 《디어메이벨》과 《신부의 아버지》를 쓴 에드 스트리터는 일찌기 은행가였고, 그의 작품이 인기를 얻은 뒤에도 줄곧 뉴욕 신용은행의 부행장으로 있었다. 우리가 상상력을 발휘하면 사람들에게 인정을 받지 못해도 실망할 것은 없다. 위대한 작가들을 보라. 오래도록 인정받지 못했음에도 불구하고 그들이 어떻게 그것을 견디어 냈는가를 알 수 있을 것이다. 서머셋 모음은 18세 때에 글을 쓰기 시작하였는데, 책이 팔려 충분한 수입을 얻을 수 있기까지는 10년이나 걸렸다.

책을 써서 팔려고 하는 경우가 아니더라도 우리의 독창적인 기지를 연마하는 방법은 얼마든지 있다. 단순히 편지를 쓰더라도 그 쓰는 방법이 옳기만 하면 좋은 훈련이 된다.

나의 젊은 친구들은 잡지의 만화에 농담을 삽입함으로써 글

쓰는 연습을 하고 있다. 때로는 편집자가 뽑은 익살보다도 훌륭할 경우가 있다. 다른 친구들은 잡지에서 그림을 오려서 그것에 대해 짧은 이야기를 쓴다. 라디오의 커머셜에 금방 초조해하는 부인은 귀를 기울이고 싶은 말로 고쳐 써 보기도 한다.

아무것도 써 본 적이 없는 공장 기술자가 버팔로우 대학의 독창성 강좌에 출석했다. 강의를 맡은 폴리머 씨는 그에게 어린이를 위한 이야기를 써 달라고 했다. 나는 그가 제출한 원고를 보았다. 그것은 병아리에 관한 이야기로서 《치킨테렐라》라는 《신데렐라》와 같은 이야기였다. 배경은 닭장 마을이고, 주요 등장 인물은 그 마을에 사는 암탉 양과 수탉 군이다. 이 이야기는 어떤 어린이라도 무척 기뻐할 것이다. 이것은 비록 저작 경험이 전혀 없거나 혹은 글을 쓸 수 있다고는 생각한 일이 없는 사람이라도 글을 쓸 수 있다는 사실을 증명하는 것이다.

또 말놀이로도 상상력 훈련을 할 수 있다. 예를 들면, 동의어(同義語)를 될 수 있는 대로 많이 드는 놀이는 무척 재미가 있다. 어느 날 밤, 남녀 노소가 모여 천박하다는 말의 동의어를 찾아보고 그 재미를 알았다. 백과사전에 실려 있는 것보다도 27종이나 더 많은 동의어를 생각해냈다.

이런 놀이는 둘이서 하는 게임도 된다. 나와 함께 하는 두 젊은이가 '예민'이라는 말의 동의어를 찾기 시작했다. 아놀드 바타이스 교수와 내가 38종이나 생각해낸 것을 알고, 그 기록을 깨보려고 했다. 3시간 동안 기차 안에서 72종의 단어, 구(句), 수사(修辭)를 생각해냈다. 우리가 한 시간 걸려 생각해낸 것보다 34종이나 많았다. 비유적인 표현을 창작하는 것도 좋은 연습이 된다. 이것은 아주 간단한 것으로 우리 그룹이 생각해낸 것은 다음과 같은 것이다. "비키니 스타일의 수영복처럼 천박하다.", "고양이의 목물처럼 천박하다."는 식의 간단한 묶음도 된다. 《사고방식을 가르치는 법》이라는 책에 줄리어스 보라스는 비유적인 표현을 생각해내는 일은 독창력의 훈련이 된다고 크게 권장하고 있다.

아이디어 개발은 상상력 훈련으로부터

● 가장 최근에 본 영화 제목을 적어 보라. 그리고 그 제목보다 더 좋다고 생각되는 것을 다섯 가지 들어라.

● 오늘 아침 일어난 뒤부터 당신이 사용한 상상력을 전부 기록하라.

● 한 번도 본 적이 없는 사람과 단 둘이 만났다고 하자. 그때 토론이 아닌 재미있는 이야기로 분위기를 이끌어가기 위한 화제를 여섯 가지 들어라.

● 신문 광고란에 다음 물건의 판매광고를 내려고 한다. 문안을 만들어라.
자리를 차지하는 기계/먹어 봐도 판별할 수 없는 독(毒)

● 내일 조간 신문에 실리리라 짐작되는 것을 상상해서 다섯만 들어라.

● 신문이나 잡지에서 만화를 여섯만 골라내어 익살있는 부분을 잘라내고 당신이 그곳을 채워 보라.

● 겨울 비가 추적추적 내리는 추운 날이다. 여덟 살난 아이를 방 안에서 놀게 하는 방법으로, 아이의 상상력을 추동할 수 있는 것을 열 가지만 들어라.

당신 생각에 주의를 기울여라.
영감은 당신네 정원에
있는 나무 위에 날아오는 새로운 새처럼
예기치 않는 때에 찾아든다.
당신이 일상적인 일을 시작하면
영감은 곧 자취를 감춘다.

ー R. W. 에머슨 ー

독창적
문제 해결 과정

제2장

독창적 문제 해결 과정

1. 독창적 문제 해결 과정

이상적인 독창적 문제 해결 과정은 다음과 같은 순서로 이루어져 있다.

(1) 사실을 찾아낸다.
(2) 아이디어를 생각해낸다.
(3) 해결책을 찾아낸다.

사실을 찾아내는 데에는 문제의 정의와 준비가 필요하다. 문제를 정의하는 경우에는 문제의 선택과 지적이, 준비에는 관련되는 자료를 모으거나 분석하는 일이 필요하다.

아이디어를 생각해내는 경우에는 아이디어를 찾아내든가 착상하는 일이 필요한데, 착상을 될 수 있는 대로 많이 해야 한다. 아이디어를 찾아내는 경우에는 최종적으로 남을 아이디어에 가장 가까운 것을 골라 내어 여러 가지 것을 추가하거나 수정하고 짜맞출 필요가 있다.

해결책의 발견에는 평가나 채택을 빠뜨릴 수 없다. 평가를 하는 경우에는 시험적인 해결안을 테스트나 그 밖의 방법으로 확인할 필요가 있다. 채택에는 최종 해결책을 결정하고 실시할 것이 요구된다. 순서야 어떻든 이러한 스텝 하나하나에는 끊임없는 노력과 독창적 상상이 필요하다.

먼저 문제의 정의부터 시작하자. 독창적 문제 해결 과정 중에서도 이 부분이 중요하다는 것은 알버트 아인시타인 박사의 말에서도 찾아볼 수 있다.

"문제 형성은 문제 해결보다 훨씬 중요할 경우가 많다. 해결이라는 것은 수학적, 실험적 기능의 문제에 지나지 않는 경우가 있기 때문이다."

중요하고 새로운 아이디어가 우연히 떠오르는 일은 좀처럼 없는 법이다. 애써 찾은 끝에 겨우 마주치는 것이다. 쇠파이프를 실수로 유리 용광로 속에 떨어뜨린 결과 유리관 제조법을 착안한 공원에 대한 이야기와 같은 경우는 좀처럼 일어나는 일은 아니다.

의식적으로 '달'을 불러서 수확을 늘리려 해도 그런 일은 될 리가 없다. 그러나 의식적으로 독창적인 노력을 한다면 많은 아이디어를 찾을 수 있다. 그 과정에서 목적에 초점을 맞춘다. 우선 될 수 있는 대로 뚜렷한 모양으로 표적을 만들어야 한다. 때로는 문제 그 자체를 생각해내야 하는 경우도 있다. 환경의 힘으로 어쩔 수 없이 강요당하는 문제도 있다. 과학 연구기관이나 기업 조직에서는 명확한 목표를 제시하여 문제를 스텝들에게 맡기는 경우가 많다.

새로운 문제를 생각해낸다

문제에 대한 감수성이 예민함은 귀중한 자질이다. 그러나 이 자질이 부족한 사람이 있다. 독창적 문제 해결 과정을 이수한 어느 학생의 이야기가 좋은 예이다. 과정을 수강한 뒤, 그 학생은 느낀 바가 있다면서 교사에게 이렇게 털어놓았다.

"아무래도 이해가 안 됩니다. 과정을 이수하고부터는 만사가 빈틈없이 준비되었습니다. 문제만 준다면 어렵지 않게 그것을 해치웠을 것입니다. 그러나 상사는 문제를 주지 않았습니다. 준 것이라고는 혼란뿐입니다!"

미국인이 같은 금액으로 훨씬 좋은 상품을 구입할 수 있는 것은 첫째로 미국의 제조업자가 의식적으로 문제를 찾고 그것을 해결해가기 때문이다. 예를 들면, 와이셔츠가 줄어든다는 결점을 인식한 것이 샌퍼라이징*이라는 수백만 달러의 가치가 있는 아이디어를 내놓게 된 것이다. 그러면 어떻게 해서 그 문제가 채택되고 목적이 정해졌는가를 알아보자.

문제는 업자가 소비자에게 칼라와 같이 꼭맞는 것을 제공할 수 없다는 데서 비롯되었다. 칼라는 반드시 세탁을 하게 되는데 와이셔츠를 칼라처럼 세탁하면 새 것 같은 산뜻한 맛이 없어진다. 그래서 샌퍼드 크루에트는 물에 빨지 않고 천을 줄이는 방법을 찾아내기로 결심했다.

크루에트는 면공장에서 천이 완성 공정에 도착하기까지 표백되거나 마아사 법*으로 처리되기도 하면서 갖가지 공정을 거치

---

* 샌퍼라이징(sanforizing) : 면직물에 수지가공을 해서 줄어들지 않게 하는 방법.
* 마아사 법 : 면사에 비단과 같은 광택을 주는 처리법.

게 된다는 사실을 알았다. 그 과정 동안 12킬로미터나 되는 천은 공장 안을 이리저리 끌려다닌다. 이런 일은 필연적으로 직물의 구조를 헝클어지게 만드는데, 그는 이 헝클어진 것을 없애면 수축이 거의 없어진다는 사실을 깨달았다. 그는 자동적으로 천을 정상 상태로 돌이키는, 다시 말하면 헝클어짐을 제거하는 기계를 만든 것이다.

이 방축과정(防縮過程)은 면제품에만 가공했었으나 다른 데에도 응용하게 되었다. 레이온을 정상 상태로 만드는 '샌폴세트'나 모제품의 펠트화를 제거하는 기계 등이 그것이다.

위의 실례는 어떻게 해서 문제를 포착하고 표적을 정하는가? 그리고 하나의 표적이 어떻게 다른 표적을 만들게 되는지 그 전형(典型)을 보인 것이다. 또 눈에 보이지도 않는 문제 해결을 위해 무턱대고 찾아봄으로써도 독창적인 성공을 거둘 수 있다. 파라디가 1831년에 발전법을 발견했을 때 이 방법을 적용했다. 그는 아무런 목표도 없었다. 다만 말굽자석의 양극 사이에 구리로 만든 원반을 놓고 이것을 돌리면 무슨 일이 일어날까 하고 생각해본 것에 불과했다. 그런데 놀랍게도 전류는 이 회전하고 있는 원반에서 만들어진다는 사실을 알게 되었던 것이다.

스타인 박사는 아무런 목표도 없이 연구를 시작했지만 나일론을 발명했다. 함께 연구하던 사람들은 그를 호기심이 많은 사람이었다고 평하고 있다. 그가 무턱대고 연구를 하지 않았다면 우리들은 꽤 오랫동안 나일론을 사용하지 못했을 것이다.

스타인 박사는 듀 퐁에서 특별한 목적없이 기초 연구를 시작했으나, 새로운 과학 지식에서 뭔가 중요한 발명을 할 수 있다고 믿었다. 이 연구에 참가했던 사람들 가운데는 캐로터즈 박사도 있었는데, 그는 실제로 도움이 될지 어떨지는 차치하고 무언가 지금까지의 분자보다 큰 분자를 만들고 싶었다. 그 결과 폴리에스테르와 폴리아미드를 만들어 내고 분자의 크기에서 기록을 세웠다. 힐 박사는 이들 중합체(重合體) 속에는 무르게 해두면 섬유로 끌어낼 수 있는 것이 있지 않을까 하는 생각에 100명이 넘는 화학자, 물리학자, 기술자가 새로운 화합물을 만들어 내는 연구에 협력을 얻어 마침내 합성 섬유 나일론을 만들어 낼 수 있었다.

어떤 사람의 질문으로 말미암아 훌륭한 해답을 이끌어 내는 일도 때로는 있다. 이런 예가 농림성에서 보고되고 있다. 새끼 돼지가 어미돼지에 깔려 죽는 일이 많았는데, 어떤 무명의 발명가가 바닥을 조금 경사지게 만들면 방지할 수 있지 않겠느냐고 질문했다. 이것은 현재 훌륭히 실용화되었다. 왜냐하면 어미돼지는 등을 비탈의 위쪽에 두고 잠자기를 좋아하고, 새끼돼지는 비탈의 아래쪽으로 다니기를 좋아하므로 새끼가 어미한테 짓밟히는 일이 없어진다. 농림성은 이 경사진 바닥에 의해 돼지의 사망률을 25%나 낮출 수 있게 되었다고 보고하고 있다. 그 이름없는 사람이 그 질문을 하지 않았더라면 베이컨 값은 더 비싸졌을 것이다.

문제의 명확화와 세분화

문제의 파악 뿐 아니라 그것을 명확히 지적하는 일도 중요하다. 예일 대학의 브란셔드 교수는 이 문제에 관하여 이렇게 지적한다.

"문제를 자상히 말할 수 있도록 힘써라. 먼저 완전하고 명확한 문제로 만들라.”

　문제 설명이 명확하면 반은 해결된 거나 다름없다. 문제를 명확히 한다는 것은 목표를 분명히 할 뿐 아니라 넓은 시야에서 문제를 푸는 데 도움이 된다. 문제를 명확히 한다는 것은 검토하기 쉽도록 이미 아는 사실과 그 문제를 관련시키는 것이기 때문이다.

　어쨌든 먼저 문제를 기록해 보자. 독창력을 기르려면 다른 사람에게도 문제를 써주고, 일정한 기일까지 정확 여부는 접어두고 적어도 한 가지는 해답을 찾아내기로 약속해버리는 것이다. 문제를 주기만 해서는 안 된다. “확실히 설명된 문제는 절반은 해결된 것이나 다름없다.”는 말이 옳다고 한다면 문제를 좁힐수록 해답에 가까워진다고 생각해도 될 것이다. 그러므로 목표는 분명히 결정해야 한다.

　월터 리이드 박사는 잊을 수 없는 사람이다. 왜냐하면 그는 황열병(黃熱病)과의 싸움에서 목표를 분명히 하기 위해 진력한 사람이기 때문이다. 문제 해결의 요구를 받고 황열병 위원회의 위원으로서 쿠바에 도착하자마자 즉시 최근의 사망자 리스트를 조사하고 그 하나하나의 증상을 물었다. 최근에 죽은 사람이 다른 사망자에게 접근한 일이 없다는 사실을 발견했다.

　“이 사람은 병균과 접한 일이 없었단 말이지요.”

　리이드 박사는 물었다.

　“예, 그는 6일 동안 다른 6명과 함께 영창에 있었는데, 그 사람만 병에 걸렸습니다.”

　“만일 자네 말이 사실이라면 무언가 영창 창문을 통해 들어와서 그 죄수를 물고 달아난 것이 틀림없겠구먼. 그렇다면 현미경만 붙잡고 앉아 있어선 안 되겠네. 먼저 황열병의 전염 경로를 파악해야겠소. 독은 아마 곤충, 그것도 모기가 옮긴 것이 틀림없소.”

황열병의 원인을 현미경으로 포착하고자 한, 즉 목표가 뚜렷하지 않은 노력을 계속한 뒤에 리이드는 마침내 결론으로 이끄는 목표를 확실히 포착했다. 초점을 바로 맞춘 것, 그리고 모르모트를 대신한 지원자들인 인간에 의해 끝내 황열병의 백신을 만들어 냈다. 그리고 40년 뒤, 병사는 적을 쫓아 정글이나 늪지대에 들어가도 이 두려운 병에 걸리지 않게 되었다.

‘어떻게 하면 제조 원가를 절감시킬 수 있는가?’

버팔로 포타리 회사는 이 문제에 직면했다. 그러나 이 문제는 너무 광범위하다. 제조 원가는 공장내의 거의 모든 일과 관련된다. 그래서 먼저 제조 원가를 구성하는 31개 항목을 골라냈다. 그리고 그 항목들 중에서 원가 절감에 가장 밀접한 관련이 있는 17개 요소로 문제를 압축시켰다.

처음부터 이 독창적인 시도를 하기 위해 선택된 문제는 ‘생산 방식을 바꾼다는 점에서, 손작업과 대체할 기계 생산 방식을 강구한다면 어떤 것이 있는가?’였다. 이것은 구체적인 문제이지만, 공장내의 7개 직위와 관계가 있었으며, 하나하나가 구체적인 해결책을 요구하는 문제였다. 이 일련의 문제가 처리된 뒤에 원가 삭감을 위한 16개 항목이 제출되었던 것이다.

목적은 명확하지만 방법은 무제한이라는 초과학적 문제의 예가 제너럴 일렉트릭 기술 연구소의 브레인스토머로부터 보고되고 있다. 연구소에서는 업무 부문의 요청으로 ‘사람이 방에 들어가서 스위치를 더듬어 찾거나 의자에 걸려 넘어지는 일 없이 곧 전기를 켤 수 있는 방법에 대한 연구’를 시작하였다. 먼저 문제를 명확히 하기 위해 2주일을 소비했다. 2주일째에 그들은 업무 부문에 대해 어느 정도의 자금과 기간이 있으면 그 요청에 응할 수 있다고 대답했다. 그 후 주어진 기간과 예산으로 현재 '타치트론'이라는 이름으로 팔리고 있는 것을 만들었다. 타치트론은 램프 끝을 만지면 불이 켜지고 한 번 더 만지면 불이 꺼진다.

요컨대 문제를 명확히 하는 것은 시간이 걸려도 대개 이익이 되는 경우가 많다는 것이다.

문제를 완전하게 하기 위해 시간을 들이는 편이 좋다는 심리학적인 이유의 하나가 미시간 주립 대학에서 250명의 학생에게 실시한 실험으로 밝혀졌다. 이 실험 결과, 문제를 파악하기 위해 많은 시간을 들임으로써 독창적 문제를 해결할 수 있다는 가설이 이뤄졌다. 따라서 브레인스토밍 식의 회의를 하는 경우엔 적어도 하루 전에 문제를 인쇄해서 배부해주는 쪽이 좋다.

월터 크라이슬러는 철도 연구 시절에 5,000달러의 피어스아로우(자동차) 세단을 사려고 급료를 저축하고 있었다. 그 목적은 오직 자동차를 분해하여 어떻게 되어 있는가를 알려고 한 것뿐이었다. 그는 더 좋은 자동차를 만들겠다고 생각했던 것이다. 그는 다음과 같이 자문하고 원하는 자동차를 만들었다. 그것은 '어째서 차바퀴들의 브레이크는 잘 듣지 않을까?', '어째서 윤활유는 여과기(濾過器)에 걸러서 좋은 상태로 해두지 않을까?', '직경이 큰 타이어를 사용하면 승차감이 더 좋지 않을까?' 등이다.

이런 열정을 가진 크라이슬러가 나중에 크라이슬러 제1호를 만들어 그 해의 자동차 전에서 큰 호평을 받은 것은 너무나도 당연한 일이다.

개인적인 문제란 대개 복잡하지만 동시에 작은 부분으로 나누기만 하면 즉시 결론이 나오게 마련이다. 예를 들면, 남편의 품행이 나빠졌으면 부인은 '어떻게 하면 남편을 바로잡을 수 있을까?'하는 기본적인 문제에 부딪친다. 그러나 이것으로는 범위가 너무 넓다. 그녀는 먼저 남편을 나쁘게 만든 원인을 들고, 남편을 개선시킬 수 있는 요인도 동시에 들도록 하는 게 좋다. 사람들은 다른 사람이 취하는 행동에 대해서 놀랄 만한 아이디어를 가지고 있다고 한다. 그러므로 남편을 개선하려고 노력하기보다는 남편을 도우려면 어떻게 하면 되는가를 생각하는 편이 낫다. 예를 들면, 어떻게 하면 남편을 행복하게 해줄 수 있는가? 그가 좋아하는 낚시를 즐기게 하기 위해 그 기회를 더 늘리려면 어떻게 해야 되는가? 하고 생각하는 게 좋다.

하나의 목표는 다른 목표를 끌어낸다

어떤 아이디어가 다른 아이디어를 끌어내는 것과 같이 하나의 목표가 다른 목표를 끌어내는 경우도 가끔 있다. 이것은 위대한 과학자의 경우에도 적용된다. 1922년 6월에 나는 데이톤에 있는 제너럴 모터스의 연구소를 방문했다. 연구소장 찰스 캐털링이 나를 안내하여 조그마한 방에 들어갔다. 거기에는 3명의 남자가 고정시켜 놓은 작은 엔진 주변에서 일하고 있었다. 엔진의 배기(排氣) 가스가 창 구멍에서 밖으로 나가고 있었다.

"저 사람들은 대체 무엇을 하고 있습니까?"
라고 나는 물어 보았다.

"나는 그들한테 1갈론을 가지고 현재보다 5배의 거리를 달릴 수 있는 가솔린으로 바꾸라고 일렀습니다."

그들은 찾던 것은 얻지 못했으나 뒤에 에틸 가솔린이라는 아이디어를 착안했다. 그들의 연구는 그 목적을 바꾼 결과 가솔린 1갈론으로 달릴 수 있는 거리를 늘이는 대신에 녹킹을 줄이게 되었던 것이다.

코오닝 글라스 회사에서는 철도 노선용 란탄의 등피를 진눈깨비에 맞아도 금이 가지 않을 만큼 튼튼하게 만들려고 연구하고 있었는데, 그 일이 성공하여 선로가 훨씬 안전하게 되었다. 더군다나 이를 연구하다가 수많은 가정에서 사용하게 된 새로운 유리기구도 완성했다. 이렇게 해서 더 좋은 란탄을 만든다는 목표는 난로의 열에도 견딜 수 있는 유리기구를 만든다는 목표도 끌어냈던 것이다. 그 이래 미국의 부인들은 40억 개나 되는 파이렉스 표 유리제품을 구입했다. 또한 이 새 고안은 스토브 위에서 사용되는 내열 도기도 만들게 했다.

연구소장들은 목표가 자주 바뀌는 것을 인정하고 있다. 크리츠 박사는 그의 제자인 과학자 한 사람이 어떤 연구를 시작했는데, 거기서 나온 부산물이 오히려 그의 필생의 사업이 되었다는 이야기를 나한테 들려 준 일이 있다. 이 부산물이 크로시일이라는 이름으로 알려진 제품이다. 이런 일은 조직적인 독창 연구를 하는 경우에도 가끔 있는 일이다. 문제 해결에는 문제를 간결하게 체계적으로 설명한 뒤에 그 새로운 문제를 풀 필요가 있다.

구체적이고 세부적인 목표 뿐 아니라 기본적인 목표까지도 바꾸는 일이 있다. 헨리 포드가 자동차 아닌 기관차 제조를 목표로 하고 있었다는 사실을 아는 사람은 별로 없을 것이다. 그가 아버지의 농장에 있을 때에 이룬 최초의 독창적인 공적은 증기 기관을 만든 것이다. 그의 필생의 목표는 철도 설비를 만드는 일이었다. 그가 그 목표를 바꾼 것은 40세 무렵이었다.

목표를 분석하는 것은 보람 있는 일이다. 미국의 특허청에는 쓸모없는 훌륭한 아이디어가 산적되어 있다. 수많은 사람들이 무수한 시간과 독창적인 에너지를 전혀 쓸모 없는 일 때문에 소비하고 있는 것이다. 나 자신도 무척 시시한 일에 힘을 써 온 것 같다. 예를 들면, 나는 새 책을 기획하고 있었다. 몇 사람의 언어학자와 그 이야기를 했고, 그들은 내 목표에 열중했다. 나는 혼자서 그 일에 착수한 지 수백 시간이 걸린 끝에 최초의 100 단어를 완성했다. 그래서 사전을 출판하는 회사에 가서 그 이야기를 했더니 이 작업을 완성하려면 10명이서 거의 일생을 바쳐야 된다는 것, 비용에 비해 시장이 너무 좁다는 사실을 알게 되었다. 만일 내 목표를 처음에 잘 분석했더라면 시간을 더 유익한 일에 사용할 수 있었을 것으로 여겨진다.

2. 준비와 분석은 서로 관련시켜라

앞 장에서는 독창적인 문제 해결 과정에서 볼 수 있는 사실 발견의 한 국면인 문제의 정의에 대해 서술하였다. 다음에는 준비의 문제, 즉 해결하고자 하는 문제에 관한 자료수집과 분석 문제를 생각해보기로 하자.

문제의 정의와 준비를 명확히 구별할 수 있는 기준은 없다. 정의와 준비 사이를 오가는 경우가 많다. 사실, 과학적인 사실의 발견이 적절한 문제 발견을 초래하는 경우도 있다. 예를 들면, 예일 대학의 그류크는 비행 소년(非行少年)에 관하여 대규

모의 조사를 한 일이 있다. 6세의 소년이 장차 비행으로 치달을 것인가의 여부를 꽤 높은 확률로 예측할 수 있는 방식도 고안해냈다. 그리고 결론적으로 다음 다섯 항목을 분명히 했던 것이다. 아버지의 교육, 어머니의 육아법, 아버지의 애정, 어머니의 애정, 단란한 가정이 그것이다. 이상하게도 그류크의 이 연구는 중요한 요인인 가난에 대해서는 제외하고 있다. 이러한 의문을 품을 수밖에 없는 이유는 슬럼가가 알 카포네와 알 스미드를 낳은 것이기 때문이다.

그류크의 연구를 인용한 것은 사실의 발견이 필요한 지식을 줌과 동시에 문제 정의와 관계가 있는가를 설명하기 위해서이다.

그럼 준비의 문제로 되돌아가자. 독창적 사고 과정의 제2단계인 준비에는 두 종류의 지식, 즉 우리가 이미 저장해 둔 것과 문제를 풀기 위해 새로 모은 것이 필요하다.

기억은 자동차의 연료 탱크와 같은 작용을 한다. 내용물의 옥탄가는 그 도입 방법에 따라 달라진다. 적극적으로 노력하거나 직접 경험해서 저장한 연료는 멍청히 보거나 정신없이 읽고 되는 대로 들은 것에서 얻는 것보다 훨씬 풍부하다.

출발점에서 얼마나 자료를 모아야 하는가에 대해서는 의견이 구구하다. 성공한 독창적인 사람들의 대부분이 자료는 충분히 모아야 한다고 생각하고 있다. 어느 작가는 처음에 애써 노력하지 않고는 무언가 가치있는 것을 만들 수 없다고 말하고 있다. 노벨상 수상자 이반 파브로프의 견해에 의하면, 과학의 세계에서는 특히 그렇다고 한다.

"새의 날개가 아무리 완전하더라도 공기 속에서가 아니면 새를 날게 할 수 없다. 사실이란 과학자에게는 공기와 같은 것이다. 그것이 없으면 절대로 날 수 없다."

미처 발견 못한 새로운 사실을 찾아라

무언가 새로운 사실이 필요하지만, 그것이 무엇이며 어디에 있는지 전혀 모르는 경우가 가끔 있다. 이런 경우에는 무턱대고 찾아보면 된다. 예를 들어, 새 포장을 생각해낼 경우 상점을 돌아다니며 차례로 포장을 살핀다. 혹은 체크 리스트에 의존하는 수도 있다. 이를테면, 포장을 눈에 띄게 잘하는 몇몇 회사의 카탈로그는 조사할 가치가 있다.

잘 조사하려면 마음을 개방해야 한다. 그리고 조사에 임할 적에는 다만 느낌으로 만족하지 말고 깊이 찾아보아야 한다. '어째서'와 '왜'를 생각할 필요가 있다. 만약 만년필에 대한 조사를 했다고 하자. 그러나 마이더스*의 꿈을 가지고 있는 사람은 사실 조사에만 그치지 않는다. 마이더스의 포부를 가진 그들은, '어째서 만년필로 글을 쓸 수 있는가?', '왜 사람들은 이것을 사는가?'라는 문제도 생각해본다. 그리고 불발탄도 조사해야 한다. 왜냐하면 좋은 아이디어는 실패의 원인을 조사함으로써 떠오르는 수가 많기 때문이다.

관련이 있는 사실은 바로 그 사실이나, 곁에 있는 사실보다도 도움이 되는 경우가 흔히 있다. 미노트는 빈혈증의 치료법을 연구하기 전에 골수의 세포가 적혈구를 쉴새 없이 만들어내는 상태의 관찰 방법을 공부해야 했다. 이렇게 함으로써 비로소 그 문제에 필요한 사실을 입수할 수 있었다. 빈혈증엔 엽

---

*마이더스 : 그리스 로마 신화에 나오는 인물로 그의 손이 닿는 모든 것은 황금으로 변했다.

산(葉酸)이 필요하다는 사실을 발견하는 데는 수많은 새 사실이 필요했다. 더우기 이 목적을 위한 가장 좋은 원천이 간장임을 알기까지는 더 많은 새 사실과 상상에 의한 노력이 필요했다.

원인에 대한 새 사실은 매우 중요한 경우가 많다. 로버트 코호 박사는 디프테리아 치료법을 발견하려고 했을 때, "원인도 모르고 디프테리아를 고칠 수 있는가."라고 말했다 한다. 개인적인 문제는 훨씬 단순하지만 원인에 대한 새 사실이 필요할 경우가 많다. 이를테면 자녀가 학교에서 성적이 그다지 좋지 않다고 하자. 이 해결책을 강구하는 것은 부모의 책임이다. 교사나 담당 의사와 상의하여 일어날 수 있는 모든 원인을 찾는다. 자녀의 시력에 관계가 있을지도 모른다. 이런 경우는 안경이 해결책이다.

의학적 분석에서는 보조적인 사실도 중요하다. 명의는 치료법을 찾을 경우 자주 환자의 습관을 조사한다.

그리고 의식적으로 전혀 관계가 없는 사항을 찾는 것도 좋다. 예를 들면, 내 친구인 한 변호사는 친척한테 무능력자로 고소당한 어떤 부자 노인을 변호한 일이 있다. 그런데 상대방이 유력한 증거를 쥐고 있다는 사실을 알았다.

그래서 그는 자문했다.

'그들이 갖추지 못한 것을 포착할 수 없을까?'

거기서 그는 자기에게 변호를 의뢰한 사람이 가정부 한 사람을 고용하고 있다는 사실을 상기했다. 그녀가 그 노인에 관하여 어떻게 말할지 생각해 보았다. 그는 즉시 가정부를 만나 그 일에 대해 물어 보았다.

"그런 일을 물어 보실 줄은 몰랐습니다."

그녀는 깜짝 놀라며 버럭 화를 냈다.

"만일 그가 정상적인 사람이 아니었다면 제가 17년 동안이나 가정부로 일할 수 있었을까요."

재판에서 그녀의 증언은 불리한 형세를 일변시키고 말았다. 변호사는 눈에 보이지 않는 곳에 손을 뻗친 까닭에 이겼던 것이다.

새로운 사실의 필요성이란 매우 중요하기 때문에 알렉산더 그래함 벨의 말대로 새롭고도 완전한 교육이 필요하게 된다. 벨은 이렇게 말하고 있다.

"젊고 이름이 나지 않았을 무렵, 워싱턴에서 나는 전기학의 권위자 헨리 박사를 찾아가 전선을 통해 이야기를 한다는 내 아이디어를 말했습니다. 박사는 내가 위대한 발명가가 될 소질이 있다고 말씀하셨습니다. 그러나 나는 그것을 실현할 만한 전기에 관한 지식이 없다고 말하였지요. 그러자 그는 '그렇다면 공부를 하십시오!'라고 말씀하셨습니다."

벨은 그때까지 줄곧 소리에 대한 연구를 계속하고 있었다. 그래서 누구보다도 말할 때에 공중에서 전해지는 진동에 대해서는 잘 알고 있었다. 그러나 벨은 자기의 생각을 전화라는 모양으로 실현하기 위해서 전기학이라는 문제에 열중해야 했으며 또 실제로 열중했던 것이다.

파울 에르리히는 그의 유명한 성병 치료약 '606호'를 발견하기 위해 필요한 다른 분야도 탐구했다. 그의 새로운 사실에 대한 추구는 벨만큼 체계적인 것은 아니었지만, 철저한 점은 같았다. 그는 자기가 연구하는 세균의 종류나, 어떻게 하면 그 세균을 환자에게 해를 끼치지 않고 죽일 수 있을지 그 실마리를 얻으려고 만권의 책을 읽었다. 말라리아 세균을 분리한 라베란의 상세한 보고서를 숙독하다가 실마리를 찾았고, 마침내

'606호'를 발명했다. '606호'라는 이름은 해결하기까지 생각해낸 아이디어의 번호였다고 한다.

분석으로 실마리를 얻을 수 있다

분석은 문제의 정의, 특히 목적을 명확히 하고 목표를 더욱 구체화하는 단계에서 빠뜨릴 수 없는 기능을 한다. 분석을 해두면 준비가 잘 진행된다. 우리의 독창력을 충분히 활용할 수 있는 방향으로 사실의 발견을 한정하면, 시간과 노력이 크게 절약된다. 분석은 또한 종합이나 평가 단계에 있어서와 같이 준비 단계에서도 중요한 역할을 한다. 실제로 분석은 판단적인 사고이든 독창적인 사고이든 매우 중요하다. 문제 해결에 있어 분석의 한 가지 사용법은 판단을 요구하는 부분에서 아이디어를 요구하는 부분을 나눈다는 것이다. 이렇게 하면 독창적 사고를 방해하는 혼란을 초래하지 않아도 된다.

유태인과 결혼한 어느 신교도 아가씨의 이야기가 그 좋은 예이다. 장남이 세 살도 채 되기 전에 그 결혼은 서로 다른 종교 때문에 불화가 잦았다. 그녀는 이 문제를 독창적으로 해결하려고 생각했지만, 먼저 직면하게 된 문제는 아들을 유태인으로 길러야 하느냐 하는 근본적인 문제의 해결이었다.

공정하게 분석한 결과 그녀는 찬성 쪽이 반대보다도 압도적으로 많다는 사실을 알았다. 먼저 이 성가신 문제를 정리하고 그녀가 취할 행동을 생각함으로써 나머지 문제를 독창적으로 해결할 수 있었다.

(1) 그녀의 유태교에 대한 지식 및 인식을 높이려면 어떻게 하면 좋은가?

(2) 아들에게 가정에서 유태교를 가르치려면 어떻게 하면 좋은가?

(3) 남편과 그녀 사이에 종교상의 일치점을 찾으려면 어떻게 하면 좋은가?

이들 제목에 대하여 그녀는 50 이상의 건설적인 아이디어를 생각해냈지만 그 대부분은 더욱 구체적인 준비가 필요했다. 그녀의 말에 의하면, 종교상의 차이점은 1년도 못 되어 대부분이 제거되었다고 한다.

실제로 어떠한 사고라도 상상력을 전제로 하고 질문해보라. 이성은 마치 전자계산기가 답을 내놓듯 해결을 가져다 준다.

어떠한 문제라도 분석만 하면 관념 연합의 기능을 촉진하고, 따라서 상상력을 기르는 실마리를 얻을 수 있다. 또 상상력이 분석의 길잡이 역할도 한다.

노력이 독창성의 중심이라면 질문은 분석의 중심이다. 질문 중에서 가장 중요한 것은 '왜'이다. 왜냐하면 가장 중요한 사실은 원인과 결과이기 때문이다. 그래서 '왜 그렇게 되느냐.'와, '만일……이라면 어떻게 되느냐.'를 탐구할 필요가 있다. 이렇게 하기 위해서는 연필과 노트를 잊지 말도록 하자.

피일 박사는 문제 가운데의 모든 사실과 요소를 충분히 기록하라고 충고한다. 그는 또 이런 말을 덧붙임을 잊지 않고 있다.

"기록을 하면 우리의 사고가 분명해지고, 갖가지 요소를 체계화할 수 있다. 이렇게 함으로써 문제는 주관적인 것에서 객관적인 것으로 바뀐다."

독창적 사고를 할 경우에는 최초의 분석이 중요하다. 이에 대하여 이스트 박사는 '체계'라는 말을 강조했다. 이것은 그와 같은 위대한 기술자에게는 당연한 말이다. 독창적인 사고의 개괄적인 계획을 세울 경우, 그는 먼저 목표를 분명히 정하라고 권한다. 다음 여러 단계에 대해서는 이렇게 말하고 있다.

"이와 같은 사고, 단계는 상황에 따라 필연적으로 바뀌지만, 모든 경우에 해야 할 것은 기억과 관찰에 의해서 얻은 자료를 바탕으로 장차 그 일의 기초가 될 아이디어의 체계를 상상력으로써 만들어 내는 것이다. 상상력으로 작가는 자기가 쓰려는 것을 구상하고, 발명가는 자기가 하려는 연구의 세부를 결정하며, 과학자는 가설의 기초가 되는 추론을 끌어낼 수 있는 것이다. 상상력을 발휘하지 않으면 체계화할 수 없고 따라서 문제를 생각할 수 없게 되어 버린다. 게다가 거기에 분석이 없으면 체계화는 불가능하다는 것을 부언해 두는 게 좋으리라 생각된다."

존 듀이가 지적했듯이 새로운 사실을 옛 것과 결부시키고, 또 모든 사실을 서로 결합시킴으로써 독창적 사고를 개선할 수 있는 것이다. 그러므로 새로운 사실을 찾는 외에도 관련성을 찾아내기 위한 분석이 필요하다. 예를 들면, 비슷한 것을 연구하면 독창적 사고를 이끄는 원칙이 될 공공 요소를 찾아내는 일이 흔히 있다.

상호간의 차이도 분석하지 않으면 안 된다. 그리고 반대 및 유사라는 상호간의 관련성을 찾아내는 데에는 관념 연합의 법칙을 지침으로 이용할 수 있다. 논리적으로도 그렇게 말할 수 있다. 왜냐하면 사실이나 인상을 관련시키는 과정은 거의가 관념 연합의 자동 작용에 의하기 때문이다.

해결될 기미가 보이지 않는 당신 가정 문제를 차근차근 분석해보라. 틀림없이 해결책이 떠오를 것이다.

3. 아이디어 발상의 기본 — 관념 연합

전체상을 파악하기 위해 독창적인 문제 해결 과정을 다시 한 번 생각해 보기로 하자.

(1) 사실의 수집

　문제의 정의 : 문제의 지적과 강조

　준비 : 관련되는 자료수집과 분석

(2) 아이디어의 발상

　아이디어의 생산 : 가능성이 있는 가설적인 아이디어를 생각한다.

　아이디어의 형성 : 다른 아이디어를 추가하기로 하고, 수정이나 짜맞춤으로써 거기서 나온 아이디어 가운데 좋은 아이디어를 골라낸다.

(3) 해결책의 발견

　평가 : 테스트 등으로 임시 해결책을 확인한다.

　채택 : 최종적인 해결책을 정하고 실천에 옮긴다.

사실 수집이 지니는 두 가지 면에 대해서는 이미 언급했으므로 가장 무시되기 쉬운 문제 해결의 한 단계인 아이디어 발상에 대해 생각해보기로 한다.

아이디어 발상 활동 중에서 지도적인 역할을 하는 것은 아이디어의 관념 연합(觀念聯合)이다. 이것은 '관념 연합설'이라든가 '통합설'이라고 하는 경우도 있다.

이것은 상상을 기억에 대응시키고 어떤 생각으로부터 다른 생각을 가져오는 심리적 현상을 가리켜 말한다. 그 힘은 2,000

여 년 전부터 알려져 있었다. 플라톤이나 아리스토텔레스는 그 것을 인간 심리의 기본적인 원리라고 강조하고 있다.

상상적 동인(想像的動因)이 강렬하고 기억력이 좋은 사람은 관념 연합이 더 강렬하게 작용한다. 선명하게 기억하고 있으면, 그만큼 연합 과정에서 기억을 작용시킬 수 있다. 예를 들면, 최근에 친구 부인에게 나는 이런 말을 했다.

"참, 이제 생각이 납니다만 일요일 저녁 식사에 초대받았을 때, 리처드 워슈반 찰드 씨가 우드로우 윌슨이 베르사이유 조약에 대해서 개인적으로 하신 이야기를 해주셨지요."

그러나 그녀는 멍하니 바라만 볼 뿐이었다. 그녀에게 찰드 씨는 다른 유명인들 중의 한 사람에 불과했기 때문이다. 그러나 나는 대사급의 사람과 식사를 함께 하는 일이 없었기 때문에 오래도록 기억에 남았던 것이다. 30년이 지난 지금도 어제 일처럼 선명하게 기억하고 있었던 것이다.

관념 연합은 독창력이 지닌 우발적 요인에도 큰 역할을 한다. 연상(聯想)의 작용이라는 것을 생각하고 있을 때 치과의사한테 간 적이 있었다. 이를 갈고 있는 동안 왼손이 분젠등의 가스관에 닿았다. 그 고무는 너무 부드러워 아기의 살결 같았다.

이 고무의 감촉은 노르만디 침공 전날 밤, 고무를 팽창시킨 배나 전차나 대포에 나치 군이 속은 이야기를 상기하게 했다. 영국군이 사용했던 미끼와 내 손에 닿은 작은 고무관을 연관시키는 관련 연합이 내 마음을 스쳐 갔던 것이다. 그 며칠 전, 나는 윈도우 디스플레이의 모델을 만드는 전문점에 갔다. 그 뒤 의상점을 방문했는데 그때 진열(陳列) 매니저를 만났다. 치과의사한테 이를 갈면서 아주 자연스럽게 스쳐 간 것은 아기—고무―커다란 장난감―의상 마네킹이었다. 이 일에서 '운임이 들고 부서지기 쉬운 석고 마네킹 같은 것 말고, 진열에 사용할 때만 팽창시킬 수 있는 고무로 만든 마네킹을 만들 순 없을까.' 하는 생각이 떠올랐다.

내 마음이 불안정할 때까지도 나는 내 마음의 움직임을 분석한 지 한 시간도 채 못 되어 보고서를 쓰기 시작했다.

대학에서 돌아온 아들이 다가왔다.

"무얼 하세요?"

"애야, 기발한 아이디어가 떠올랐단다. 만약 석고마네킹을 고무마네킹으로 바꾼다면…….."

새로 떠오른 아이디어를 대충 설명했다. 아들은 고개를 갸우뚱거리더니 살며시 웃음지었다.

"아버지, 아마 10여 년 전이었지요. 감사절 날에 메이시 백화점의 퍼레이드에서 고무로 만든 인형을 보셨지요? 아직 기억하고 계세요?"

물론 나는 기억하고 있었다. 나 자신은 무척이나 기발하다고 생각했던 아이디어가 실은 10여 년 전에 씨앗이 심어져 있었던 것이다. 그것이 내 마음의 심층에서 싹을 텄던 것이다.

아이디어 생산은 어떤 것을 마음 속에 가지고 있든가, 또는 그러한 요소를 어떻게 짜맞추는가에 달려 있다. 관념 연합은 이 과정에서 촉매 작용을 하는 것이다. 시드니 번즈 박사는 그 결합 기능을 만화경(萬華鏡)에 비유하여 설명하고 있다.

"만화경을 들여다 보면 어떤 무늬가 보인다. 동체 부분을 움직이면 수없이 많은 무늬가 보인다. 한 번 더 다른 종이 조각을 넣고 만화경을 들여다 본다. 그러면 또 다른 새 무늬가 나타난다. 마음의 움직임도 다를 바 없다. 뇌 속을 들여다 보면 수

백만 비트의 지식과 경험이 차 있는 것을 알 수 있다. 마치 컴퓨터의 기억 장치에 들어 있는 정보와 같다. 컴퓨터와 같이 다룰 수 있다면 무수한 무늬를 만들 수도 있다. 그 무늬는 현재 가지고 있는 요소의 결합이나, 재결합에 의해서 생기는 것이다. 만화경 속에 새 유리 조각을 넣듯이 새 사실이나 경험을 뇌에 투입하면 다른 무늬가 생긴다. 새 사실을 옛것과 결합시키거나 재정리라는 조작만 하면 아이디어는 얼마든지 떠오른다."

관념 연합의 법칙

고대 그리스 사람은 관념 연합의 법칙을 접근, 유사, 반대의 세 법칙으로 나타냈다. '접근'이란 어린이의 신발을 보면 어린이를 상기한다는 근접감을 말하고, '유사'란 사자의 그림이 고양이를 연상시키는 것을 말한다. '반대'란 난장이가 거인을 연상시키는 것을 가리킨다. 이 세 법칙 외에도 몇 가지 더 얘기하고 있으나, 역시 최초의 셋이 기본으로 생각되고 있다. 관념 연합은 여러 면에서 작용하는데, 이는 수사법을 대비하여 살펴보면 더욱 명확해진다.

직유법

직유(直喩)란 직접 두 가지 사물을 비교함을 말하는데 이는 유사에 바탕을 둔 가장 간단한 것이다. 순백의 아름다운 백합은 당신의 예쁜 딸을 상기시켜 줄 것이다. 이 경우에 '헬렌은 백합과 같다.'라는 직유를 사용한다.

'이를테면…'·'마치…'·'…같다' 등으로 표현함이 보통이다.

은유법

은유(隱喩＝metaphor)란 유사를 말한다. 어떤 사람이 태어나서 죽을 때까지의 삶을 그린 연극을 보고 당신이 이 세상을 상기했다고 하자. 그때 '세상은 무대다.'라고 말하면 은유가 된다. 몹시 마른 노인을 보면 죽음을 상기하는데, 여기에 큰 낫을 들게 하고 '냉혹한 살인자'라고 부르는 것도 그와 같다. 비유나 우화도 유사에 바탕을 두고 있다. 이러한 것이 급소를 찌르는 것은 주로 직접 또는 교훈 형식으로 무언가를 생각케 하기 때문이다.

거우법, 환유법

관념 연합은 부분적인 동일성에 의해서도 일어난다. 이것은 적어도 두 가지 수사법의 기초가 되고 있다. '요람을 흔드는 손이 세계를 지배한다.'와 같이 부분으로 전체를 나타낼 때 이 것을 거우법(擧隅法)이라 한다. 요람을 보고 어머니를 상기하는 것은 부분적인 통일성에 의한 것이다. 또 '펜은 칼보다 강하다.'와 같이 어떤 말이 다른 사항을 나타내고 있는 경우에는 환유(換喩)라고 한다.

성유법

관념 연합이 말로써가 아니라 소리에 의하여 일어날 경우도 있다. 이것이 성유법(聲喩法)이다. 약혼 시절에 부인이 켜던 멜로디를 듣고 결혼식 날을 상기하거나, 아무런 관련도 없는데, 윙윙거리며 거실에서 방으로 왔다 갔다 하는 진공 청소기 소리를 듣고 치과의사의 드릴을 상기하는 것이 그것이다.

대조법

상반되는 사물을 열거하여 그 상태를 더욱 명백히 하는 수사법이다. 아이디어를 생산할 때 대조법을 사용하면 획기적인 방안이 나올 수 있다. 특히 크리에이터는 이 '반대' 수법을 많이 고려해보라.

과장법

과장이란 일부러 허풍을 떠는 것이다. 《허풍선이 남작》의 작자는 큰 눈이 내린 것을 묘사하려고 곰곰이 생각했다.

'그래, 그게 좋겠다. 눈이 억수같이 내려 교회의 첨탑까지 쌓였다고 표현해야지. 그런데 눈길을 헤치고 한밤중에 마을에 도착한 허풍선이 남작의 말은 어디에다 매지? 헤헤, 답은 한 가지밖에 없군. 첨탑 꼭대기 십자가보다 더 높은 곳은 없을거야. 탑 꼭대기에 말고삐를 매도록 해야지.'

이렇듯 《허풍선이 남작》의 작품 구도는 과장에 의해 잇따라 엉뚱한 방향으로 흘러갔을 것이다. 만약 이 터무니없는 과장이 없었던들 독자들은 이 책을 읽고 함박웃음 터뜨리는 일이 있었겠는가?

'하겠다는 의욕'을 가질 것

어떤 아이디어를 발상할 경우에는 먼저 마음가짐, 즉 사기가 있어야 한다.

그러기 위해서는 자기 통제도 필요할 것이다. 또 그것을 올바로 하는 방법도 있다. 독창력이 풍부한 사람은 의식적으로 이러한 방법을 쓰고 있다.

자기 통제는 과학적으로도 증명되고 있다. 예를 들면, 독일의 심리학자 뮐러와 슈만은 무거운 것을 가볍다고 생각하게 할 수 있다고 말한다. 피험자에게 먼저 가벼운 것을, 다음에는 그 세 배나 무거운 것을, 마지막에는 그 중간 것을 들게 해보았다. 마지막 것이 처음 것보다 30%나 무거움에도 피험자의 대부분이 처음 것보다 훨씬 가볍다고 느꼈던 것이다.

야구 선수가 배터 박스에 서기 전에 두 자루의 배터를 휘두르는 것과 마찬가지로 우리도 독창성을 발휘하기 전에 우리의 상상력을 유연하게 해두어야 한다. 나는 이 20년 동안 매일처럼 광고업자 워어드 씨를 관찰해왔다. 그가 독창적인 일을 얼마나 많이 해 왔는가를 생각하면 참으로 놀랄 뿐이다. 그가 일을 하려고 할 때는 "자기 자신을 컨트롤해야 한다."고 말해도 여러분은 믿지 않을는지 모른다. 하지만 그 역시 그것이 필요한 것이다. 어떻게 컨트롤을 하느냐고 물어 보자 다음과 같이 설명해 주었다.

"나는 독창적인 사고를 방해하지 않는 확실한 방법은 모르지만, 하고 싶은 생각을 일깨우려면 문을 닫고 하던 일 이외의 것은 전부 잊도록 노력하는 것을 좋은 방법으로 생각하고 있다. 그리고 나서 머리에 떠오르는 것은 무엇이든 기록해 둔다. 그렇지 않으면 그 생각이 머리에 남아서 다른 생각이 떠오르는 것을 방해하기 때문이다. 그것도 될 수 있는 대로 빨리 쓴다. 그리고 나서 조금 있으면 지금까지 움직이지 않던 머리 속의 톱니바퀴가 돌기 시작하고, 어떤 훌륭한 생각이 내 앞에 있는 노란 종이에 전문(電文)처럼 쏟아져 나온다. 이것은 귀찮은 방법이지만 내가 아는 유일한 방법이다."

마음을 탁 터놓는 것은 독창성을 발휘하는 데에 매우 중요하므로 아이디어를 찾을 때는 마음을 닫는 일은 머리에 넣지 않도록 해야 된다.

파스퇴르는 누에의 전멸을 막기 위해서 남프랑스에 갔다. 그로서는 누에의 병인을 이러이러할 것이라고 단정하기는 어렵지 않았을 것이다. 지방의 양잠업자들은 그 병이 어떤 것이고 그 병의 원인은 이런 것이라고 그에게 설명하려고 했다. 파스퇴르가 그들의 말에 귀를 기울였더라면 프랑스에 커다란 의의가 있는 발견은 하지 못하고 말았을 것이다.

발명의 재능이 있는 어느 대회사의 간부가 현재 하고 있는 것처럼 가끔 마음을 외부의 환경으로부터 차단하고 마음을 텅 비워둘 필요가 있다. 이 간부는 제품을 만들기 위한 작업을 줄여서 원가 절감에 성공했다. 그는 공장에 있을 때는 이러한 문제는 결코 생각하지 않기로 결심했다. 그 대신에 그 문제를 집으로 가져간다.

"공장에서 그 문제를 생각하려고 하면 상쾌하게 돌아가는 기계 소리가 들리고 또 제품이 미끄러져 나오는 것이 보여서 마음이 닫히기 쉽다. 적어도 작업을 한 가지쯤 줄일 수 있다고 생각되면, 나는 그것을 집에서 생각하기로 하고 있다. 집에서는 훨씬 명확히 볼 수가 있기 때문이다."

공식은 존재하지 않는다

이 책의 첫머리에 든 독창성의 과정을 과학적인 공식으로 잘못 생각하여 극단적인 경우에는 교사가 학생에게 그 표를 암기시키는 일도 일어나고 있다. 여기에 든 독창성의 프로세스는 결코 '과학적'인 것도 아니며, '공식'도 아니다. 이러한 것들

은 독창적으로 문제를 해결할 경우의 여러 단계를 이해하기 쉽
도록 든 것이다.

　많은 사람들이 여러 가지 리스트를 만들고 있다. 그러한 리
스트는 모두 내 것과 마찬가지로 권위있는 것이다. 실제로 제
너럴 일렉트릭 사의 힉스와 파아디가 생각해낸 것은 독창적 설
계 기술을 가르치는 데에는 내 것보다 훨씬 뛰어나다. 말하자
면 독창적 설계 기술이라는 구체적 목적을 위해 제너럴 일렉트
릭 사의 리스트는 설계되고 있는 것이다. 아마 내 리스트의 중
요한 특징은 강조할 필요가 있는 독창 과정의 두 면, 즉 문제의
정의와 아이디어 발상을 강조하고 있는 점일 것이다.

　지금까지 아이디어의 발상은 자칫 소홀히 하기 쉬웠다. 대개
의 사람들은 해결의 열쇠와 목표로 삼은 가설을 약간만 생각해
내는 경향이 있다. 아이디어의 창조 과정에서 왜 아이디어 발
상의 역할이 경시되어 왔느냐 하면, 하나는 섣부른 판단과 그
에 동조하는 비판이 모두 아이디어 생성을 억압하고 있었기 때
문이다. 또 하나의 이유는 시험적인 아이디어를 생각해내는 데
는 특별한 노력이 필요하다는 것이다. 준비나 분석은 비교적
쉬운 것이다. 평가와 마찬가지로 그러한 기능은 절로 작용하게
된다. 그러한 것은 비교적 습관적인 것이므로 아이디어 발상에
비하면 적은 노력으로 충분하다.

　지금까지 주로 직관적이고 우연성이 가미된 즉흥적인 아이디
어 발상을 논해보았다. 이제 다음 쪽부터는 의식적인 아이디어
발상 단계, 다시 말해서, 지난 세월 동안 개발되고 명확화된
원리와 절차에 따라서 의식적으로 노력한 아이디어 발상에
대해 이야기해보겠다. 이 원리와 절차는 수많은 경우에 실제로
적용되고 과학적 조사에 의해 검증된 것이다.

4. 아이디어의 양산

판단을 뒤로 미루면 아이디어 창조가 증가한다

좋고 나쁜 판단을 성급하게 하지 않고, 뒤로 미룬다는 원칙을 만들고, 그것을 명확화하기 위한 노력이 근래들어 상당히 행해지게 되었다. 그러나 이것은 어느 것이나 최근에 인정된 것은 아니다. 옛부터 알고 있던 것이다. 예를 들면, 1788년에 좋은 아이디어가 떠오르지 않는다고 한탄하고 있던 친구에게 보낸 편지에서 프레드리히 실러는 열심히 이 원칙을 칭찬하고 있다.

"내 생각으로는 당신이 고민하는 원인은 지성이 상상력을 억제하고 있는 데 있습니다. 예를 들면, 그것을 설명합시다. 문득 떠오른 아이디어가 아직 입구에 있는 동안에 지성이 그것을 너무나 상세히 검토하면 마음 속에 있는 독창의 싹을 자르는 것이 됩니다. 분명히 이것은 좋지 않습니다.

하나하나 들고 보면, 전혀 쓸모 없는 아이디어가 많은 법입니다. 그러나 그 아이디어는 다음 아이디어에서 중요한 영향을 받을지도 모릅니다. 어리석어 보이는 아이디어라도 꽤 쓸모있는 아이디어와 연결해주는 역할을 하는 일이 있습니다. 지성이란, 여러 가지 다른 아이디어를 전부 보지 않고서는 판단을 내리지 못합니다.

독창적으로 사물을 생각하는 경우에는 지성은 문지기를 문밖으로 내쫓는데 그 사이에 아이디어가 맹렬한 기세로 들어옵니다. 그것이 끝나야 비로소 검토와 평가가 행해진다고 나는 생각합니다. 자신은 어떻게 생각하는지 모르겠습니다만, 당신은 상당한 비평가입니다. 참된 독창가는 모두 일시적으로 광적인 상태가 됩니다. 당신은 그것을 두려워하고 있습니다. 생각하는 작가와 단순한 몽상가의 차이는 광적인 상태의 장단에 의해서 정해집니다. 좋은 아이디어가 떠오르지 않는다는 당신의 고민은 너무 성급하게 아이디어를 버렸거나 너무 엄격하게 평가하여 제거하여 버리기 때문입니다."

아이디어를 발상하는 경우, 우리는 곧 직관적으로 판단을 내리는 경향이 있다. 그러나 다른 일은 서둘지 않는다. 예를 들면, 사전을 뒤져 동의어를 찾는 경우 처음의 두세 단어로는 그만두지 않는다. 실려 있는 단어 전체를 훑어보고, 다시 제자리로 돌아가 평가한다. 사전은 말하자면, 이미 만들어 놓은 체크 리스트이므로 이러한 방법을 취하는 것은 당연하다.

이 밖에도 이미 만든 체크 리스트는 몇 가지 있다. 예를 들어 침실의 벽지를 다시 바른다는 문제에 직면했을 경우에는 어떻게 하는가? 견본책으로 되어 있는, 말하자면 이미 만들어 놓은 체크 리스트를 빌려온다. 이 체크 리스트가 문제 해결의 상상적인 부분을 대신해주는 것이다. 해야 할 일은 판단하고 결정하는 일뿐이다. 마찬가지로 전화번호도 체크 리스트의 대신이 되고 취직 안내에 보탬이 된다. 백화점의 상품 카탈로그가 선물의 체크 리스트로써 크게 소용되고 있는 것이다. 그러나 우리가 직면하는 대부분의 문제에는 기성 체크 리스트가 존재하지 않는다. 그래서 우리는 취할 수 있는 수단의 리스트를 스스로 만들어야 한다.

몇 가지 연구가 판단을 미룬다는 원칙의 효력을 확인하고 있다. 예를 들면, 메도우와 파안즈가 한 연구의 하나에 이런 것이 있다. 한쪽에는 판단을 미루는 원칙을 적용한 그룹에 의

한 브레인스토밍에서 지정한 문제를 시키고, 다른 한쪽에는 같은 수의 사람들에게 같은 문제를 보통 방법으로 처리하게 했다. 그 결과 그룹에 의한 브레인스토밍을 해서 판단을 미루는 원칙을 적용한 쪽은 동일 시간내에 70% 이상의 좋은 아이디어를 내놓았다.

한 사람 한 사람의 아이디어맨들이 끊임없이 판단하는 대신에 판단을 뒤로 미루는 원칙을 고수하고 있다면 어떻게 되었을까? 더욱 많고 좋은 아이디어를 내놓았을까? 그렇다. 조사된 자료에 따르면 개인이 판단을 미루는 원칙을 지키면 그렇지 않은 경우의 약 두 배나 되는 좋은 아이디어가 나온다.

양이 질을 낳는다

신기한 일은 여러 면에서 참작하고, 새로운 구성이 나올 찬스를 놓치지 않고 고려할 필요가 있다. 게다가 이것을 공평하게 음미해야 한다. 가능성으로서는 아이디어의 99%까지 가치가 없다. 왜냐하면 아이디어 자체가 가치가 없는 경우도 있고, 우리가 아이디어의 가치를 끌어낼 수 없는 경우도 있기 때문이다. 그러나 일단 모든 것을 생각해보는 게 좋다. 생각한다는 것도 회의적으로 생각하는 것이다. 마지막 아이디어가 세계를 바꿔 놓을 아이디어일지도 모르기 때문이다.

공장에서 신제품을 만들 때에는 많은 시안을 내놓을 필요가 있다. 커뮤니티 프레이트라는 회사가 새 은제품을 만들었을 때의 일을 예로 들어 보자. 먼저 디자이너가 신제품의 스케치를 수백 장이나 만들었다. 최종 점검 결과 그 중에서 한 장이 선택되었다. 이 선택된 디자인을 조금씩 수정하여 다시 수백 장이나 스케치했다.

그리고 나서 스푼의 실물 모형을 손으로 만들었다. 다음에 이것저것 개선하면서 최종적인 형이 정해졌다. 이 은제품의 이름을 짓기 위해 500개 이상의 아이디어가 나왔는데, 그 중 하나를 선택하여 특허국에 이미 등록된 이름과 대조했다. 다행스럽게도 같은 이름으로 등록된 것은 없었다.

또 다른 회사의 이야기인데 여기서는 70여 명의 사람이 신제품의 이름을 5,000개 이상이나 생각했다. 과학적인 테스트 결과, 최종적으로 하나가 선택되었다. 그러나 유감스럽게도 그 이름은 이미 작은 회사가 사용하고 있었으므로 그 이름을 사용하기 위해 회사의 소유권을 사야만 했다.

뛰어난 저자는 글을 쓸 때에 아이디어를 무한히 생각해낸다. 나는 짧은 편집 후기를 쓰기 위해 어떤 편집자가 100개 이상이나 되는 안을 쓰는 것을 본 일이 있다. 2세기쯤 전에 프랑스 소설가 스탕달은 이 '양'의 문제를 다음과 같이 말하고 있다.

"나는 날마다 3,4입방 피트나 되는 새 아이디어를 필요로 한다. 증기선이 석탄을 필요로 하는 것과 같다."

좋은 아이디어를 찾는 데는 아이디어를 많이 내놓을 필요가 없다고 생각하는 사람이 있다. 현재 출판업을 하고 있는 내 친구는 이런 말을 하곤 한다.

"아이디어를 많이 내놓으려는 생각일랑 그만둬. 훌륭한 아이디어를 한두 가지 생각해내면 그것으로 돼. 더이상은 시간낭비일 뿐이야."

그러나 아이디어를 내놓는 경우에는 양이 질을 낳는다는 사실은 거의 원칙이나 다름없다. 많은 아이디어를 내놓을수록 좋은 아이디어를 착상하게 된다. 이것은 논리적이고도 수학적인 진리이다. 가장 좋은 아이디어가 처음부터 나오는 일은 좀처럼 없다.

과학적인 연구에 의하면, 최초로 나온 아이디어는 가장 좋은 아이디어인 듯하지만 그렇지 않음이 확인되고 있다. 이 연구에 의하면, 양이 질을 낳는다는 원칙이 실증되고 있다. 양적으로 두 배의 아이디어를 생각해낼 수 있는 사람은 같은 시간에 좋은 아이디어도 두 배나 생각할 수 있다.

다른 연구에서도 이 원칙은 확인되고 있다. 이 실험에서는 아이디어를 내놓는 시간의 전반과 후반에서 어떠한 차이가 있는지를 비교했다. 그 결과 후반에 전반의 78% 이상의 좋은 아이디어가 나왔음을 알 수 있다.

양이 필요하다는 것은 공군 장교를 위해 실시된 아이디어 발상 강좌에서도 분명해졌다.

700마일이나 되는 옥외 전화선이 서리로 동결되어 사용할 수 없게 되었다. 될 수 있는 대로 빨리 평상 업무로 돌아가려면 어떻게 해야 좋은가? 이 긴급 사태는 1951년 12월에 워싱턴 주에서 실제로 일어난 일이다. 이때는 전화국 사람들이 전화선의 상공을 헬리콥터로 비행함으로써 문제를 해결했다. 프로펠러의 바람이 전화선에 붙은 서리를 날려 버림으로써 장거리 전화선은 기록적인 시간에 원상 복구를 하게 되었다.

이 문제를 해결하기 위한 브레인스토밍을 진행하는데 속기로 기록하지 않으면 뒤따를 수 없을 정도의 아이디어가 쏟아져 나왔다. 비행사들이므로 헬리콥터에 의한 해결책도 나왔다. 그러나 중요한 것은 입증된 해결안을 생각해내기까지 35가지나 되는 아이디어를 내놓은 것이다. 다섯이나 열 가지 정도에서 그만두었다면 헬리콥터에 의한 해결책은 놓치고 말았을 것이다.

독창적인 과학은 양을 필요로 한다

시안을 많이 내놓는다는 원칙은 과학 실험에 있어서는 **빼놓**을 수 없다. 에디슨의 생각은 무엇이나 시도해보는 것이었다. 약학자들이 수없이 먼지나 꽃가루를 피부에 문질러서 알레르기의 원인을 찾아내고, 그 처치를 찾아냄으로써 알레르기 치료법이 진보된 것이다.

실험을 할 때 모형을 만들 필요가 생겼을 경우에도 같은 원칙이 적용된다.

어느 날 새로운 발명 때문에 눈코 뜰 새 없이 바쁜 내 친구를 만났다.

"발명은 어떻게 잘 진행되니?"

"글쎄, 내가 가진 유일한 기법이라면 가장 잘 될 모형에 이를 때까지 계속해서 모형을 만드는 것뿐이야."

현미경의 발명과 혈액에 관한 발명으로 유명한 리웬호프는 아이디어란, 많이 내놓을수록 좋을 뿐더러 자유분방하게 내놓을 필요가 있다고 믿고 있었다. 어떤 일련의 실험에서 후추 맛을 내는 것이 무엇일까 하고 생각하던 끝에 그것을 찾아내려고 열중했던 일이 있다. 그때 문득 생각난 것은 후추 한 알 한 알이 혀를 찌르는 침을 가지고 있기 때문에 짜릿하다는 것이었다. 이 실험은 실패였지만 이것마저도 뒤에는 그의 업적의 하나로서 기여하고 있는 것이다. 내가 아는 현대의 과학자들은 아이디어를 많이 내놓는 것이 중요하다는 말을 모두가 하고 있다.

제너럴 모터스의 연구소장 캐털링에게 그의 새로운 디젤 엔진을 보러 간 사람이 말했다.

"나는 당신네 열역학의 권위자와 이야기하고 싶은데요."

"유감스럽게도 여기에는 '열역학'이라는 말을 이해할 사람이 없습니다. 더군다나 권위자란 더더욱 있을 리가 없습니다. 그러나 이 엔진을 어떻게 만들었는지를 알고 싶다면 기꺼이 가르쳐 드리겠습니다."

곁에 가만히 서서 그 남자의 말을 듣던 캐털링이 대답했다. 그리고 그는 그 남자를 동력계실에 데리고 가서 단일 실린더 장치를 보여 주었다. 그리고 다음과 같이 설명을 끝냈다.

"우리는 6년 동안이나 같은 것을 계속해서 시험하다 보니 마지막에는 엔진이 이렇게 해달라 저렇게 해달라고 말하게 되더군요."

6년 동안이나 같은 것을 쉬지 않고 시험하고 한없이 시안을 내놓던 일, 캐털링의 말을 빌리면 "그 이외의 방법은 모른다."는 것이다. 세상에서는 과학상의 역사적인 승리는 거의가 어떤 하나의 영감의 덕택이라고 말하고 있다. 그러나 사실은 이것저것 시험을 해보고 아주 많은 시안을 내놓아야만 영감을 얻을 수 있다. 잊지 말아야 할 것이다. 영감은 숙고의 결과로 떠오른다는 사실을.

"와트는 증기 기관을 발명했다. 그는 어느 맑게 갠 개인 일요일 오후 산책을 하다가 생각이 떠오른 것이다."

많은 사람들은 그렇게 생각하고 있다. 하지만 참으로 그랬을까? 그는 기관은 발명하지 않았다. 그가 발명한 것은 증기의 힘을 좀더 효과적으로 사용할 수 있게 하는 콘덴서였다. 사실은 그 역사적인 산책을 하기 훨씬 전부터 오랫동안 그 문제를 줄곧 생각해 왔을 뿐더러 실제로 일을 하고 있었다. 즉 가설을 수없이 내놓았던 것이다.

앙리 포안카레는 영감의 냉엄한 진실을 다음과 같이 잘 요약하고 있다.

"이 무의식의 작용은 먼저 착수하고 의식적으로 생각하는 기간이 없는 한 일어나지도 않고 열매도 맺지 않는다."

독창적인 사고가 중단되면 일을 멈추고 검토할 필요가 있다. 문제를 다시 한 번 분석하여 다른 아이디어를 생각해내고 재출발해야 한다. 상상력은 곧잘 바른 길에서 벗어나 사고의 원리를 파괴한다는 것이다. 만일 독창적인 사고방식이 마지막에 이르러 잘못되어 있음을 깨달으면 처음부터 끝까지 다시 한 번 더듬어 볼 필요가 있다. 관련된 자료를 다시 보고 또 목적을 한 번 더 살펴볼 필요가 있다. 다른 무엇보다도 많은 아이디어를 내놓을 필요가 있다. 여기에서도 또한 양을 추구해야 한다. 우리는 에디슨의 자세를 본받아야 한다.

"나는 무엇이나 시도해 본다. 린버거(냄새가 강한 치이즈)라도 먹어 보이겠다."

아이디어 개발은 상상력 훈련으로부터

● 이웃집 개가 당신이 좋아하는 꽃밭을 지름길로 이용하고 있다. 이를 막으려면 어떻게 하면 좋은가?
● '바퀴벌레를 박멸하는 방법을 찾으라.'는 임무가 당신에게 부여된다면, 당신은 이 일반적인 문제를 어떻게 구체적인 문제로 세분하겠는가?
● 광고 슬로건 중에서 가장 마음에 드는 것을 생각해보라.

●한 상점이 다양하고 질 좋은 상품과 넓은 주차장을 선전하여 손님을 끌고 있다. 손님을 더 끌려면 이 밖에 어떤 특색을 갖춰야 하는가?

●가장 멋있게 음식을 차린다는 문제를 '자유분방한 사고방식'으로 생각하라. 그리고 머리에 떠오른 최초의 열 가지 아이디어를 기록하라.

●중절모는 이미 유행이 지났다. 이것을 다시 유행시키려면 어떻게 하면 좋은가?

●전철 안에서 잠깐 졸다가 목적지를 지나친 경우가 많을 것이다. 이 점을 개선키 위한 아이디어를 열 가지 기록해 보라.

✳

✳

•

브레인스토밍이란 무엇인가

제3장

브레인스토밍이란 무엇인가

1. 브레인스토밍의 원리와 수법

옛부터 회의란 '안 돼'라는 분위기가 지배적이었다. 우리의 선조들도 시정을 잘 풀어나가기 위한 회합을 아이디어를 내놓기보다는 논쟁의 자리로 사용하였다. 만일 누가 아이디어를 하나 내놓으면 묵살해버리기 일쑤였다. 그래서 수많은 뛰어난 아이디어가 사장되곤 했다.

1938년, 내가 사장으로 있던 회사에서 처음으로 조직적인 아이디어 제안 방법을 채택했다. 그때 참가자들은 이 일을 '브레인스톰 회의'라고 이름했다. 이 이름은 안성마춤이었다. 왜냐하면 '브레인스톰'이란 머리를 써서 문제를 공격한다는 의미가 있기 때문이다.

브레인스토밍은 미국에 널리 알려져서 이제는 독창적 노력을 한다는 의미의 동사(動詞) 브레인스톰(brainstorm)이 웹스터 사전에 수록되어 다음과 같이 정의되고 있다.

"구성원이 자발적으로 제출하는 아이디어를 모아 어떤 구체적인 문제 해결 방법을 발견하려는 그룹의 시도로써 실제적인 회의의 테크닉을 말한다."

이런 종류의 회의는 벌써 400여 년 전부터 인도의 힌두교 지도자들이 사용해왔다. 이 방법을 인도어로 프레이 바샤나(Prai—Barshana)라고 한다. 프레이는 '당신 이외의'라는 뜻이고, 바샤나는 '문제·의문'이라는 뜻이다. 이 회의에서도 토론이나 비판은 하지 않는다. 아이디어의 평가도 같은 그룹에서 회의가 끝난 뒤에 한다.

현대적인 브레인스톰 회의는, 말하자면, 아이디어의 체크 리스트 작성을 유일한 목적으로 하는 독창적인 회합이라 해도 될 것이다. 물론 그 아이디어는 문제 해결의 실마리가 되는 것이고 뒤에 평가하거나 손을 쓸 수 있는 유형이다. 판단을 미룬다는 원칙이 엄격히 지켜지지 않으면, 어떤 것도 브레인스톰 회의라고 할 수 없다.

브레인스토밍은 급속히 보급되어 차츰 인기가 오르면서 오용되는 경우가 많다. 만능약으로 알고 덤벼들었지만 끝내 기적은 일어나지 않았다면서 떠나간 사람도 많다. 또 브레인스토밍을 그룹이 하는 완전한 문제 해결 과정이라고 오해하는 경향도 많다. 이것은 아이디어 발상의 몇몇 단계 중의 하나에 불과하다. 아이디어 발상은 독창적인 문제 해결의 몇몇 단계 가운데 하나인 것이다.

그룹에 의한 브레인스토밍의 가치는 그것을 적절하게 행하면 일반 회의에 비해 단시간에 많은 명안을 내놓을 수 있다는 점이다. 프레드 핀스터버그 박사는 놀라운 시간 절약의 예를 들고 있다. 박사는 아메리칸 사이어나미드 회사에서 행한 브레인스톰 회의에서 15분 동안에 92개의 아이디어(1분간에 6이상), 1인당 평균 여덟 이상의 아이디어가 나왔음을 보고하고 있다.

그룹 브레인스토밍의 효과

몇 사람이 모여 서로 아이디어를 내놓으면 많이 나올 것은 당연하다. 어떤 회합에서는 임금 인상 운동에 56가지 제안을 했으며, 또 모포를 더 많이 팔기 위해서는 어떻게 하면 좋은가 하는 문제에 124가지 아이디어를 생각해냈다. 또 다른 의뢰인을 위해 150명의 소원(所員)을 열다섯으로 나누어 같은 문제를 브레인스톰했다. 이 수많은 사람들의 활동은 800이 넘는 아이디어를 내놓고, 그 중 177가지는 구체적인 제안으로써 제출되었다.

그룹 브레인스토밍이 매우 생산적이라는 이유는 몇몇 있다. 구성원의 한 사람이 한 가지 아이디어를 착상하면 곧장 자동적으로 다른 아이디어를 향해 상상을 작용시키기 시작한다. 동시에 그의 아이디어는 다른 사람의 연합력을 자극한다. 이 현상을 프레드 샤프는 다음과 같이 말하고 있다.

"참으로 브레인스톰 회의에 열중해버리면 어떤 사람이 내놓은 영감이 다른 사람들의 훌륭한 아이디어에 불을 붙여 폭죽에 일제히 불을 붙인 것처럼 된다."

이 현상을 연쇄 반응이라고 하는 사람도 있다.

사회적 촉진*이란 과학적 실험에 의해서 증명된 원칙이다. 성인의 경우 그룹에 의한 자유 연합은 혼자서 하는 경우보다 65%에서 93%가 많아진다는 것이 테스트로 나타났다. 이와 같은 일이 스티븐슨 인스티튜트의 인간 공학 연구소에 의해서 확인되고 있다. 이 연구소의 이사인 존슨 오코너에 의하면, 사람이란 남자나 여자나 개인보다는 그룹 쪽이 훨씬 더 많은 독창적 상상력을 나타낸다는 것이다.

그룹 브레인스토밍에 의하면, 아이디어가 많이 나오는 것은 경쟁 의식을 자극하기 때문이라는, 다른 각도에서의 설명도 있다. 1897년에는 이미 심리학적인 실험으로 이 사실이 제시되고 있다. 그 이후의 심리학자들은 어른이나 어린이도 경쟁하면 정신적 작업의 성과를 50%이상이나 증대시킨다는 사실을 증명하고 있다. 아이디어를 내놓는 경우 이 원동력은 다른 어떠한 정신 기능보다도 유효하다. 참다운 독창은 다른 사람보다 더 노력해야 하기 때문이다.

그룹 브레인스토밍의 효과는 심리학적 용어로 '강화(reinforcement)'라고 불리우는 자극이 내포되어 있기 때문이다. 이 자극의 요인은 티칭 머신의 권위로 알려져 있는 하버드 대학의 스키너 박사가 특히 강조하고 있는 것이다. 대부분의 학자들은 확실한 모양으로 '올바른' 답이 '강화'되면 학습 과정은 효과가 오른다는 사실을 인정하고 있다.

그룹 브레인스토밍은 어떠한 제안도 쾌히 인정된다는 '보수'에 의해서 '강화'되는 것이다. 반대로 종래부터의 틀에 박힌 형식의 회의는 강한 반대 발언에 부딪쳐 제안을 못하는 일이 많았다. 이런 종류의 방해는 '음(陰)의 강화'라 일컫고 있다. 즉 소망스런 행동을 저지하는 요인이다. 성급한 비판은 '음의 강화'이며, 판단을 미루는 것은 '양(陽)의 강화'이다. 그리고

＊사회적 촉진 : 심리학 용어, 집단의 영향, 혼자서 먹는 것보다 집단으로 먹는 편이 먹는 양이 많아진다.

이 판단을 미루는 원칙이야말로 그룹 브레인스토밍에 불가결한 요소인 것이다.

나다니엘 호오돈은 그룹 브레인스토밍의 근본적인 이점을 다음과 같이 말한다.

"일반적으로 최선의 일은 그룹 멤버의 재능에서 초래된다. 즉 같은 동료 의식을 가지고 일에 임하면 모든 사람이 좋은 일을 한다. 물론 위업이라고 하는 것은 한 사람에 의해서 이루어진다. 그러나 좀더 쾌적한 상황에서 일을 했을 경우보다 두 배나 더 힘드는 것이 보통이다."

브레인스톰 회의의 원칙

회의에 들어가기 전에 먼저 모든 출석자들에게 다음 네 가지 규칙을 이해시켜야 한다. 이 규칙을 지키지 않으면 효과가 별로 오르지 않는다.

(1) 비판하지 않는다. 나온 아이디어에 대한 반대는 끝날 때까지 보류해야 한다.

(2) 자유분방하도록 권장한다. 아이디어는 자유분방할수록 좋다. 생각해내기는 힘들지만 트집을 잡기는 쉽다.

(3) 양을 추구한다. 아이디어의 수가 많을수록 좋은 아이디어가 나올 가능성도 많아진다.

(4) 결합과 개선을 추구한다. 참가자는 자기의 아이디어도 내놓음과 동시에 다른 사람의 아이디어를 더 좋은 것으로 바꾸려면 어떻게 해야 하는가, 또는 두세 가지 아이디어를 또 다른 아이디어로 종합하려면 어떻게 해야 하는가를 생각해야 한다.

이상은 가이드이다. 리더는 자기의 의견으로 소화하여 규칙을 설명해야 한다. 왜냐하면 브레인스토밍은 부담없는 분위기에서 해야 하기 때문이다. 첫째 규칙을 이렇게 설명하는 리더도 있다.

"만일 한 수도꼭지에서 더운 물과 찬 물을 동시에 나오게 하려면, 미지근한 물밖에 나오지 않습니다. 마찬가지로 비판과 독창을 동시에 시도하려고 하면 신랄한 비판도, 훌륭한 아이디어도 얻지 못합니다. 그러니 아이디어만을 먼저 내놓읍시다."

고질적으로 비판을 좋아하는 소수의 사람은 이 규칙을 무시하고, 다른 사람의 생각을 헐뜯는다. 이러한 위반자는 처음에는 공손히 주의를 준다. 그래도 계속하면 엄중히 금지시켜야 한다. 또 하나의 위험은 회의를 진행하다 보면 편이 갈라지는 경우가 생긴다. 여기에도 약간의 규칙이 필요하다. 리더는 출석자 전원에게 '함께 생각하는 하나의 회합'이라는 사실을 확인시키지 않으면 안 된다.

엄격하고 또한 정식으로 해야 할 일은 제안된 아이디어를 전부 기록하는 일이다. 속기가 아닌 보고서 형식으로 기록해야 한다. 때로는 아이디어가 잇따라 나와서 속기사도 그 하나하나를 충실히 기록하지 못하는 경우가 있다. 브레인스톰 회의에서 자기 분발은 상호간의 격려와 다름없이 중요하다. 완전주의에 의한 편견은 노력을 방해하여 아이디어를 헛되이 만들어 버린다. 한 유능한 멤버가 어떤 회의에서 줄곧 침묵을 지키고 있었다. 나는 뒤에 그를 만류하고, 다음 회합에서는 어떤 아이디어라도 좋으니 생각나는 대로 말해달라고 부탁했다.

"잘 알겠습니다. 저어, 전의 회합이 끝난 뒤에 다음 회합의 회의에 내놓으려고 15가지 정도의 아이디어를 적어 두었습니다만, 그 아이디어라는 것이 아무래도 쓸모없는 것 같아 찢어 버렸습니다."

그의 생각으로는 가치없게 여겨지는 아이디어의 하나가 우리 아이디어보다도 뛰어나고, 개선 또는 결합에 의해 어쩌면 가장 좋은 아이디어가 될 수 있을지도 모른다는 점을 이해시키는 데에 꽤 많은 시간이 걸렸다.

브레인스토밍은 경쟁 의식을 느끼게 해줌과 동시에 우호적인 분위기가 충만해야 한다.

역설적이기는 하지만, 열심히 노력하고 게다가 마음에 여유가 있을 때 많은 아이디어가 나온다. 피크닉과 같은 분위기를 만드는 게 좋다. 성공한 몇몇 회의는 점심 때 사무실에서 베푼 샌드위치 회식이었다. 케이크를 곁들인 커피 뒤에 회의를 열어 그룹 규칙을 정하고 문제를 결정한다. 제안이 잇따라 나온다. 웃음거리도 있고 훌륭한 것도 있지만, 모든 아이디어를 빠짐없이 기록한다. 이렇게 기록된 아이디어는 문제 해결의 실마리를 줄 체크 리스트가 된다.

문제 선택과 멤버 선정 방법

브레인스토밍을 효과적으로 하려면 문제가 일반적인 것이기보다는 구체적인 것이어야 한다. 구체적으로 되면 범위가 한결 좁아지므로 멤버는 한 목표를 향해 아이디어를 내놓게 된다.

한 기업가가 신제품의 상품명과 포장, 그리고 판매 계획에 관한 아이디어를 구할 양으로 이 세 문제를 모두 브레인스토밍하는 실수를 저지른 일이 있다. 회의가 시작되고 잠시 뒤에 한 사람이 몇 가지 상품명을 제안하였다. 이어서 몇 가지가 더 제안되어 일이 잘 진행되기 시작했다. 그때 어떤 사람이 포장에 관한 아이디어를 내놓았다. 그 의견에 대해서 잠시 논의를 하는 동안에 다른 사람이 다시 마케팅의 아이디어를 내놓고 말았다. 회의가 실패로 끝나서 다시는 한 회의에서 하나 이상의 문제는 다루지 않기로 했다. 문제를 분해하여 하나하나의 구체적인 문제마다 회의를 갖기로 결정하였던 것이다.

그룹 브레인스토밍은 기본적으로 아이디어를 구하려는 문제를 위한 것이지 판단을 구하기 위해 열리는 것은 아니다. 또한 두세 가지 답밖에 없는 문제를 검토하기 위해 여는 것도 아니다. 예를 들면, 결혼할 것이냐, 안 할 것이냐 하는 문제일 때 가장 좋은 방법은 찬반 양론을 리스트업하는 것이다. 여기에는 분석적 판단이 필요하다.

이러한 판단 프로세스 중에서도 상상력은 어떤 역할을 한다. 확실히 말할 수 있는 것은 상상력을 발휘하여 찬반 양론을 분명히 마음에 그리지 않는 데에는 찬성하든 반대하든, 확실한 것이 떠오르지 않기 때문이다.

"나는 아마 결혼하지 않을거야. 왜냐고? 얼굴이 온통 딸기잼투성이였던 개구장이 시절의 모습이 마음 속에서 사라지지 않는걸."

가끔 나를 찾던 젊은 친구의 한탄 섞인 말이다. 이와 같이 상상력이 부당하게 판단의 싹을 자른 경우도 있다.

레오 네젤스키는 어떤 종류의 회의에 대해서나 말할 수 있다고 전제하고서 다음과 같이 말하고 있다.

"문제를 분명히 하지 않으면 회의는 방향없이 갈팡질팡한다. 회의의 목표를 정함으로써 체계가 서고, 테두리 안에서 사고방식의 방향이 정해진다."

　문제를 설명하는 방법은 좋고 나쁜 판단을 하는 회의 쪽이 훨씬 간단할 것이다. 판단이라는 집을 짓는 경우에는, 사실은 벽돌과 몰탈의 구실을 하지만, 독창적 사고에서는 발판 구실을 하는 데 지나지 않기 때문이다. 너무 많은 사실을 열거하면 브레인스토밍에 필요한 자발적 정신을 해친다. 사실에 바탕을 둔 평가는 뒤에, 즉 아이디어를 평가할 때 하면 된다.

　브레인스토밍의 인원은 5명에서 10명 사이가 적당하다. 재능의 유무와는 상관없다. 하지만 논의하고자 하는 문제에 대한 지식이 전무인 상태는 곤란하다. 때로는 해결해야 할 문제의 책임자가 출석하는 경우도 있다. 그러나 대부분의 회사에서는 전문가나 담당자는 자유로운 분위기에 방해가 될 뿐이라고 한다. 왜냐하면 비전문적인 멤버들은 자신의 아이디어가 비웃음을 살까 두려워 선뜻 의견 제시를 하지 않기 때문이다.

　실제로 브레인스토밍을 진행하다 보면, 문제와는 너무 동떨어진 아이디어를 내놓는 경우도 있다. 그러면 큰소리로 이의를 제기하거나, 그 아이디어를 가로막고 빈정거리거나, 힐끔힐끔 쳐다보는 사람이 있을 것이다. 이는 브레인스토밍에서 논의하고자 하는 문제에 대한 이해의 부족에서 온다. 이것을 막는 방법은 그 문제와 가장 밀접한 관계에 있는 사람에게 5분 정도 시간을 주고 그 문제에 대한 개요를 설명하게 한 다음, 그를 문밖으로 내보내고 나서 브레인스토밍을 시작하면 된다.

　멤버는 초보자 또는 베테랑이 함께 참석할 때에 회의는 잘 진행된다. 사무실의 사환, 비서, 문서계원, 각 계층의 종업원 그룹에서 브레인스토밍을 하는 것은 매우 좋은 착상이다. 그 이유는, 그들은 가끔 매우 좋은 아이디어를 가지고 있는 경우가 많다는 점이다. 그들은 그들 자신의 특유한 접근에 의해 문

제를 전혀 다른 시각에서 볼 수 있기 때문이다. 또 하나의 이유
는, 경영상 각 계층간의 커뮤니케이션이 심화된다는 것이다.
게다가 종업원은 자기가 경영에서 맡는 역할을 자각하고 경영
에 참여했다는 자부심을 느끼게 된다.

　브레인스토밍의 멤버는 남성이나 여성만으로도 되고, 남녀가
함께 참석해도 좋다. 어느 회사에서는 열리는 브레인스토밍
마다 적어도 2명 내지 3명의 여성을 참석시키고 있다. 여성은
남성을 의식하고, 남성은 여성을 의식하여 아이디어의 흐름을
자극하는 대항의식을 불러 일으키기 때문이다. 또 그룹에 활발
한 사람이 몇 명 있으면 진행이 잘 된다. 그들은 문제가 제기된
순간부터 아이디어를 내놓기 시작한다. 일정 정도 궤도에 오르
면 그들이 회의를 지배하지 않도록 적당히 통제해야 한다.

　가장 다루기 힘든 멤버는 평범하고 독창적이 아닌 회의에서
훈련된 높은 분들이다. 이들은 보통 아이디어를 내놓기보다는
제기된 아이디어에 대하여 심의하고 결재하는 데 익숙해져
있다. 나는 시민 문제를 브레인스톰하기 위해 사회적으로 지도
적인 위치에 있는 기업가 중에서 10명을 조직해 보고 다음 사
실을 알게 되었다. 열 번째 회의가 끝났는데도, 몇 사람은 점
심 회의에서조차 자유분방하게 아이디어를 내놓지 못했다.

　큰 회사의 부사장이었던 한 멤버는 사고방식을 고치고 나서
나한테 이렇게 말해주었다.

　"당신이 하려던 일은 아무래도 이해하기 어려웠습니다. 회사
에 있던 15년 동안 회의에 회의를 거듭하다 보니, 자유분방하
게 아이디어를 내놓을 수 없게 되어 버렸습니다. 우리 임원들
은 모두 다른 사람을 비판하는 눈으로 보고 있습니다. 아이디
어를 많이 제안하느냐, 안 하느냐 하는 것보다는 실수를 저지

르고 있느냐, 있지 않느냐로 그 사람을 보는 경향이 있습니다. 그래서 나는 경멸받을 제안은 하지 않도록 늘 조심했습니다. 내 동료들도 이 브레인스톰 회의처럼 자유롭게 아이디어를 내놓았으면 좋겠다고 생각합니다."

브레인스토밍의 초대 방법

1주일쯤 전에 전화 등으로 회의 일시를 연락하고 미리 약속을 받아 둘 필요가 있다. 그리고 전화 외에 시간이나 장소를 분명히 쓴 문서를 보내야 한다. 또 회사에서 처음으로 브레인스토밍을 하는 경우에는 브레인스토밍이 얼마나 중요한가를 나타내는 글을 첨부하여 보내야 한다. 그것을 쓰기 전에, 또는 브레인스토밍을 시작하기 전에 '브레인스토밍이란 무엇인가?'를 회의 담당자는 물론 참석자들도 철저히 인식해야만 한다.

브레인스토밍에 대한 초청장에는 그 회의가 가치있는 것이라면 논의해야 할 문제에 대하여 분명히 써야 한다. 회의에 참석하는 사람은 누구나 그 문제에 대하여 미리 충분히 생각해보고 회의장에서 그 결과물을 내놓는다.

또 하나 중요한 점은, 브레인스토밍 회의의 초대는 강제적이어서는 안 된다. 출석을 강요받은 사람이 좋은 아이디어를 내놓는 일은 매우 드물다.

초대장을 쓰는 방법과 요령

BBDO 광고회사가 사용하고 있는 전형적인 브레인스토밍의 초대장은 다음과 같다.

×월 ×일(회의 이틀 전까지 정확히 받아 보게 할 것)

××씨

×월 ×일 ×시부터 개최하는 브레인스토밍 회의에 부디 참석하여 주시길 간절히 부탁합니다.

의제는 다음과 같습니다.

실내용 전화의 판매를 배로 증가시키려면 어떻게 해야 좋을까요. 실내용 전화는 집 안의 어느 곳에나 설치할 수 있습니다. 설치 비용은 약 2달러 50센트이고, 70~80센트로 1개월 동안 사용할 수 있습니다. 그러나 현재 전화 소유자의 16%가 실내용 전화를 가지고 있을 뿐입니다. 그래서 회사에서는 많은 손님에게 적어도 한 세트를, 그리고 이미 이 전화를 이용하고 있는 분에게도 다시 한 세트를 사용하게 하려고 합니다. 다음 그 해결에 관한 세 가지 아이디어를 예로 들어 보겠습니다.

(1) 어머니에게 실내용 전화를 크리스마스 선물로 보낸다. (설치 비용과 첫 1년간의 경비는 당신이 부담한다.)

(2) 오락실이나 작업장을 만드는 목공이나 건축사를 물색하여 협정한다. 그리고 그들로부터 이 전화를 설치할 만한 사람의 이름을 묻고 그 판매를 의뢰한다.

(3) 이사한다는 정보를 입수하면 판매 안내서를 보낸다. 새로 전화를 끌어줌과 동시에 실내용 전화를 달도록 권유한다. 그러면 설치 비용이 절약되기 때문에 실내용 전화를 달려는 고객이 늘어날 것이다.

의장 존 존스

초대장에는 브레인스토밍할 문제를 명확히 기재해야 한다. 이것은 잠재의식을 싹트게 한다. 일단 그 문제가 잠재의식에 심어지면 경쟁회사의 문제를 검토하거나, 지방에 출장가거나, 또는 토요일 오후의 가정방문 서비스같은 각자의 갖가지 일 가운데에서 제안해야 할 일들을 잠깐씩 생각해보게 된다.

BBDO 광고회사의 부사장으로 브레인스토밍과 커뮤니케이션 부문의 책임자인 프류스너 씨는 문제를,

"……하는 데에 좀 엉뚱한 방법을 생각해 주십시오."

라고 권한다. 이렇게 하면 그들에게 진기하고, 그 누구도 해보지 못한 훌륭한 아이디어를 불러 일으킬 수 있다고 그는 말한다.

어느 회사에서는 회의가 열리기에 앞서 미리 제시한 문제에 대한 다섯 가지 아이디어를 가지고 참석하라고까지 지시하고 있다.

하지만 한 가지의 아이디어를 가지고 참석하는 사람도 있고, 특별한 아이디어 없이 히치 하이크*할 셈으로 부담없이 오는 사람도 있다. 회의가 시작되었을 때 참석자는 아이디어를 단번에 전부 내놓아서는 안 된다. 그것은 파괴이다.

또 어떤 계획이 있든 브레인스토밍의 초대장은 한 장의 종이에만 써야 한다. 그러면 몹시 바쁜 사람은 그것을 받은 즉시 내용을 숙지할 수 있고, 문제와 장소와 시간을 손쉽게 알아볼 수 있다.

---

*히치 하이크(hitch hike) : 지나가는 자동차에 편승하는 일. 또 그렇게 하는 도보 여행. 브레인스토밍에서는 다른 아이디어를 부담없이 받아들이고 그것을 발전시킨다는 의미로 쓰인다.

브레인스토밍을 개최하는 시간

브레인스토밍을 언제 개최하느냐에 대해서 논의가 분분하지만 근무시간 중이 가장 좋다고 알려져 있다. 브레인스토밍에 참석한다는 것은 평소와는 다른 환경이므로 좋은 결과를 낳는다. 하루 중에서 오전이 오후보다 좋을 듯하다. 특히 신경이 곤두서는 일을 하고 있는 사람이라면 더욱 그렇다.

BBDO 광고회사는 조찬회 또는 만찬회에서 브레인스토밍을 펴기로 하고 있다. 회의는 가벼운 스프부터 시작된다. 회의실은 브레인스토밍을 위해 특별히 마련되고 크림빛의 벽과 밝은 목재 테이블이 놓여져 있어 브레인스토밍은 항상 성공적인 분위기에 싸여 있다.

개최 장소

얼마 전 나는 뉴욕에서 가장 권위 있는 연구소 중의 하나에서 실시된 브레인스토밍에 초대된 일이 있다. 그 회의실은 두꺼운 고급 융단이 펼쳐진 방이었는데, 마호가니의 책상 앞에 커다란 가죽 의자를 끌어당겨 앉아 있는 참석자들을 벽에 걸린 근엄한 역대 장로들의 기념 초상화가 내려다보고 있었다. 그 방에서만은 장로에 대한 모독적인 언사가 있어서는 절대로 안 될 듯한 분위기였다.

만약 장로들의 초상화 대신에 신분이 그리 높지 않은 사람의 그림이든지, 아니면 일반 회의실이었더라면, 더 훌륭한 브레인스토밍을 했을 것이다. 그 방의 분위기는 중세의 왕국에서 왕이 노예들에게 주는 공포감을 그들에게 품게 했을 것이다. 그 증거로 뉴욕의 한 회사에서는 떠들썩한 가게 한가운데에서 훌륭하게 브레인스토밍을 성공시킨 사례가 있다.

앞의 예시가 우리에게 일러 주는 것은 참석자가 브레인스토밍을 가볍게 할 수 있는 방을 찾는 것이다. 참석자의 장래를 좌우할 수 있는 상사의 위엄이 느껴지는 방이어서는 안 된다. 누구나가 자유로이 편안하게 느낄 수 있는 곳이어야 한다. 만일 상사의 방에서 하거나 권위를 느끼게 하는 회의실에서 해야 할 경우는 참석자 중에서 경험이 풍부한 사람이 평소의 자기 자리를 떠나서 상사의 자리에 앉는 것이 바람직하다. 때때로 회사에서 완전히 떠난 상태에서 레스토랑이나 호텔이나 클럽의 한 방에서 하게 되면 더 좋은 결과를 기대할 수 있다. 거기서는 아이디어에 방해가 될 만한 잡념이 들어갈 여지가 전혀 없기 때문이다. 이처럼 회의실의 분위기는 매우 중요하다.

브레인스토밍의 참석자가 모이는 곳에서는 될 수 있는 대로 화제로 삼고 있는 문제에 대해 구체적인 것을 본보기로 내놓을 필요가 있다. 만약 포장 문제가 화제에 올라 있다고 한다면 제품과 포장 재료를 눈으로 보고, 손으로 만지고, 구부려 보거나, 잘라 볼 수 있게 한다.

회의실 벽 색깔을 눈에 띄는 노랑으로 칠한 회사도 있다. 과학자들이 노랑은 창조성을 일으키는 데에 좋다는 말을 분명히 했기 때문이다.

일상의 사업장 분위기에서 기분전환을 촉진하기 위해 약간의 음악을 틀어놓는 것도 효과가 있다. 모던 아트도 역시 사람들을 색다른 분위기로 몰아간다. 나는 개인적으로 헬기를 타고 높은 곳에서 바라보거나 어린이의 시각으로 풀어나가는 성인세계에 대한 단편 영화도 큰 도움이 될 것이라고 생각한다. 예를 들면, 수퍼마켓에서 어린이용 식품을 더 팔기 위한 방법을 연구하고 있는 회사에서는 네 살난 어린이 수준의 수퍼마켓 영화를 보면 좋을 것이다. 이 무렵의 어린이는 어머니의 옷깃을 잡고 열심히 따라 다니며 "엄마, 저거 사요. 응, 엄마, 사 줄거죠?"하고 떼를 쓸 것이다. 아이의 말과 눈길이 머무는 곳을 바라보다 보면 아마도 좋은 아이디어가 떠오를 것이다.

결론적으로 브레인스토밍의 장소는 참석자들이 자유로운 기분으로 회의에 참석할 수 있는 장소이어야 하며 방해물을 두지 말아야 한다.

2. 브레인스토밍의 진행 방법

그룹 브레인스토밍의 원칙이나 절차, 응용 등에 관한 지식은 경험을 쌓아감에 따라 심화되었다. 이같은 새로운 발견은 여러 가지 조직이 실제로 그룹 브레인스토밍을 실시함으로써 가져온 것이다.

수많은 교육 기관이 브레인스토밍의 기능을 깊이 이해하게 되었다. 1955년에 발족한 독창적 문제 해결 강좌는 버팔로 대학과 그 밖의 대학에서 펴왔다. 이러한 강좌에 출석한 수백 명의 교육자, 실무자, 육군 사관은 폭넓게 그룹 브레인스토밍을 연습하였다. 그 경험이 기술을 보다 잘 이해하게 함으로써 다음과 같은 과학적 연구 결과를 산출했다.

(1) 비판을 안 하면 일반적으로 아이디어는 많이 나온다. ―이 사실은 매우 중요하다. 현재까지의 교육과 경험은 독창적으로보다는 비판적으로 생각하도록 훈련해

왔다. 이러한 교육의 여파로 아이디어의 흐름을 즉시 막
아 버리기 때문이다.

(2) 아이디어는 많을수록 좋다. — 브레인스토밍을 경험해 온
사람은 아이디어를 만들어 낼 경우에는 아이디어의 양과
질 자체를 향상시킨다는 점에서 의견이 일치되고 있다.
거듭해서 여러 가지 아이디어를 쌓아가면 브레인스토밍에
서 나온 마지막 50가지 아이디어는 최초의 50가지 아이디
어보다도 질적으로 훨씬 높은 것이 되고 있다.

문제 선택

회의를 시작할 때 리더가 먼저 해야 할 일은 문제를 분석하
는 일이다. 단순하면서도 구체적인 것으로 예를 들면, '냉전에
이기는 방법'과 같이 '광범위한' 문제가 아님을 확인해야
한다.

브레인스토밍의 첫째 목표는 취하여야 할 수단으로써의 아이
디어를 될수록 많이 내놓는 데에 있다. 따라서 문제 자체가 될
수록 많은 '해답'을 내놓을 수 있는 것이어야 한다. 브레인스
토밍은 '대수를 가르칠 시기는 언제쯤이 가장 적당한가?'와
같은 가치 판단을 요하는 문제에 사용해서는 안 된다. 구체적
인 문제가 결정되고 나서 회의의 리더는 그 문제의 배경에 있
는 것을 요약한 1페이지 정도의 메모를 준비하고, 간결하게 문
제에 대해 설명하고, 어떤 아이디어를 구하고 있는가를 두셋의
예로 설명한다. 가능하면 문제를 상세히 설명한 문서류를 나누
어 주면 더욱 좋다.

다음에 의장과 그 보좌는 참가자를 뽑는다. 적어도 회의를

열기 이틀 전에는 전화나 그 밖의 방법으로 참가를 의뢰해
둔다. 그와 동시에 문제를 메모한 사본을 배포해둔다.

회의의 리더는 사전에 제안할 해결안의 리스트를 직접 작성
해두어야 한다. 진행이 순조롭지 않든지, 문제 이외의 것으로
빗나가면 자기가 작성해둔 아이디어를 조금씩 내놓아 아이디
어의 흐름을 정상으로 돌이켜야 하기 때문이다.

회의 지도법

"우리는 브레인스토밍을 해보았습니다. 하지만 무얼 했는지
도무지 이해가 가지 않습니다."

한 회사의 간부가 내 사무실에 들어와 하는 말이다.

이쯤되면 문제가 있다. 이런 물음을 내게 던진다는 것은 '브
레인스토밍이 무엇'인지를 아직 잘 모른다는 말이다.

이것은 의장의 책임이다. 만일 브레인스토밍을 한 번도 한
적이 없는 그룹이라면 브레인스토밍이 무엇인가를 자세히 설명
해 주어야만 한다.

설명은 요령있고 간결해야 한다. 또 그것은 TV 드라마처럼
흥미를 끄는 것이어야 한다. 대강 어떤 내용으로 설명해야 하
는지 의문스러울 것이다. 하지만 걱정하지 말라. 우리가 지금
까지 일관되게 논의한 당신의 상상력을 자극하라. 그러면 당신
의 뇌리에 기본적인 아우트라인이 그려질 것이다. 짐작해 보건
데 당신의 머리 속에 그려진 아우트라인은 아마 이런 내용일
것이다.

● 상상력은 누구나 가지고 있으니 자신의 상상력을 최대한
　발휘토록 하라.

- 인간은 논리적인 분석과 비논리적인 독창적 심성을 가지고 있는데, 이 둘은 모두 필요하지만 가끔 분별은 독창력을 압박한다.
- 성공한 여러 회사는 판단을 금한 브레인스토밍이라는 기술을 이용하고 있다.
- 브레인스토밍의 원리와 기본 규칙은 이렇다.
- 브레인스토밍 결과물로써 이러이러한 아이디어가 실생활에 적용되고 있다.

의장은 이런 기본 뼈대에 첨삭을 가하여 참석자들의 홍미를 유발시켜야 한다. 또 브레인스토밍을 하는 데 필요한 재료들을 스스로 고안해내는 열정도 가지고 있어야 한다. 문제의 이해를 돕는 여러 색깔을 사용한 자료나 도표, 브레인스토밍을 소개하는 프린트, 갖가지 시청각물 등.

이런 자료를 보며 참석자들은 관심을 보일 것이다. 관심은 곧 자극이고, 이 자극에 대한 반응은 브레인스토밍 진행 과정에서 나타날 것이다.

나는 때때로 회의 진행을 원활하게 하기 위해 브레인스토밍의 네 가지 원칙을 참석자들에게 번갈아가면서 낭독시키기도 한다.

다음에는 회의 진행 도중 야기되는 여러 문제와 그 대처방안을 간략히 소개해보겠다.

먼저 소극적이고 부정적인 것은 전부 배제하라

새로운 아이디어에 대하여 참석자 자신들이 얼마나 소극적이고, 완고한 반대자인가를 알려주기 위해 다음과 같은 방법을 쓰기도 한다.

참석자들에게 백지를 나눠주고 아이디어를 방해하는 말을 셋만 쓰게 한다. 예를 들면, "그것은 회사의 방침에 반대된다.", "지금까지 나는 그런 일을 한 적이 절대 없다.", "내 직속 상사의 부인은 초록빛을 좋아한다." 등과 같은 것이다. 참석자들이 다 쓰면 모두 모아 적당히 뒤섞고, 그것을 참석자들에게 돌려가며 보게 한다. 또는 참석자에게 소리내어 읽게 한다.

아이디어를 의기소침하게 하는 말은 절대로 해서는 안 된다

다음으로 가장 강한 금구(禁句) 리스트를 작성하여 참석자들이 숙지하도록 만든다.

우리들의 마음 속에 주로 각인되어 있는 금구들은 다음과 같다. 여러분도 한 번 숙지해서 읽어 보고 실생활에 적용시켜 보길 바란다.

- 지금까지 우리는 그런 방법으로 한 일이 없으니까……
- 그것은 실천으로 옮길 수 없으니까……
- 논리적으로 타당성이 없는데 당신은 그것을 행동으로 옮길 수 있는가?
- 만일 그것이 참으로 좋은 일이라면 벌써 누군가 손을 댔을 것이다.
- 너무 시대에 뒤떨어졌다.
- 먼저 마케팅 연구를 해야……
- 어느 얼간이가 생각한 것이야.
- 잠시 관망하여 보자. 그 발전을 지켜보지 않고는……
- 우리 회사의 규정으로는 그것을 할 수 없다.
- 회사의 운명을 좌우한다. 가볍게 다룰 수 없다.

스스로 아이디어를 억압하는 말일랑 버려라

자기 자신의 아이디어에 대하여 그것이 가능한지 어떤지 자문자답하는 것은 종종 아이디어를 못 쓰게 만든다. 이런 치명적인 말은 의장이 새로운 아이디어에 대하여 너그럽게 수용하고, 창조적인 분위기를 길러감에 따라 사라지게 된다. 제너럴 푸드의 에드워드 윌슈 씨는 이것을 '자살 문구'라 부르고 있다. 만일 생각나는 것이 있다면 구실을 대지 말고 자신과 용기를 가지고 아이디어를 솔직히 표명할 수 있도록 훈련하라. 다음 예시된 말을 보면 여러분들이 얼마나 많이 자살 문구에 휩싸여 왔는지 알 수 있을 것이다.

- 이 방법은 조금 빗나갔지만,…….
- 이것을 필요로 하는지 어떤지는 분명치 않지만…….
- 당신은 이와 같은 일을 좋아하지 않겠지만…….
- 이것은 방침에 위배되는 일이지만…….
- 이제까지 줄곧 이 일을 생각해 온 것은 아니지만…….
- 당신은 아마 웃을 것이다. 그러나…….
- 내 의견은 별로 가치 있는 것은 아니지만…….
- 이것은 내 전문 분야는 아니지만 잘못이 있으면 바로잡아 주십시오. 그러나…….

브레인스토밍 회의는 변명이나 사양을 위한 시간이 아니다. 즉 빈정거림이나, 찬물을 끼얹거나, 흥미를 잃게 하는 일을 위한 시간이 아니다. 의장은 금구나 자살 문구를 중지시켜야 한다. 한 마디라도 하는 사람이 있으면 유머로써 깨닫게 해야 한다. 직접적으로 지적을 당하면 사람들은 대개 그 버릇을 의식적으로 고치려 한다. 그러다 보면 소극적으로 되기 쉽다. 이것은 회의의 성격에 맞지 않는다.

의장이 분명히 해야 할 또 한 가지 점은 다른 사람의 아이디어에 가볍게 히치 하이크하는 일은 허용되어야 할 뿐 아니라, 매우 공명정대한 플레이임을 말하는 것이다.

브레인스토밍은 고상하고 우아하게 행동해야 할 무대는 아니다. 다른 멤버를 압도해야 한다는 것은 아니지만, 다른 사람이 아이디어를 발표하면 곧 뒤따라 말하기를 주저해서는 안 된다. 이것이 히치 하이크이다.

너무 말을 많이 하지 않게 하려면

그칠 줄 모르고 얘기를 계속하는 멤버가 있으면 의장은 "좋아요, 자 이번에는 다른 의견을 하나.", "그것을 한두 마디로 정리해서 말해주십시오."라고 말하거나 아니면 벨을 울려서 조심스럽게 이야기를 중단시키도록 한다. 만일 발언자가 발언권을 독차지하려고 고집한다면 다음부터는 그를 부르지 않도록 하라.

브레인스토밍은 질질 끄는 회의가 아니다. 아무리 바쁜 사람이라도 부담없이 출석할 수 있는 간결하고 빠른 회의라야 한다.

판단은 뒤에 하는 것이므로 오래 끄는 토론, 초점이 흐린 논쟁, 원한, 흥정하는 말, 정례 회의에서나 볼 수 있는 다수의식은 전혀 필요가 없다. 아이디어는 인정시켜야 할 것도, 방어해야 할 것도, 공격을 받아야 할 것도 아니다. 브레인스톰에서 아이디어는 단순히 테이블 위에 내놓는 것만으로도 좋다. 분류나 토론은 나중 문제이다.

아이디어를 포착하는 방법

발표된 모든 아이디어를 포착할 만한 방법이 없는 한, 역사상 가장 생산적인 브레인스토밍일지라도 헛되이 되고 만다. 브레인스토밍의 성질상 참석자들은 하나의 아이디어에 사로잡히지 않는다. 바로 다음 아이디어를 향해 돌진해 나간다.

하나의 아이디어에 사로잡히는 것을 피하는 제일 좋은 방법은 모든 아이디어를 나오는 순서대로 기록하는 서기를 두는 일이다. 서기는 발표된 모든 아이디어를 포착하지 않으면 안 되기 때문에 사회자 가까이에 자리를 잡아야 한다. 그러나 한 마디 한 마디 정확히 포착할 필요는 없다. 단지 아이디어만 포착하면 된다.

그러나 바보스런, 농담 같은 아이디어라고 생각되더라도 그것을 충실히 기록해야 한다. 또 그것이 반복되더라도 기록해야 한다. 비판이나 평가는 어떤 종류의 것이라도 해서는 안 된다. 서기의 임무는 오로지 기록하는 것이다.

아이디어 제안자로서의 역할이 그다지 크지 않으면 참석자중의 한 사람이 서기를 볼 수도 있다. 몇몇 회사에서는 아이디어의 정확한 포착을 위해 두 사람의 기록원을 두고 있다. 실제로 두 사람의 기록원을 두는 경우에는 두 사람을 마주 앉혀서 테이블 건너편 쪽의 사람들이 내놓은 아이디어를 각각 기록하게 한다. 이렇게 하면 혼란을 막고 정확을 기할 수 있다.

녹음기도 물론 좋은 방법이다.

몇몇 회사에서는 아이디어를 알리기 위해 흑판을 사용하고 있다. 그것은 참가자 전원에게 아이디어의 목록을 알게 할 기회를 주고, 각 아이디어의 새로운 관계를 유도한다. 그러나 이 경우 주의해야 할 것은 위험할 정도로 회의가 천천히 진행된다는 점이다. 그렇다 해도 누가 어떤 아이디어를 내놓았는가를 기록하지 않는 것은 좋은 규칙이다.

브레인스톰 회의는 대중의 인기를 끄는 경기도 아니며, 스탠드 플레이를 하기 위한 무대도 아니다. 브레인스토밍은 팀 플레이이다. 하나의 아이디어는 서로 자극하고, 그리고 일부가 수정되거나, 변화되거나, 커지는 것이다. 브레인스토머들은 개인적인 포상이 아니라 그룹 전체의 표창을 원하고 있다.

그렇지만 한 가지 예외가 있다. 특허가 필요한 기술 분야일 때 서기는 하나하나의 아이디어에 제안자의 머리글자를 붙여도 좋다. 또 만일 기록이 그만큼 필요한 것이라면 이들 아이디어와 함께 머리글자를 그대로 보존해도 상관이 없다. 존슨 앤드 존슨 회사에서는 여성에게 파는 상품의 경우는, 여성의 아이디어에 중점을 더 두기 위해, 여성이 제안한 아이디어에는 각각 도장을 눌러 두고 있다. 자, 다시 한 번 내가 지적한 것을 상기하여 주기 바란다. 당신 자신의 체계를 만들어라. 당신의 독자적인 문제에 가장 알맞은 방법을.

회의의 침묵은 어떻게 처리하는가

곧잘 브레인스톰 회의가 완전히 중단되어 버리는 때가 있다. 이것을 잘 조절하여 다시 활동시켜 가는 데에는 여러 가지 방법이 있다. 그 한 가지 방법은 제한 시간을 두는 것이다. 어떠한 브레인스톰 회의에서도 시간의 제한은 있다. 처음에는 회의 개시에서 끝날 때까지 20분 이상이 걸리지 않도록 한다. 물론 제한 시간은 아이디어의 생산이 매우 활발한 때는 별도로 하고 지켜야 되지만 때로는 연장할 수도 있다. 예를 들면, "우리는 87가지 아이디어를 내놓았는데, 100을 돌파할 수 있는지 없는

지 어디 한 번 해봅시다."라고 말할 때 등이다.

그러나 원칙적으로 회의는 예정대로 시간이 되면 중지한다. BBDO 광고회사의 경우, 경험이 있는 브레인스토머들은 커피 회의에서는 30분에서 45분, 가벼운 점심 회의에서는 45분에서 60분 동안 회의를 계속할 수 있다고 한다.

제한 시간을 두지 않는 경우는 커다란 위험이 따른다. 만일 조금이라도 침묵이 흐르면 아이디어가 떠오를 적당한 때가 지난 것으로 간주하고 회의를 중단하고 만다. 그러나 나는 침묵 끝에 폭발적인 아이디어가 속출하는 것을 발견하곤 했다. 따라서 너무 회의 종료를 서두르는 것은 이 많은 아이디어를 희생시키는 결과를 초래하고 만다.

어느 브레인스토밍의 리더는 "그것 멋지군요."하면서 탄성을 올리며 참석자들에게 열의를 일깨우려고 애쓴다. 또 스스로 아이디어를 내놓으려고 애쓰거나, 시험삼아 아이디어를 하나 내놓아 보기도 하고 팀을 그러한 분위기로 끌어가려고 힘쓴다. 어떤 리더는 "우리는 60개 아이디어를 내놓았습니다. 70개가 나올지 어디 해봅시다. 누군가 80까지 할 수 있는 분이 계십니까?"라고 말하며 경쟁을 시키거나 칭찬하는 경우도 있다. 이것은 실제로 행해지고 있지만 불필요하다고 생각한다.

나는 가장 생산적인 회의에서도 침묵은 필연적으로 일어나는 것으로 알고 있다. 아이디어가 활발하게 나온 뒤에 갑자기 침묵이 엄습해와서 난처하게 된다. 그것은 꽤 오래 계속되는 것처럼 보이지만 실은 그렇지 않다. 이러한 침묵을 두려워할 것까지는 없다. 끈기있게 기다리도록 하라. 그래도 활동을 재개할 기색이 보이지 않으면 리더는 다음과 같이 말하면 된다.

"우리는 무척 잘 진행하고 있습니다. 시간은 충분합니다."

때로는 의장이 그룹이 활기를 되찾도록 아이디어를 하나 내놓을 수 있다. 물론 그것은 의장 자신이 해도 되고 서기가 해도 좋다. 또 둘째, 셋째의 의제를 천천히 읽고 회의를 다시 새로운 분야로 이끌어 간다. 대개 서기가 다 읽기 전에 회의는 다시 활발해진다.

완전히 궁지에 빠진 회의를 움직일 가장 좋은 방법의 하나는 새로운 아이디어를 갖기 위한 룰을 점검하고 수정하든가, 아니면 일부러 아이디어에 새로운 변화를 주는 것이다.

내 방법을 간단히 소개해보면 먼저 나는 참석자에게 '문제'에 대하여 무엇이라도 좋으니 '어느 것'을 추가하라고 당부한다. 그리고 나서 어떤 것은 감해 가고, 다음엔 배가하거나 그것을 분해한다. 이것은 참석자에게 새로운 시각으로 문제를 바라보도록 만든다. 이것은 물론 만들어진 트릭이다. 그러나 이 테크닉이 얼마나 새로운 아이디어의 연쇄 반응의 계기를 만드는 데에 도움이 되는지 알면 놀랄 것이다.

예를 들면, 가볍고 간단한 책상을 가정에 파는 방법이라는 문제를 해결하려는 회의가 있다고 하자. 여기에 어떤 것을 부가함으로써 당신은 다음과 같은 아이디어를 몇 가지 상상할 수 있을 것이다.

당신은 판매 중인 의자, 탁상 홉취기, 매력적인 공부용 스탠드, 또는 특수한 타이프라이터 구입자에게 책상을 증정할 수 있다. 다시 말하면, 부가함으로써 문제 해결을 도모할 수 있는 것이다. 또한 줄임으로써 문제를 해결할 수 있다. 어쩌면 그 책상은 틴 에이저의 침실에 갖추는 가구 세트의 하나로서 판매를 촉진시켜야 될지도 모른다. 당신은 그 가구 세트에서 책상만을 포착하여 대학생용으로, 가정주부의 가계부 따위의 기록용으로, 또는 주인의 작업용으로 권할 수도 있다. 다음에 또 문제를 배로 증가하여 해결을 꾀할 수도 있다. 예를 들면, 한 가정에서 책상은 몇 개나 사용할 수 있느냐이다. 어린이들의 숙제용으로, 한쪽 귀퉁이에서 주부용으로, 또 골방에서 무엇인가를 쓰는 데에 등등. 이렇게 해서 당신은 한 가정에 두세 개의 책상을 파는 방법에 대한 아이디어를 얻을 수 있는 것이다.

다시 당신은 문제를 분해하여 새로운 아이디어를 얻을 수 있을 것이다. 하나의 책상이 얼마나 많은 용도를 가지고 있을까? 그것은 리빙룸의 한 모퉁이에 정리대로서, 또 체스용 탁상으로서, 패밀리 룸에서의 유희용, 주부의 가사실에서의 재봉용 등 여러 모로 사용할 수 있다. 당신이 문제를 분할하고 정리하여 감에 따라 하나의 책상을 파는 방법이라는 한 가지 문제에서 많은 해결책이 생기는 것을 깨달았을 줄로 안다.

브레인스토밍을 원활하게 진행하기 위한 아이디어를 당신이 개발하는 데에는 그 방법에 한계가 없다. 나는 잘 진행되고 있는 회의를 중단시켜야 한다고 생각지는 않는다. 그러나 만일 정체되거나 진행 속도가 떨어지거나 하면, 그때 당신은 휴식을 선언하고 토론 중인 문제에 대한 아이디어를 촉발하는 한두 가지의 소재거리를 읽으면 좋을 것이다. 예를 들면, 모텔 사업의 개선이나 향상책에 대한 아이디어를 짜내려고 하는 브레인스토밍의 참석자들은 아무래도 넓은 도로의 낭만적인 광경에 의하여 잠재의식이 자극될 것이다. 그리고 참석자들은 여행자와 같은 기분이 되어 밤에 잠잘 곳을 찾는다는 생각을 할 것이다.

음악, 그림, 전문 잡지, 슬라이드, 영화, 또는 그 문제가 일어날 가게라든가, 제조 현장으로 가는 일까지도 하나의 좋은 수단이 된다. 나는 굳어진 상태 속의 회의에 강력한 자극제가 되도록 오래 전부터 좋은 아이디어의 견본을 장식하여 두는 박물관이나, 또는 이전에 회사가 브레인스토밍을 하여 얻은 아이디어의 포상 트로피 진열실, 진열장 같은 것이 필요하다고 생각해왔다. 어떤 리더는 문제를 흑판이나 벽에 큼직큼직하게 써서 그것을 참가자가 읽게 함으로써 아이디어가 지나온 길을 참석자들에게 상기시키기도 한다.

무엇에나 응용될 수 있다

그룹 브레인스토밍에 대하여 다음과 같은 질문을 한 교육자가 있다.

"브레인스토밍으로 최소의 시간에 최대의 아이디어를 얻는다는 것은 인정한다고 해도, 그렇게 나온 아이디어가 과연 쓸 만한 것입니까?"

기본적으로 내놓은 아이디어의 유효성은 그 아이디어로 어떤 일을 할 수 있는가에 따라 정해진다. 다시 말하면, 효과적인 평가와 독창적인 전개에 의해 정해진다. 제출된 아이디어란 광석과 같다. 광석은 정련해야 비로소 금이 된다. 어떤 책에 의하면, 1온스의 금을 얻으려면 4톤의 광석을 채굴해야 한다고 한다.

그러나 놀라운 사례도 많이 있다. 그것을 잠시 소개하자.

그레이터 로렌스 상공회의소에서 중심가 버스 운행의 개선에 대하여 브레인스톰 회의를 열었다. 포올 그리리 이사의 보고에 따르면, 29개 아이디어가 나왔고 그 중 12가지가 채택되어 도움이 되었다고 한다. 그리리 씨는 "브레인스톰 회의에서 나온 아이디어를 채택한 결과, 버스 운행이 개선되어 이용하는 손님이 착실히 늘고 있다."고 말하고 있다.

클리블랜드 광고 클럽의 멤버가 연 브레인스톰 회의의 문제는 '오페라 주간을 일반에게 알려 될수록 많은 표를 파는 방법'이었다. 124개 아이디어가 나왔고, 그 중에서 29개 아이디어가 채택되어 로드니 사톤은 많은 사람들을 오페라 공연에 끌어들이는 데 성공했다. 로크랜드 주립 병원에서 주(州) 내의 작업 요법 의사(치료와 동시에 가벼운 작업 등을 지도하는 의사)를 위한 새로운 훈련 과정에 도움이 되는 아이디어를 구해 브레인스토밍을 한 일이 있다. 메인 주의 작업 요법 의사 감독관 마아틴 니어리는 30분 동안에 안내서를 충분히 만들 정도의 아이디어가 나왔다고 보고하고 있다.

버팔로의 웨스트민스터 교회 장로와 이사, 집사들이 4가지 문제를 브레인스토밍하였다. 100개 이상의 아이디어가 나왔다. 어떤 아이디어는 이웃 월급쟁이들이 좀더 교회를 이용하게 할 방법을 제시한 것이다. 부활제 동안에 예배를 보러 오는 사람들에게 간단한 식사를 낸다는 아이디어였다. 현재는 연중 행사가 되었다.

시카고에서 열린 가든 서플라이 머천다이징 대회에서 동력 장치에 대하여 브레인스톰 회의가 열려 판매업자와 도매업자의 세일즈맨들이 고객에게 실물 설명을 하기 위해 론모워(잔디 깎는 기계)와 트랙터를 수송할 수 있는 트레일러의 아이디어를 내놓았다. 이 아이디어는 뒤에 오하이오 주 스프링필의 매스그래이프 매뉴펙추어링 회사에 채택되었다.

새로운 '유니박'을 구입한다는 말이 나오자 브리스톨 마이어즈에선, 지금까지 사용하던 IBM 전자 계산기를 효과적으로 활용할 계산 사무를 새로 만들어 낼 필요가 생겼다. 시장 조사부의 한 그룹이 이 문제에 손을 댔다. 그래서 '시장 조사부는 IBM의 기계를 어떻게 하면 더 잘 이용할 수 있을까?'라는 문제로 브레인스토밍하여 한 시간에 251개 아이디어를 내놓았다.

독창적 판매 서비스의 역할에 대하여 레이놀즈 메탈스 회사는 다음 문제를 브레인스토밍했다. '아운트 제미마 코온미일 믹스를 포함한 새롭고 편리한 방법'이 그것이다. 이 회사의 크로이드 스타인메츠는 채택된 아이디어에는 포상을 했고, 우수한 성적을 거두었다고 보고하고 있다. 레이놀즈 회사에서는 다시 다음 문제를 브레인스토밍하였다. '이 혁명적인 개량품을 쾌커 오츠 회사의 경영자에게 판매하는 방법'이다. 그 결과 비교 데몬스트레이션이라는 판매 계획이 태어났다.

베른에 있는 스위스 생명 보험 협회에서는 '새로운 세일즈맨을 찾는 방법'이 브레인스토밍되었다. 출석자는 1시간에 225개 아이디어를 내놓았다. 평가 결과 25개 아이디어가 당장에 채택할 가치가 있고, 125개는 장래성이 있다고 확인되었다. 〈스틸〉지는 시카고 지방의 경영자가 '기술자 부족을 어떻게 대처하면 좋은가?'를 브레인스토밍한 결과 25분 동안에 110개 제안이 있었고, 6개 권고안이 채택할 가치가 있음을 알았다.

요셉 쿠슈만 부사장의 주재로 유타 전력회사 종업원들은 '폭풍 같은 비상시에도 안전하고 효율적으로 작업을 하려면 어떻게 해야 하는가'를 브레인스토밍했다. 참가자들은 일기 예보, 커뮤니케이션, 트러블의 사무 처리와 같이 구체적인 문제로 세분하고 각각 분담하여 일제히 브레인스토밍을 했다. 〈일렉트릭 월드〉지의 보고에 따르면 제안된 아이디어 중에 아홉은 지금도 '비상시의 대처법'으로 활용되고 있다 한다.

〈퍼체싱〉지는 아거스 카메라 회사가 '구매 활동에서 절약할 수 있는 분야'를 찾기 위해 모든 구매 담당자로 구성하는 브레인스토밍을 벌여 해마다 11만 2,000 달러를 절약할 수 있게 하는 실용적인 아이디어를 얻었다고 보고하고 있다. 이 잡지는 당장에 보탬이 되는 아이디어가 해마다 4만 6,000 달러를 절약할 수 있을 것이라고도 평가하고 있다.

웨스팅하우스 회사에서는 '장래의 기술과 판매'라는 문제에 대하여 일련의 브레인스토밍을 실시한 이 회사의 프로젝트 기사 해롤드 시몬즈는 결과적으로 회사에 3만 2,000 달러를 절약할 수 있게 한 처리 방법이 개발되었다고 보고하고 있다.

〈뉴욕 타임즈〉는 브레인스토밍의 응용에 대해 이렇게 보고하고 있다.

"동해안에 있는 전자 기기(電子機器) 회사에선 생산에 문제가 있을 때마다 정기 브레인스톰 회의로 문제를 해결하고 있다. 최근엔 여섯 문제가 채택되어 생산 시간이 37%가 절감되었다. ……펜실바니아 주의 어느 화학 회사에서는 적법한 방법으로 세금을 덜 낼 수 있는 아이디어를 찾아 6분 동안의 브레인스토밍을 한 결과 87개 아이디어를 얻었다. 이 아이디어의 평가는 전문가가 했는데, 결국 2만 4,000 달러나 절약할 수 있는 아이디어가 채택되었다."

미국 해군 세출국에서는 태평양 함대의 전자 기기와 병기, 군함 등의 수리에 '1척의 보급선으로 2척이나 3척의 일을 하려면?'이라는 제목으로 브레인스토밍을 했다. 해결안으로 채택된 아이디어에 의하여 두 군함의 취항이 풀렸다. 공식 발표에 따르면, "미국 함선 카스타 호는 두 임무를 수행하도록 개조되었다. 그렇게 함으로써 봉급과 운항비를 포함해서 연간 3백만 달러가 절약되었다."는 것이다.

뉴저지 주 베카리하이츠의 교육 위원회는 학교 건설에 필요한 65만 달러의 공채 발행을 어렵게 내다보았다. 그래서 프레드 핀스터버그 박사의 주도로 그룹을 조직하여 '교육에 지장을 가져오거나, 건물의 질을 떨어뜨리지 않고 학교 건설 비용을 절감하는 방법'을 브레인스토밍하였다. 그 결과 추정 비용은 73만 5,000 달러로 절감되고, 11만 5,000 달러가 절약된 것이다.

성공적인 브레인스토밍의 실례

브레인스토밍을 통한 새로운 시장 개척의 예로써 〈메트로폴리탄 뉴스〉 회사를 꼽을 수 있다.

〈메트로폴리탄 뉴스〉는 많은 발행 부수를 자랑하는 조간지이며, 구독자의 대부분이 교외 농촌 지역에 살고 있다. 이 신문은 라디오, 텔레비전, 잡지, 또 다른 신문 등 다른 대중 매체와의 경쟁에서 유리한 위치를 차지하려면 꾸준히 고심하지 않으면 안 되었다. 새 구독자를 확보하기 위한 홍보 활동은 계속되었고, 새로운 아이디어는 끊임없이 필요했다.

이 회사의 경영 고문인 찰리 더글라스 씨는 새로운 아이디어를 구하는 방법으로 브레인스토밍을 선택했다.

문제의 설정

그는 어느 날 아침, 책상머리에 앉아 부수 확장 문제의 문제점을 일람표로 만들었다. 그 중에는 시의 구역이 교외로 확대되어 가는데, 그곳까지 포괄할 수 있는 방안에 대한 문제도 있었다. 그는 이 주제를 '어떻게 하면 시중에서 주일의 조간 구독자를 늘릴 수 있는가?'라는 식으로 정리하였다.

발행부장 보좌인 프리츠 달턴 씨는 이 문제를 맡고 있었는데 더글라스 씨는 그를 회의에 초청하지 않기로 했다. 왜냐하면 프리츠 씨는 이 분야의 전문가이기 때문에 다른 사람의 아이디어를 비판하여 자유롭게 아이디어를 내놓지 못하게 할 우려가 있기 때문이다. 더글라스 씨는 그를 참가시키는 대신에 회의가 시작되면 그에게 5분 동안만 그 문제에 대하여 설명하라고 했다. 더글라스 씨는 프리츠 씨와 협의하여 시일을 명확하게 해두었다.

출석자의 선정

다음으로 더글라스 씨는 출석자를 선정했다. 출석자의 리스트가 완성되자, 그는 리스트에 실린 사람에게 연락하여 회합 일시에 시간이 있는지 어떤지 확인했다. 만일 다른 일이 있어 참석하지 못할 경우에는 다른 적당한 사람을 대치시킨다. 최종적인 출석자 가운데에는 그 자신이 앞으로 판매를 늘리려고 하는 도시에 사는 제작인 한 사람, 예전에 좋은 아이디어를 내놓은 일이 있는 두 명의 광고부원, 직책상 시중 사정에 밝은 사회부장, 늘 시중에 나가서 구독자와 대화를 나누고 있는 두 명의 젊은 영업부원, 번화가에서 오래 전부터 신문 판매점을 경영하고 있는 판매점 주인 한 사람, 문제 해결에 묘안을 잘 내놓기로 평판이 자자한 스포츠 기자 한 사람, 이른 아침이 당번인 경찰 출입기자 한 사람이 포함되어 있었다.

더글라스 씨는 또 거리에 신문을 보급하는 데 있어 기술적인 세부사항을 알고 있는 제작주임과 브레인스톰 회의의 결과로써 행해질 선전 활동 내지는 그 개혁을 모두 인식시키는 활동을 할 판매촉진부원을 초청하기로 했다. 다음날 아침, 그는 리스트를 보면서 여성 독자를 고려하지 않았음을 깨달았다. 그는 여성 편집자, 남편과 두 아이를 데리고 아파트에 사는 주부, 그리고 여자 독신아파트에서 사는 그의 비서를 부르기로 했다.

초대장의 발송

다음에 그는 초대장을 쓰고 참석자 전원이 그것을 확실히 읽도록 하기 위해 핑크색 종이에 등사 인쇄를 했다. 다음과 같이 간단하게 썼다.

당신도 아시다시피 우리는 〈메트로폴리탄 뉴스〉의 개선 발전과 발행 부수의 확장을 위해 새롭고 기발한 아이디어를 개발하려는 운동을 추진하고 있습니다. 다음 문제에 대한 브레인스톰 회의에 당신을 초대합니다.
주제 : 시중에서 평일 조간의 발행 부수 증가를 꾀하는 방법.

수요일에 브레인스톰 회의를 개최하기로 한 더글라스 씨는 서기에게 무슨 일이 있어도 월요일 아침까지 초대장이 배달되도록 하라고 지시했다. 참석자의 대부분은 전에 브레인스토밍을 한 경험이 있었지만, 개중에는 처음으로 브레인스토밍에 참석하는 사람도 있었다. 그는 그러한 사람들에 대한 초대장에는 10분 전에 회의장에 도착하라고 썼다. 그는 10분 동안에 그들에게 브레인스토밍에 대하여 간단하게 설명할 작정이었다.

회의로의 도입

수요일이 되었다. 처음으로 브레인스토밍에 참석하는 사람들이 12시 10분 전에 모두 모였다. 더글라스 씨는 그들에게 브레인스토밍에 대하여 간결하게 설명하였다. 12시가 되자 나머지 참석자들이 모여들었다. 더글라스 씨는 테이블의 상석이 아닌 측면에 있는 자리에 앉았다. 그는 참석자들과 함께 콘소메 스프, 샌드위치, 포테이토 칩, 과일, 커피 등 가벼운 점심을 들었다. 그 사이에 참석자들의 긴장감은 풀리고 서로 몇 마디 얘기도 주고받는 아주 자연스런 분위기가 되었다. 점심 뒤에 바로 회의가 시작되었다.

발행부장 보좌 프리츠 달턴 씨가 왔다. 그는 최근 시중에서의 조간지 판매 감소 경향을 간추려 다음과 같이 설명하였다.

독자의 대부분이 시내에서 교외로 옮겼다는 것, 자동차로 직장에 나가고 지하철을 이용하지 않는다는 것, 따라서 조간신문을 쉽게 살 수 없게 되었다는 것, 또 신문 값이 5센트로 올라 각종 조간지를 함께 구독하던 독자의 대부분이 단 한 가지 신문만을 선택하게 되었다는 것, 게다가 정기권 승차 서비스가 중지되어 많은 사람들이 자동차로 직장에 나감에 따라 신문을 읽을 수도 없게 되었다는 것을 덧붙였다.

프리츠 씨는 말을 마치자마자 곧바로 밖으로 나갔다.

회의 내용

더글라스 씨는 다른 사람의 의견을 묵살하는 어떤 자살 문구가 나오면, 누룰 수 있게 벨을 테이블 위에 놓고, 전원이 분명히 이해하도록 하기 위해 두세 가지 자살 문구를 읽었다.

"그것은 실행되지 않을 것이다."

"위원회를 구성합시다."

여기서 웃음이 터져나왔다. 그는 계속하였다.

"제작측은 거기에 찬성하지 않을 것이다."

제작부원은 킬킬거리며 머리를 떨구었다. 더글라스 씨는 잠깐 사이를 두고 나서 또 한 마디 부언하였다.

"경영 고문이 그것을 좋아하지 않을 것이다."

여기서 전원이 웃음을 터뜨렸다. 그리고 잠시 조용해졌다.

스포츠 기자가 먼저 말문을 열었다.

"커피 마시며 볼 수 있는 판을 냅시다. 그것을 아침식사 시간을 노리고 팝니다."

그러자 히치 하이크가 시작되었다.

"그것을 식료품 가게에 진열하면…….."

"그것을 냅킨 크기로 인쇄합니다."

"짧은 식사 시간에 읽게 작은 판으로 인쇄합니다."

"그런 게 팔리나요. 아침식사 때 읽는 경영자란 없어요."

"저런저런, 금구(禁句)지요?"

더글라스 씨는 소리를 지르며 벨을 눌렀다. 모두 웃었다. 그리고 나서 경찰 출입기자가 말하기 시작했다.

"호텔 방, 그리고 사무실에도 신문을 배달합시다."

"그것을 직접 임원의 책상 위에 배달합니다."

"그들의 비서들에게도 팝니다."

젊은 광고원 한 사람이 말하기 시작했다.

"커피회사와 끼워팔기 광고를 합니다."

"커피회사는 그 커피를 아침식사용으로 냅니다."

"오피스 걸의 취향에 맞는 소설을 싣습니다."

"남자 쪽에만 유익합니다."

웃음이 나왔다. 그 말을 한 사람은 젊은 서기였다.

"쇼핑을 하는 여성은 뉴스와 다름없이 광고를 읽습니다. 우리는 그런 사람들이 아침에 왔을 때에 신문을 꼭 사도록 하고 싶습니다. 그들이 통근하는 도중에 우리 회사의 신문을 읽으면 진귀한 정보를 얻을 수 있다고 생각하도록 기획에 충실해야 합니다."

"아기 의자 선택 방법을 시리즈로 싣습니다."

이때 더글라스 씨가 말참견을 했다.

"좋은 생각입니다. 상가에 신문을 팔려고 한다는 사실을 상기하여 주십시오."

"상가에는 학교가 많습니다. 대학이나 국민학교, 중학교 뿐만 아니라 직업학교나 비지니스 스쿨도 있습니다. 학생이 강의를 듣는 사이사이에 우리 회사의 신문을 사게 하고 싶습니다."

"그들 수준에 알맞는 소설을 하나 싣습니다."

"그것을 비지니스맨에게도……."

잠깐 침묵이 흘렀다. 더글라스 씨는 걱정하지 않았다.

처음으로 브레인스토밍을 한 패는 어색해 보였지만, 브레인스토밍을 경험한 사람은 느긋했다. 잠시 동안 사이를 두고 더글라스 씨는 이런 경우에 사용하려고 생각해 두었던 아이디어를 내놓았다.

"커다란 주차장에서 신문을 팔려면……."

"아침에 자동차가 가득찬 곳에 신문팔이 소년을 중점적으로 배치합니다."

"트럭이 붐비는 시간을 이용합니다."

"트럭 도로를 따라가며 신문을 팝니다."

"운전사는 모두 슈퍼 세일즈맨입니다."

"세일즈맨은 모두 교통 혼잡의 장본인입니다."

"그래요. 어느 날 아침 교차로에서의 일이었지요."

하고 한 사람이 말하기 시작했다.

"어찌된 이유에선지 차가 3마일이나 늘어서 있었어요. 나는 《전쟁과 평화》라는 소설을 읽은 일이 있었습니다. 그 광경은 꼭 나폴레옹 군대가 모스크바로 진격할 때, 피난가는 모스크바인들의 행렬 같았습니다. 그날 나는 4시간이나 늦게 회사에 도착했습니다. 그런데 내 상사인 맥스 씨는 교통사정은 아랑곳하지 않고 나를 밖으로 몰아냈습니다."

회의의 핀트에서 완전히 벗어난 말을 늘어놓는 그를 더글라스 씨가 제지했다.

"우리는 개인적인 문제를 다루고 있는 게 아닙니다.······상가에서 신문을 팔려고 한다는 사실을 상기하십시오. 하지만 자동차가 늘어서 있을 때 신문을 팔려고 하는 것은 좋은 아이디어입니다. 10분 남았습니다. 자, 더 말씀하십시오."

브레인스토밍은 계속되었다. 종료하기까지 25분 동안 그들은 72가지 아이디어를 내놓았다.

회의 종료와 나머지 일

오후에 더글라스 씨는 아이디어 리스트를 작성했다. 다음날 그는 각 참석자를 불러서 회의가 끝난 뒤에 좋은 아이디어를 더 생각하지 못했느냐고 물었다. 6명이 좋은 아이디어가 떠올랐다고 대답했다. 그 결과로 얻은 17개의 아이디어를 리스트에 추가했다.

다음날 아침, 그는 사무실에서 달턴 씨와 함께 리스트를 하나하나 점검하였다. 그들은 신속히 초소형 신문이라는 엉뚱한 것이나, 전에 실시해 본 적이 있는 것 등 문제 해결에 도움을 주지 않는 것은 제외하였다. 그 가운데 7가지 아이디어를 골라 실시하였다. 더글라스 씨는 리스트의 사본을 브레인스토밍 참석자들에게 보냈다. 그와 동시에 각 참석자들에게 시간을 할애해준 데 대한 인사를 하고, 그들의 창조성에 깊이 감사를 표하는 답례로써 신문판매 증진에 기여하는 7가지 아이디어가 현재 실시되고 있다는 메모를 보냈다. 그리고 그는 노란 색깔의 메모장을 끌어당겨 다음 브레인스토밍 계획을 짜기 시작했다. 그것은 교외에 펼쳐진 새로운 지역에서 신문 구독자를 늘리는 방법이다.

이상이 브레인스토밍 운영의 실제이다.

간접적인 효과와 한계

브레인스토밍이 지닌 많은 장점에 대해서 에시일 회사의 사보(社報)는 다음과 같이 싣고 있다.

"주된 목적은 아이디어 획득에 있다. 브레인스토밍은 확실히 여기에 도움이 된다. 부산물도 많다. 사기 진작에도 도움이 된다. 종업원이 상사의 감독을 어떻게 생각하는가를 검토하는 수단에도 활용되며, 관리자의 상호 이해에도 도움이 된다."

회의에 출석한 경험이 있는 사람은 이렇게 말한다.

"회의에 출석해서 동석한 멤버에게 존경심을 품게 되었습니다. 훌륭한 경험이었습니다."

"재미있었습니다. 마지막에는 신이 났습니다. 그 한 시간 뒤에는 피로를 느낄 정도였습니다. 분명히 정신적 피로를 가져다주는 경험입니다. 보통의 회의는 지루한 법인데. 말하자면, 골프와 테니스의 차이와 같습니다. 골프는 천천히 걷습니다만, 테니스는 민첩하게 뛰어다닙니다. 브레인스토밍은 후자에 비할 수 있는데, 무척 정신이 지칩니다. 하지만 바로 그 점이 나는 좋습니다."

참가자에 대한 가장 좋은 영향은 적극성이 나타나는 점이다. 대개의 경우 참가자는 전에 자기의 아이디어를 무시당한 쓰디쓴 경험을 안고 브레인스토밍에 참가한다. 그러나 일단 참여를 하면 눈앞에 제기된 문제에 대해 독창적이고도 적극적인 모습으로 임하게 된다. 이와 같이 개인의 힘이 향상된다는 것이 브레인스토밍의 효과이다. 어느 큰 회사의 경영자는 다음과 같이 말하고 있다.

"우리 회사의 세 리더는 최근에 특진을 했다. 그들에게 브레인스토밍의 리더 자격이 없었다면 그런 높은 지위에 오를 수 없었을 줄로 안다."

또 하나의 간접적인 효과는 그룹 브레인스토밍을 체계적으로 활용하면 개선할 점을 간과하는 일이 없어진다. 이 점은 육군 경리관(經理官)의 경우가 그 좋은 예이다. 〈나의 비밀〉이라는 텔레비전 프로에서 밝혀진 일인데, 그의 비밀이란 지난 2년 동안에 납세자를 위해 160만 달러를 절약한 일이었다. 어떻게 절약할 수 있었는가? 물론 아이디어이다. 즉 군복에서 시계 주머니를 없앤다는 아이디어였다. 그 아이디어는 친한 친구들과 잡담을 하다가 문득 떠올랐다고 한다.

작전 계획에 그룹 브레인스토밍을 체계적으로 활용하였더라면, 이 아이디어는 좀더 일찌기 햇빛을 보았을 것이다. 육군 경리관의 문제는 결국 '질을 떨어뜨리지 않고 육군의 바지를 더 값싸게 만들려면 어떻게 해야 좋은가?'라는 것이다. 이 문제가 세련된 리더의 손에 있었다면 '무언가 없앨 것은 없는가?'라는 질문 항목이 있는 MIT 공대의 체크 리스트가 유효

하게 사용되었을 것이 틀림없다. 회중 시계가 팔목 시계로 바
뀐 지도 벌써 시간이 꽤 지났으므로 이러한 질문을 받았다면
경리관이 아니더라도 같은 아이디어를 착상했을 것이 틀림
없다.

그룹 브레인스토밍에는 많은 장점이 있지만 대개 개인의 아
이디어 발상 쪽에 더 도움을 준다. 사실 아이디어 발견의 이상
적인 방법은 개인의 아이디어 발상, 그룹 브레인스토밍, 개인
의 아이디어 발상의 세 단계를 거쳐 이루어진다. 물론 판단을
미룬다는 원칙이 계속 지켜지면 어느 방법이나 훨씬 생산적으
로 된다.

그룹 브레인스토밍은 용두사미와 같다고 여기는 사람도
있다. 그것은 33년 동안의 경험에서 나온 절차를 따르지 않는
서툰 운영과 섣불리 뛰어들어 기적이 나타나길 바라는 지나친
기대 때문이다.

요컨대 그룹 브레인스토밍을 올바로 이해하여야 한다. 그것
은 아이디어 발상의 한 단계이며, 아이디어 발상은 독창적 문
제 해결 과정의 일부에 지나지 않음을 이해하여야 한다. 즉 그
룹 브레인스토밍은 무엇을 대신하는 게 아니라 무엇을 보완하
는 것으로 사용된다는 점에 유의하자. 특히 아래에 제시된 세
가지 점이 그렇다.

(1) 개인의 아이디어 발상을 보완하는 것으로써 사용된다.
   개인의 노력은 독창적 문제 해결에 없어서는 안 될 요소
   이다. 브레인스토밍은 그 개인의 노력을 대신하는 것이
   아니다. 그룹 브레인스토밍은 개인의 노력을 보완하는 원
   천으로써, 즉 최소의 시간으로 이용할 수 있는 아이디어
   를 가장 많이 얻는 수단으로써만 도움이 되는 것이다.

(2) 흔히 행해지는 회의의 보완 수단으로써 사용된다. 보통의 회의는 정신적으로나 기능적으로도 어쩔 수 없이 비판적으로 된다. 따라서 비교적 아이디어의 생산성은 낮다. 그러나 그렇다고 해서 브레인스톰 회의가 종래의 회의를 대신한다는 것은 아니다. 다만 독창적인 사고가 기본적으로 필요할 때에만 브레인스토밍을 일반 회의의 보완 수단으로써 유효하게 이용할 수 있을 뿐이다.

(3) 독창 훈련의 보완 수단으로써 사용된다. 독창적 사고를 가르치는 1,000이 넘는 강좌에서 브레인스토밍은 교수법의 하나로 채택되고 있다. 이런 종류의 자기 발현은 독창적인 태도를 기르고, 아이디어 발상을 촉진하는 효과가 있다. 그 증거로는 브레인스토밍에 참가시키면 집단적으로 노력하는 경우 뿐 아니라, 개인적으로 노력하는 경우에도 사람들의 독창 능력을 현저히 향상시킨다.

그러나 그룹 브레인스토밍에도 한계는 있다. 이 점에도 유의하기 바란다.

(1) 최종적인 해답을 만드는 회의도 있다. 그러나 그것은 예를 들어, 암스트롱 라그즈라는 명칭을 생각해낸다는 단순한 경우에 한한다.

(2) 계획안의 대요를 작성하는 회의도 있다. 콜럼비아 대학 약학부의 새로운 프로그램이 그 예라고 할 수 있다. 브레인스토밍이 내놓은 350개 아이디어에서 하나의 완전한 계획안이 만들어진 것이다.

(3) 체크 리스트를 만드는 회의도 있다. 체크 리스트는 건설

적인 생각을 늘리는 길잡이로써 도움이 된다. 예를 들면, 버팔로 대학에서는 60명의 역사 담당 교수가 가진 브레인스토밍에서 미국의 역사를 가르치는 500가지에 이르는 독창적인 방법이 제안되었다. 이것은 역사학 교수들의 체크 리스트로써 활용되고 있다.

(4) 문제의 해결안을 찾아내는 실마리를 제공하는 회의도 있다. 이것은 기술 조사와 같은 필연적으로 복잡한 문제일 경우에 말할 수 있다. 이런 경우 브레인스토밍은 최종 해결안을 제공하는 길을, 미리 제시하는 아이디어를 제공한다. 이로써 시간과 돈을 절약할 수 있다.

그룹 브레인스토밍을 오래 활용해 온 캘리포니아 대학의 파슈트 박사의 기록을 살펴보자. 박사는 약 7년 전에 대학과 지역 사회, 주(州)의 문제에 브레인스토밍을 활용하고 있는데, 박사 자신의 편지에서 그 동안의 사정을 소개한다.

"이제까지 여러 그룹에서 브레인스토밍을 해왔다. 고교생 위원회라든가, 네 연방 경영 세미나, 각종 단체, 파키스탄에서 온 정부 관리 그룹, 각종 서비스 클럽 등이 그것이다. 다음 주에는 비버리힐 시의 임원과 각 국장들에게 브레인스토밍을 지도하기로 되어 있다. 우리가 주최하는 청소년 학습 센터에서는 포드 재단에서 보조금을 얻어 새로운 조사 계획 작성에 브레인스토밍을 활용하고 있다."

파슈트 박사는 정확하게 활용만 하면, 어떤 문제에나 브레인스토밍을 이용할 수 있음을 오랜 시간에 걸쳐 입증한 것이다. 물론 이 장에서 해설한 한계만 분별하면 많은 성과를 거둘 수 있음은 의심할 여지가 없다.

3. 제안된 아이디어의 처리 방법

브레인스토밍이 끝났다. 참석자들은 모두 방에서 나가고 서기는 안도의 한숨을 내쉰다. 그러나 브레인스토밍의 모든 과정이 끝난 것은 아니다. 아이디어는 비록 그것이 세상에서 가장 훌륭한 아이디어라 할지라도 실천에 옮기지 않으면 한 푼의 가치도 없다.

아이디어를 실천에 옮기는 것, 이것은 브레인스토밍의 가장 중요한 역할이다. 실천하지 않으면 회의는 시간낭비에 지나지 않는다. 당신이 자동차의 디자인을 아주 멋지게 해도 좋고, 기적적인 효과가 있는 약품의 화학 구조식을 발견했다고 해도 좋다. 그러나 그것이 공표되고, 실시되지 않으면 당신은 실패자와 다름없다.

그래서 아직 회의는 끝나지 않은 것이다. 다음에는 브레인스토밍에서 제안된 아이디어를 검토하여 문제 해결을 위한 안(案)을 찾아야 한다. 즉 브레인스토밍에서 제안된 아이디어의 선정이나, 정보원에서 수집한 여러 가지 아이디어의 평가, 마무리, 실시 등을 검토하는 해결안 발견 단계가 남은 것이다. 여기서도 상상력은 빠뜨릴 수 없는데, 이 단계에서 가장 큰 역할을 하는 것은 판단이다. 이 점에 대하여 미국 육군 아머 학교의 켈소 클로우 대령은 이렇게 말한다.

"판단이나 분석, 비판은 해결해야 할 문제나, 문제의 정의를 선정하거나, 나아가서는 독창적으로 전개된 아이디어를 평가하거나, 행동 계획안을 준비하고, 권한이 있는 개인에게 그 문제 해결에 필요한 행동 계획을 제시할 때에 쓰인다. 판단을 하지 않는 게 좋은 것은 아이디어를 내놓고 발전시켜 가는 과정에서뿐이다."

나도 클로우 대령의 의견에 찬성이다. 또 리이란드 스탠포드의 존 아놀드 교수도 다음과 같은 견해로 이 의견에 덧붙인다.

"내놓은 아이디어가 모두 실용적인 경우는 드물다. 아이디어를 살리지 못하는 것은 획득하는 수단보다도, 적용면에서의 적극적인 상상력이 모자라기 때문이다. 독창적 과정은 아이디어가 나오면 끝나는 것이 아니라, 아이디어가 나오고 비로소 시작되는 것이다."

아이디어의 보충과 심사

브레인스토밍이 끝나면 회의에서 나온 아이디어를 보충하는 아이디어를 내놓게 하기 위한 예비 기간을 마련하여야 한다. 리더나 조수가 회의 이튿날에라도 출석자에게 전화를 하거나 만나서 그 후에 떠오른 아이디어를 입수하는 것도 하나의 방법이다. 브레인스토밍에 출석한 사람은 이런 경험을 하고 있다. 그때의 브레인스토밍에서는 33분 동안에 105개 아이디어가 나왔는데, 이튿날의 뒤처리에서 23개 아이디어가 추가되고 그 가운데 넷은 회의에서 제안된 아이디어보다 훨씬 뛰어나다는 사실을 알았다.

브레인스토밍의 리더 중에는 매우 교묘한 보충 방법을 사용하는 사람이 있다. 예를 들면, U.S.러버 회사의 더글러스 톰슨은 다음과 같이 보고하고 있다.

"많은 아이디어를 모으려면 각 브레인스토밍의 의사록을 타자해서 그것을 각 참가자에게 보낸다. 그 의사록에는 참가자가 아이디어를 추가할 수 있도록 넓은 여백을 둔다. 또 시간 절약과 새 아이디어를 써 넣을 수 있도록 포울더를 나누어 주고 있다. 또한 그 문제에 대한 아이디어를 다시 내놓게 하기 위해 참가자를 한 번 더 모으는 일도 있다."

평가와 선택에 대해서는 보통의 브레인스토밍에서는 다음과 같은 준비가 필요하다.

(1) 회의의 서기는 회의 중과 회의 후에 제시된 모든 아이디어를 3행씩 띄어서 타자하여 일람표로 정리한다.

(2) 회의의 의장은 일람표를 편집하고, 아이디어 하나하나가 간결하고 정확히 설명되어 있는가를 확인한다. 동시에 의장은 그 아이디어를 논리적으로 분류한다.

리스트 전체를 훑어보면 보통 다섯에서 열로 분류할 수 있다. 그 항목별로 개인의 아이디어를 정리한다. 제안된 아이디어의 리스트에서 가장 좋은 아이디어를 심사한다. 심사에는 참가자 전원이 참석하는 경우도 있고, 일부가 참석하는 경우도 있다. 참가자와 출석하지 않은 사람으로 소그룹이 구성되는 경우도 있다. 그러나 아이디어의 리스트를 준비하기까지가 브레인스토밍의 기능으로써 다른 사람들이 평가나 재처리를 이어받는 경우가 많다.

매사추세츠 공과 대학의 무어 교수는 독창적인 사후 검토의 권위자인데, 경험에서 얻은 바를 다음과 같이 말하고 있다.

"브레인스토밍의 기술은 아이디어 리스트를 만드는 일인데 브레인스토밍을 아이디어 평가에도 사용할 수 있느냐는 질문이 나왔다. 즉 독창 그룹이 평가 그룹이어야 하느냐의 문제이다. 인간 관계론적인 이유에서, 나는 같은 그룹이 두 가지 일을 해야 한다고 생각했다. 나누는 게 좋다는 뚜렷한 이유와 평가 과정과 결과를 독창 그룹에 전할 수 있는 완전한 커뮤니케이션이 있다면 몰라도 그렇지 않다면 서로 다른 두 그룹이 두 가지 일을 한다는 데에 반론을 제기한다. 인간 관계론적 관점에서 뿐 아니라, 평가로 만들어진 것과 평가 과정에서 나온 것을 활용한다는 문제의 관련에 생각이 미친다면 같은 그룹이 두 가지 일을 하는 편이 좋은 경우가 대체로 많은 법이다."

그룹 브레인스토밍을 널리 활용해 온 사람들 중에는 참가자가 최종적인 심사를 하지 않고 다른 그룹, 즉 객관적으로 판단을 내리고 실행할 수 있는 처지의 사람들이 심사해야 한다고 말하는 사람도 있다. 그렇지 않으면 그것은 미스 아메리카가 되려는 사람들을 그의 어머니들이 뽑는 꼴이 된다는 것이다.

보통은 이 문제에 직접적인 책임이 있는 사람들이 최종적인 평가를 하는 것이 좋다고 알려져 있다. 브레인스토밍의 참가자인 경우도 있을 것이며, 그렇지 않은 경우도 있을 것이다. 그러나 어떠한 경우에도 아이디어가 어떻게 처리되었는가를 출석자에게 잘 알려야 한다.

평가의 정밀도를 높이기 위해 몇 가지 스텝을 두는 경우도 있다. 예를 들면, 여성용 신제품의 이름을 지으려 한다고 하자. 브레인스토밍에서 300이 넘는 아이디어가 나왔다. 선발 그룹이 그 중에서 베스트 10을 골랐다. 이 열 가지 이름을 100명의 젊은 여성에게 보이고, 어느 것이 좋은지 의견을 구한 결과 61명의 여성이 한 가지 이름을 골랐다. 이 경우의 최종적인 결정은 뻔한 일이다.

대개의 경우 브레인스토밍에서 나온 아이디어의 리스트는 그 뒤에 행동의 도약판(跳躍板)으로 생각하여야 한다. 해결안에 도달하기 전의 심사나 평가, 마지막 마무리를 필요로 하는 아이디어의 저장고, 즉 체크 리스트라는 것을 유의해두자.

평가 과정을 쉽게 하기 위해 판단의 기준이 되는 체크 리스트를 작성하는 경우도 많다. 여기에 하나의 모형을 소개하면,

(1) 그 아이디어는 간단한가?

(2) 인간성에 적합한가?

(3) 시기는 적당한가?

(4) 실천할 수 있는가?

미국 해군에서 사용하고 있는 체크 리스트도 있다. 그것을 더불어서 소개하면,

(1) 생산을 늘리는 것인가? 그렇지 않으면 질을 개선하는 것인가?

(2) 인재를 효과적으로 사용하는 것인가?

(3) 조업이나 보전, 건설 등의 방법을 개선하는 것인가?

(4) 현재 사용하는 수법이나 기계를 개량하는 것인가?

(5) 안전성을 향상시키는 것인가?

(6) 낭비를 막고 재료를 보호하는 것인가?

(7) 불필요한 일을 제거하는 것인가?

(8) 원가를 절감하는 것인가?

(9) 현재의 방식을 개선하는 것인가?

(10) 작업 조건을 개선하는 것인가?

무어 교수는 어느 기업의 사례를 인용하고 있다.

브레인스토밍 그룹이 22개의 유망한 아이디어를 내놓았다. 평가자가 기초적인 평가 기준으로 선택한 것은 예상 비용의 합계, 개선의 기대도의 둘이었다. 비용 중에 '시간의 비용'이라는 문제는, '어려움의 정도'라는 문제로 대치되었다. 따라서 평가의 일부로써 아이디어를 '간단', '노력이 필요하다.', '어

렵다.'는 척도로 채점할 필요가 있었다. 로마 숫자의 Ⅰ, Ⅱ, Ⅲ이 이 평점에 사용되었다. 이로써 22개 아이디어를 신속히 검토할 수 있었고 정확히 채점하게 되었다.

심사가 끝난 아이디어를 더욱 발전시킨다

아이디어 심사가 끝났다고 해서 모든 일이 마무리되는 것은 아니다. 일단 심사가 끝난 여러 아이디어는 결합하여 더 좋은 아이디어로 만드는 일이 이제 여러분 앞에 놓이게 된다. 따라서 브레인스토밍하는 도중에도 될 수 있는 대로 좋은 아이디어를 내놓도록 힘써야 한다. 가장 적합하다고 선택된 아이디어를 다루는 경우에도 결합의 노력을 아껴서는 안 된다. 예를 들면, 앞에 서술한 바와 같이, 코넬 대학에 있는 제너럴 일렉트릭의 애드번스드 일렉트로닉 센터에서는 토를 교수의 지도 밑에 고도로 조직화된 아이디어 발상 계획이 실시되고 있다. 그의 지도 설명서에 의하면, 심사 위원회는 단순한 판단과 선택 뿐 아니라, 그 이상의 일을 해야 한다. 책자에 기재되어 있는 직무의 하나는 아이디어를 결합하여 더 좋은 것으로 만들고 다른 수단을 써서 다시 독창적으로 처리하는 것이다.

제너럴 일렉트릭의 프랭크 힉스는 기발한 아이디어를 성급히 거부하지 말라고 경고하고 있다. 그는 브레인스토밍의 아이디어 리스트에서 볼 때는 어리석게 여겨지는 것이라도 잘 조사해 보면 가장 좋은 아이디어인 경우가 있다고 믿고 있다. 이러한 처리법으로 제너럴 일렉트릭 회사에서는 몇 가지 문제 해결을 성공시키고 있다. 예를 들면, 어떤 회의에서 '공장의 동력을 전달하는 동관(銅管)을 더 경제적으로 설치하려면 어떻게 해야 좋으냐' 하는 문제를 브레인스토밍하였다. 거기서 얻은 아이디어 중에서 '동관을 로프로 매달라.'는 것이 있었다. 제기된 아이디어를 경영자에게 제시한 결과, 일소에 부쳐졌다. 의장은 즉시 유예를 청하고 다시 회의를 열어 이 동관을 '로프'나 더 좋은 것으로 '매다는' 방법을 브레인스토밍해 보았다. 최종 해결안은 그 회의에서 나왔다.

아이디어 가치의 검증

평가 과정이란, 채택된 아이디어의 가치를 정확하게 파악하고 있는지 실제로 확인해 보는 과정이다.

이 단계에서는 선택된 아이디어를 충분히 전개시켜야 한다. 아이디어가 새로운 식품에 관한 것이라면, 대충 포장 견본을 준비하지 않으면 안 된다. 어쨌든 기정 사실을 지난 번의 조사 자료와 함께 정리하고, 비슷한 문제를 잘 다루는 사람들과 상담하여야 한다. 물론 평가 과정에는 새로운 조사, 테스트, 또는 그 둘이 다 포함된다.

아이디어 발상은 아이디어의 가치를 인정하거나, 부정하는 테스트 방법을 연구하기 위해서도 필요하다. 어디서 테스트하느냐가 하나의 문제이다. 의외의 곳이 좋은 경우가 있다. 이는 여성에게 착색 전화기를 판매한다는 아이디어를 평가하려고 하던 전화 회사의 경우에 적용된다. 전화 세트의 색깔은 여덟 종류가 있었다. 팔리느냐의 여부에 대한 테스트 장소로는 수퍼마켓이 가장 적당하리라는 제안이 있어서 수퍼마켓에 진열하였다. 다채로운 전화기가 나선형 코드, 익스텐션 플러그의 콘센트와 나란히 전시되었다. 전화 회사 대표가 질문에 답하기도 하고, 주문을 받기 위해 파견되었다.

테스트는 3일 동안 계속되었다. 상점에 왔던 3,700명의 손님 가운데 325명이 전화기 전시장에 멈춰 서서 19명이 그 착색 전화기를 구입했다. 이런 예에서 평가 방법으로써는 실지 테스트가 가장 바람직하다는 것을 알았다.

아이디어의 제시

"아이디어를 남에게 인정시키는 경우는 당신의 입장을 조용하고 정확히 말하는 것이다. 이런 태도를 취하면 듣는 사람은 수동적인 입장에 서게 되고, 당신을 보고 당신의 아이디어가 값지다고 믿게 될 것이다. 반대로 당신이 아주 거만한 투로 상대방을 공격하면 비록 아무리 좋은 아이디어라도 상대방은 반대한다. 또 한 가지 점은 기회를 잘 조사해야 한다. 아이디어를 잠시 숙성시키기만 해도 도움이 되는 수가 있다."
라고 벤자민 프랭클린은 충고하고 있다.

목적에 따라서는 그림이나 모형 또는 시청각 자료를 사용하여 아이디어를 소개하는 편이 좋다. 칼빈 크릿지가 대통령이 되었을 때, 나는 윌리엄 도노반을 연방 정부에 입각시키려고 생각했다. 나는 운동가이고, 변호사이자, 사관이며, 미국군의 통수인 도노반 장군의 사진을 많이 붙인 스크랩을 만들었다. 이리하여 나는 내 아이디어를 정부에 인정시킬 수 있었다. 만일에 내가 독창적으로 준비하지 않았더라면 아마 인정시키는 데 실패했을 것이다. 중요한 것은 당신이 아이디어를 제시할 적절한 절차를 계획하는 것이다. 다이어먼드 아이트컷은 다음과 같은 방법을 권유하고 있다.

⑴ 문제나 상황을 명백히 하는 방법을 준비할 필요성을 제시한다. 가능하면 눈에 보이는 수단을 써서 필요성을 제시한다.

⑵ 요점을 중심으로 권고안을 정리한다. 스케치, 도표, 모형, 기타 무엇이든 좋으나 목적에 맞는 것을 이용한다. 간결하게 나타내어 설명한다. 한 마디라도 헛되이 해서는 안 된다. 먼저 개략적인 설명을 하고, 다음에 중요한 특징을 강조한다. 사소한 것은 토의를 위해 남겨 두어도 좋다.

⑶ 당신이 말한 요점을 정리한다. 그 결과와 이익을 잘 설명한다. 필요성을 재강조한다. 만일에 타당하면 행동을 권하고 이야기를 맺는다.

다이어먼드 아이트컷의 마지막 항목인데, 어느 대회사의 간부가 아이디어를 상사에 제시할 때에는 이 전술이 효과적이라고 말하고 있다.

작은 회사의 좋은 점은 새 아이디어를 생각해내면 신속하게 행동으로 옮길 수 있다는 점이다. 어느 대기업에서 브레인스토밍을 한 결과, 새 가게의 배치에 대한 좋은 아이디어가 나왔다. 모형을 만들어 경영자에게 제출했다. 권고안은 간부들의 손에서 손으로 빙빙 돌아다니다 결정이 내려진 것은 수개월 뒤였다. 그러나 모처럼의 배치는 완성되기도 전에 소규모 경쟁 회사가 실질적으로 같은 디자인을 만들어 버린 것이다.

남자용 바지에 '지퍼'를 단다는 것도 이와 같은 사정이었다. 경영자들은 모두 같은 아이디어를 가지고 있었지만 실용적이 아니라고 단정하고 있었다. 실제로 손을 쓴 것은 3년 후였다. 테스트 같은 것은 간단했다. 예를 들면, 지방 양복점과 계약을 하여 지퍼 달린 바지 몇 벌을 만들게 해서 회사와 관계가 없는 몇몇 사람들에게 시험을 부탁하면 되었던 것이다. 그랬더라면 3년이나 빨리 시판되었을 것이다.

레오 무어 교수는 검토할 때는 성급하게 평가하지 말고 천천히 해야 하며, 그러기 위해서는 아이디어 리스트가 갖추어지면 다음과 같은 순서로 일을 진행시켜야 한다고 말하고 있다.

⑴ 분류한다.

⑵ 기준을 정한다.

⑶ 결정한다.

⑷ 행동 계획안에 대한 의견을 종합한다.

⑸ 상사에 대한 권고 양식을 정한다.

⑹ 그룹이 달성한 일들을 강조한다.

두 종류의 사고방식

여러분들은, 지금까지 설명한 여러 과정에서 독창적 상상력과 비판적 사고의 둘이 필요하다는 사실을 알았을 것이다. 두 종류의 사고방식을 분리한다는 원칙을 설명하기 위해 문제 해결의 몇 단계는 다음과 같은 순서에 따라 생각할 수 있다.

⑴ 문제를 여러 면에서 생각한다. 문제의 급소는 막연한 경우가 많다. 따라서 어디가 요점인가를 찾는 데에 상상력이 필요하다. 따라서 문제 해결엔 독창적 사고방식으로 출발함이 좋다.

⑵ 문제를 세분한다. 거기서 그 문제의 온갖 면에 자상한 리스트를 만들고 판단력으로 비판을 가하면서 잘 조사하고 세분한 문제 하나하나의 목표를 찾아낸다.

(3) 어떤 자료가 도움이 되는지 생각해낸다. 문제를 명확히 하면 사실을 모을 필요가 있다. 그러나 먼저 어떤 재료가 가장 쓸모있는가를 독창력에 의해 생각해낸다. 월터 리이드 박사는 황열병의 비밀을 해결하기 위해 그러한 방법을 택했다. 많은 과학자들은 박테리아나 혈액을 현미경으로 조사하고 있었기 때문에 거기에 얽매이고 말았던 것이다. 리이드 박사는 곤충으로 조사할 수도 있으리라고 제안했고, 이 제안이 해결을 가져다 준 것이다.

(4) 데이터가 가장 손쉽게 입수될 곳을 선택한다. 어떤 정보나 지식이 필요한가 하는 문제를 자유분방하게 생각한 뒤 결정 회의로 가져가서 그 일람표의 어느 항목을 먼저 연구할 것인가를 정한다.

(5) 문제에 대한 열쇠로써 온갖 아이디어를 다 내놓는다. 이 부분에서는 비판적으로 생각하지 말고 상상력을 충분히 발휘할 필요가 있다.

(6) 문제를 해결하기 위해 가장 좋은 아이디어를 선택한다. 이 심사 단계에서는 비교 분석에 중점을 둠과 아울러 주로 비판적인 사고방식이 요구된다.

(7) 테스트 방법을 될수록 많이 생각해낸다. 여기서 또한 독창적인 생각이 필요하게 된다. 전혀 새로운 테스트 방식이 요구되는 경우가 많다.

(8) 가장 건전한 테스트 방법을 선택한다. 가장 좋은 테스트 방법을 정한 뒤부터는 항상 비판적 입장을 견지한다. 즉 다 아는 듯한 사항도 비판적으로 평가하도록 한다.

(9) 뜻하지 않은 사고를 모조리 상상한다. 끝으로 해결안이 실험으로 확증되었더라도 그것을 채택하면 어떤 일이 일

어날지 상상한다. 예를 들면, 군사적 전략을 세울 경우 적이 어떤 행동을 취할 것인가를 잘 생각하고 나서 결정해야 한다.

(10) 최종 해답을 결정하라. 이것을 올바로 하려면 온갖 찬반 양론을 예상해야 한다. 물론 그렇게 하기 위해서는 가장 냉정한 비판력이 필요하다.

아이디어 개발은 상상력 훈련으로부터

● 밤하늘에 UFO가 날아다니고 있다 하자. 만약 그것이 화성에서 왔다면, 어떤 사명을 띠고 왔을지 셋만 들어라.

● 억지 아이디어를 조급하게 버리는 데서 오는 위험이란 무엇인가? 토론하라.

● 가장 어리석은 아이디어를 더욱 독창적으로 탐구한 결과 뛰어난 아이디어로 바뀌어진 예를 들어라.

● 브레인스토밍이 끝난 뒤, 리더가 더 좋은 아이디어를 모으는 방법을 몇 가지 생각하라.

● 수많은 중소기업이 해마다 쓰러져 간다. 그런 예를 하나 골라서 경영자가 미리 성공여부를 테스트할 수 있는 방법을 생각하라.

● 가정에서 부인, 남편, 또는 부모에게 새로운 아이디어를 제시해보고 반대의견을 검토하라. 그리고 반대의견을 설득시킬 수 있는 방안을 연구하라.

법률에는 자네가 빠뜨린 원칙이 하나 있네.
즉 자네가 법률을 이용하지 않아도
자네에게는 법률가의 천명이 있다는 것일세.
같은 원칙을 상상력에 대해서도 말할 수 있지.
상상력을 이용하지 않아도
갖고 있는 사람에게서 솟아나온다는 것 말일세
그러나 잘 활용하면
더욱더 그 값어치를 높히게 된다네.

　　　　－서머셋 모옴－

아이디어 발상을 활발하게 하려면

✤

제4장

아이디어 발상을 활발하게 하려면

1. 아이디어 발상을 활발하게 하는 연구

문제 해결 국면에서 아이디어 발상을 자극하는 몇 가지 방법을 간략히 서술하면 다음과 같다.

고오든 법

윌리엄 고오든이 쓴 《실천적 창조성》에 따르면, 이 방법은 문제를 추상화하고 폭을 될 수 있는 대로 넓혀서 생각할 수 있는 모든 가능성을 그룹 토의라는 형식으로 탐구한다. 예를 들면, 새로운 깡통따개를 고안해내려고 한다면, 우선 '딴다'는 문제를 토론한다. 그룹은 이 단어의 의미를 모조리 찾는다. 그리고 물리적인 의미에서의 '딴다는 것'과, 자연이나 그 밖의 현상 등에서 볼 수 있는 '딴다는 것'에 대해 구체적인 예를 모두 들어 둔다.

이렇게 하면, 새로운 깡통따개를 발명한다는 문제에서 흔히 떠오르지 않는 멋진 실마리를 얻을 수 있다. 이렇게 여러 모로 논의한 뒤에 비로소 당초에 목적으로 삼은 것은 새로운 깡통따개임을 알리고, 새로운 깡통따개의 탐구와 완성을 함께 이루어 가는 것이다.

특성 열거법

앞 장에서 기준의 체크 리스트에 대해 서술했다. 이 장부터는 아이디어에 박차를 가하는 질문의 체크 리스트를 논의하기로 하자.

아이디어를 자극하는 체크 리스트 방식에는 로버트 크로포드 박사가 고안한 '특성 열거법'이 있다.

이 방법을 구체적으로 제시하면, 문제를 해결하는 사람은 먼저 사물이나 아이디어의 특성을 열거한다. 다음에 그 특성 하나하나를 구체적으로 주의깊게 관찰하고 나서 문제의 모든 면을 검토할 수 있는 체크 리스트로써 그것을 사용한다. 예를 들면, 흔히 있는 나무로 만든 나사 돌리개의 특성을 생각할 경우, 둥근 부분, 강철의 축(軸), 홈에 맞추기 위한 쐐기형의 첨단, 리베트로 고정한 나무 자루, 손으로 조작하는 것, 돌리는 동작으로 주어지는 트릭 등과 같은 항목을 리스트로 한다.

나사 돌리개를 개선할 경우에 이런 특성 하나하나에 초점을 맞추어 검토한다. 예를 들면, 둥근 자루는 육각형으로 변형한 것이 좋다. 한 번의 회전으로 트릭 수를 늘릴 수 있기 때문이다. 나무 자루 부분은 플라스틱으로 하는 게 좋다는 아이디어가 나올 수 있다. 특성마다 많은 아이디어를 생각해낼 수 있다.

강제 연관법

찰스 화이팅은 '강제 연관법'을 이렇게 정의하고 있다.

"보통 관계가 없는 제품이나 아이디어를 둘 또는 그 이상을 들고 억지로 관련시키면서 새 아이디어를 생각해내는 기술이다."

어느 리스트에 실려 있는 아이디어를 다른 리스트에 실려 있는 아이디어들과 관련시켜서 생각하는 것도 이 방식의 하나이다. 사무용 기기 메이커가 신제품의 아이디어를 짜내기 위해 택한 예를 들어 보자.

화이팅은 그 회사가 이미 생산하고 있는 다음 품목을 리스트했다. 책상, 의자, 탁상, 스탠드, 파일 상자, 서고 등. 먼저 생각할 수 있는 것은 책상과 의자의 관계일 것이다. 이 출발점에서 신제품의 아이디어와 연결될지도 모르는 일련의 자유 연상(自由聯想)을 개시한다. 결합 유니트나 가구나 책상에 넣어 두는 의자 등 많은 제안이 나올 수 있다.

책상과 탁상 스탠드를 말하자면, 책상에 넣을 수 있는 스탠드라든가, 버튼으로 높이를 조정할 수 있는 스탠드 등, 책상의 디자인과 스탠드를 통합시키는 여러 방법에 관한 아이디어가 많이 나올 것이다. 이러한 아이디어는 뒤에 평가되어 더욱 발전시킬 값어치가 있는지 검토할 수 있게 된다.

형태 분석법

이 방식은 구조 분석에 적합하다. 구조 분석을 하면, 강제 연관법을 사용하여 많은 아이디어를 발상시킨다.

펀즈 박사는 상가에 있는 과자 가게의 판매 촉진 캠페인이라는 비기술적 문제에 이 방법을 적용하고, 학생들에게 형태 분석을 알기 쉽게 지도한 적이 있다. 이 경우 세 가지 독립 변수를 생각해볼 수 있다.

① 판매 촉진을 위한 유인(誘因) 내지는 소구력(訴求力)

② 예상 고객의 유형

③ 고지(告知)를 위한 매체 내지 방식

이 세 문제에 대해 열 가지 정도의 아이디어가 나왔다. 다시 말하면, 판매 촉진을 위한 열 가지 유인 내지 소구점, 열 가지 예상 고객, 열 가지 선전 매체 내지 방식이다. '유인 또는 소구점'의 아이디어는 '예상 고객의 유형'이나 '선전 매체 또는 방식'의 아이디어를 서로 관련시켜서 생각할 수 있다. 이렇게 아이디어를 짜 가면 1,000가지의 구체적인 아이디어를 생각해낼 수 있다.

이 경우 펀즈 박사는 문제를 단순하게 하는 뜻에서 세 개의 독립 변수만을 사용하고 있는데, 밀접한 관련을 가진 독립 변수란 더 많은 경우가 흔하다. 그렇게 되면 아이디어는 한없이 부풀어 오르게 된다.

시작을 하고 기록하고 체크 리스트를 만든다

기본적인 연구의 하나는 '시작을 한다.'는 것이다. 많은 사람들이 '무엇을 해야 할 것인가.'에 대해서는 희미하게나마 알고 있다. 하지만 곧장 시작하는 사람은 거의 없다. 내가 50이 넘어 유화(油畫)를 그리기 시작한 것을 안 잡부(雜夫)가 자기가 그린 연필 스케치를 보여주었다. 그 그림을 보니 그는 남다른 재능이 있는 것 같았다. 그는 홀아비로 살고 있었다. 그림을 그리면 그의 생활이 밝아질 것 같아서 한 벌의 화구와 함께 입

문서를 주었다. 잠시 잊고 지내다가 2,3개월 뒤 그를 만나 물었다.

"그림은 잘 그리나, 프랭크?"

"웬걸요, 시작하기가 영 어려운데요. 다른 일도 많고……." 라고 프랭크는 대답했다. 그 후 2년이 지나도록 그는 물감 한 번 짜지 않았고 붓을 든 적도 없었다.

어쨌든 시작을 해야 일을 이룰 수 있다고 전문가는 알고 있다. 작곡가가 흔히 하는 수법은 피아노 앞에 앉아 냉정하게 무슨 소리든 쳐보는 것이라고 한다. 조지 메이어에게 〈나와 내 애인을 위하여〉의 작곡법을 묻자 그는 이렇게 말했다.

"앉아서 일을 시작할 따름이지요."

거의 모든 저자는, 가장 좋은 창작법은 매일 정해진 시간에 싫든 좋든 창작을 시작하는 것이라고 생각하고 있다. 피닉스에서 내가 클라렌스 브딘턴 케란드를 만나 어떻게 하면 당신과 같은 일을 할 수 있겠느냐고 물어 보았다. 그의 고백에 따르면, 기분이야 어떻든 간에 아침마다 식사 후엔 타이프를 치지 않으면 아무것도 만들어 낼 수 없다고 한다.

상상력을 끌어내는 또 하나의 간단하고도 효과적인 방법은 기록하는 일이다. 마음을 움직이는 데는 연필이 '지렛대' 구실을 한다. 기록을 하면 도움이 되는 경우가 많다. 즉 관념 연합(觀念聯合)의 힘을 주고 풍부한 연료를 저장한다. 기록을 하지 않으면 모두 망각되고 만다. 기록을 하면 스스로 노력하려고 힘쓰게 된다. 이 방법을 이용하는 사람은 아주 드물다. 100명이 참가한 회의에 나간 적이 있는데 조금이라도 기록을 하는 사람은 겨우 3명뿐이었다.

존스란 사람이 '재간 있는' 사람이라고 생각되지 않지만, 그가 고심한 몇몇 아이디어는 미국의 기업에 독창성이 풍부한 눈부신 성과를 가져다 주었다. 그의 무기는 연필이었다. 그는 연필이 매우 중요하였으므로 연필 고르는 것을 큰 일로 여길 정도였다. 그는 몇 개의 연필을 특별히 마춘 일도 있었다.

나의 기록하는 습관도 바보처럼 분별이 없다. 설교를 들을 때도 가끔 몰래 기록을 한다. 어두운 베란다에 앉아 있을 때도 종이를 꺼내는 일이 있다. 무엇을 쓰고 있는지 보지도 않고 갈겨쓴다. 골프를 칠 때는 종이를 가져 가지 않지만, 아이디어의 재료가 될 만한 것을 듣거나 보면 항상 스코어 카드에 적는다. 한 번은 스코어 카드가 없을 때 아이디어가 떠올랐다. 어쩔 수 없이 북매치 안쪽에 적었다.

체크 리스트도 독창적인 사고에 도움이 된다. 예를 들면, 충실치 못한 저작가라도 잡지의 목차는 즉시 훑어볼 수 있다. 그러면 2, 3시간 후에는 어떤 테마에 대해서 적어도 50개 아이디어가 나온다. 어느 하나를 보아도 목차에서 훑어본 것과는 전혀 다른 아이디어이다. 상상력을 의식적으로 자극할 수 있는 체크 리스트는 이 밖에도 얼마든지 있다. 이런 계기가 되는 리스트의 하나는 직업별 전화번호부이다. 이것은 직업 지도 문제에 직면했을 때 쓸모가 있다.

한때 커다란 점포의 디스플레이를 담당하던 크레멘트 키퍼는, 어느 동업자보다도 좋은 아이디어를 내놓았다고 하여 많은 상을 탔다. 상금 외에도 350개 이상의 메달과 컵을 획득했다. 그는 매주 33개의 쇼윈도우를 진열하지 않으면 안 된다. 일요일을 포함해서 매일 적어도 새 아이디어를 하나 생각해내야 된다. 그래서 체크 리스트로써 커다란 상자를 사용하고 있다. 이 안에 스크랩이나 인쇄물, 수로 따져 3,000이나 되는 아이디어 스타터가 들어 있다. 그 밖에 노트나 대충 그린 스케치도 들어 있다. 그는 이것이 가장 좋은 실마리가 된다고 한다.

기한과 할당을 정한다

독창적인 사람들의 대부분은 스스로 기한을 정하고 일을 추진한다. 신부(神父)는 매주 일요일이라는 최종 기한 때문에 온 신경을 집중하여 독창적인 설교 내용을 생각해낸다. 일요일의 만찬에서 "오늘 아침은 아주 훌륭한 설교였습니다."하고 우리는 가벼운 마음으로 말하지만, 그것을 위한 신부의 독창적인 노력은 이루 말로 표현할 수 없다. 설교의 기본적인 아이디어를 생각해내는 것은 1개월 동안에 우리가 생각해내는 아이디어보다도 더 많은 독창적인 노력이 필요하다. 게다가 그 기본이 되는 테마 외에 설교에 힘과 빛을 주는 아이디어를 50개 정도 생각하지 않으면 안 된다.

기한을 정하는 것이 월터 크라이슬러의 경력에 한 전기가 되었다. 유니온 퍼시픽 철도의 소년 제자로 그는 기관차를 좋아해 기관차라면 무엇이나 배웠다. 어느 날, 실린더헤드에 금이 가서 엔진이 멈춰 버렸다. 동력 공장장이 청년 크라이슬러를 사무실로 불렀다.

"여보게, 움직일 수 있는 기관차는 이것뿐일세. 2시간 후까지 원상내로 복구시켜 놓게. 할 수 있겠는가?"

그는 그것을 멋지게 복구시켜서 인정을 받게 되었다.

"힘든 일이었습니다. 2시간 동안에 복구하라고 하지 않았던들 그토록 머리를 짜지 않아도 되었을 텐데……. 시간 안에 해야 한다는 상태에 나 자신을 몰아 넣었기 때문에 할 수 있었습니다."

이처럼 상상적인 노력을 자극하는 연구에는 최종 기한을 정하는 일도 있다. 일정한 시간까지 아이디어를 제출해야만 한다는 절박한 상황으로 몰아 넣는 것이다. 우리의 의지는 이러한 언질에 따르는 경우가 많다. 기한을 정하면 감정의 힘이 강해진다. 왜냐하면 기한에 대지 않으면 곤란하다고 생각하기 때문이다.

또 하나의 연구는 일정한 아이디어를 내도록 할당하는 것이다. 처음에 아이디어를 다섯만 내면 된다고 정했다고 하자. 이 다섯을 생각하는 동안에 다른 아이디어도 떠오른다. 그러면 25가지 정도는 내놓을 수 있음을 알게 된다. 떠오른 아이디어가 많아질수록 찾던 답이 나올 가능성도 많아진다. 예를 들면, 교회 만찬을 담당한 사람도 자기 방에 혼자 틀어 박혀서 생각하면, 만찬을 성공시키기 위한 제안을 열 가지 정도는 능히 기록할 수 있을 것이다. 그리고 위원들을 모아 이렇게 말한다.

"이 만찬회를 유쾌하게 만들기 위해 할 수 있는 일을 모두 생각해봅시다. 여기 내 아이디어가 열이 있습니다. 게이트 씨! 다음 위원회까지 여러분을 대접하기 위한 아이디어를 열만 리스트로 만들어 오십시오. 아델 씨! 당신은 식사에 대해 같은 일을 해주시기 바랍니다. 그리고 모우데 씨! 서비스를 잘하는 방법이 많을 것 같습니다. 그 일에 대해 아이디어를 열만 가져 오십시오? 그리고 케이 씨! 당신은 사물을 매력적으로 보이도록 만드는 것을 좋아하시지요. 장식 문제를 맡아 주시고 그 아이디어를 열만 가져 오시겠습니까? 식사를 즐겁게 하기 위해서는 조명도 도움이 될 테니, 존 씨는 그것에 대한 아이디어를 열만 가져 오십시오."

그녀 자신의 열 가지 아이디어를 더하면, 결국 6,70가지 아이디어를 모을 수 있을 것이다. 그 중에서 위원회는 가장 쓸모 있는 것을 고르면 된다.

'아이디어의 유창함'이라는 말은 심리학자들 사이에선 흔히 쓰는 용어이다. 그만큼 그 가치가 전에 없이 크게 인정되고 있다는 말이다. 그러나 아이디어를 많이 생각해내기란 쉬운 일이 아니다. 나는 끊임없이 자신에게 아이디어를 내놓기 위해 자신을 위한 트릭을 생각해냈다. 최초의 아이디어는 곧 떠오른다는 것을 알고 있었으므로 잇따라 아이디어를 짜내기 위해 노력하는 자극이 아쉬웠다. 그래서 상상을 왕성하게 하여 가격표를 만들었다. 이 계산에 따르면, 처음에 나온 아이디어의 값은 1센트이고, 두번째 것은 2센트, 세번째는 4센트라는 식이다. 아이디어가 하나 늘 때마다 값은 배가 된다. 이렇게 해서 내가 스물네번째 아이디어를 기록했을 때 스물다섯번째 아이디어는 이 비율로 간다면 얼마나 되는지 표를 보았다. 무려 16만 7,772달러였다. 이것은 실없이 보일지 모르지만, 잇따라 아이디어를 내놓는 가치를 극적으로 표현하는 데 기여한다고 할 수 있다.

시간만 정해두라 뮤즈의 여신은 장소를 가리지 않는다

독창적인 사고를 위한 시간을 확실히 정해 두면, 뮤즈의 여신을 불러들일 수 있다. 기업내의 사람도 그를 위한 시간을 나누어 생각해야 한다. 돈 심프슨은 이렇게 말하고 있다.

"우리가 시간을 필요로 하는 것은 아이디어를 생각해낼 때뿐이다."

대개의 기업인은 단순하여 정해진 일을 먼저 한다. 왜냐하면 그것이 아이디어를 내놓기보다 쉽기 때문이다. 심프슨은 오전 중에는 생각하고, 오후에는 단순하고 되풀이되는 일을 하라고 권하고 있다.

독창적인 사고방식을 하기 위해서는 밤도 이용할 수 있다. 상상력을 불러일으키기 위해 잠자리에 들 수도 있다. 침대는 독창적인 사고를 위해서 좋은 장소이다. 가령 잠자기 위해 침대에 들어간다 해도 좋다. 아이디어를 품고 자면 더 좋은 아이디어를 얻게 되는 수가 많다. 더욱 좋은 것은 전등을 끄기 전에 자기가 생각할 수 있는 가장 좋은 아이디어를 몇 가지 적어 두는 것이다. 이렇게 기록해 두면 우리 마음은 개방되고, 따라서 빨리 잠들 수 있다. 게다가 잠자는 동안까지도 좋은 아이디어로 이끄는 생각을 마음에 심어준다.

"베갯머리에 종이와 연필을 놓아 두면, 아이디어를 생각해 내거나 계획을 세우는 데 매우 편리합니다. 바로 어젯밤에 나는 영감처럼 새 아이디어가 떠올랐습니다. 그래서 불도 켜지 않은 채 어둠속에서 다섯 장 정도 갈겨썼습니다. 오늘 아침에 일어나서 살펴보니 이 중에는 당면한 문제를 풀 만한 안도 있었습니다. 수개월 전에 나는 워싱턴의 호텔에서 오전 2시 30분에 꿈에서 깼습니다. 그때 그 자리에서 중요한 새 제품이 될 만한 간단한 아이디어를 스케치해두었습니다. 만일 잠을 깨고도 돌아누워 다시 잤더라면 아마도 그 아이디어는 다시 떠오르지 않았을 것이 틀림없습니다."

이것이 어빈의 의견이다. 아이디어는 침대에서 생각해내는 게 좋다는 사람이 또 한 사람 있다. 알프레드 헐이다. 어떤 발명가보다 신형 진공관을 많이 고안한 독창가인데, 헐은 좋은 아이디어는 대부분 한밤중에 우연히 떠올랐다고 말하고 있다.

불면증은 하나의 악순환이다. 잘 수 없다고 생각되면 아침에 일어날 수 있을지 걱정이 된다. 그래서 자려고 애쓰다 보면 다시 새로운 두려움이 앞선다. 잠들기 위해 양을 세기보다는 아이디어를 생각해내도록 하는 편이 낫다. 그러는 편이 재미도 있고 유익하다. 게다가 잠도 잘 수 있다. 묘하게도 불면증은 독창성을 강화한다. 어네스트 디임네트에 따르면 잠을 자지 못해서 몸을 망칠 정도가 아니면, 불면증은 우리의 상상력을 평소보다도 훨씬 명석하게 만든다고 한다.

독창적인 사고와 산책을 결부시킬 수 있다. 적적한 곳을 걷는 것은 또 다른 아이디어를 찾는 방법으로써 흔히 사용된다.

"MIT 교수 중에서 누가 제일 독창적인가?"

"루이스 교수입니다."

MIT 출신인 사려 깊은 내 젊은 친구는 대답했다.

"루이스 교수는 더욱더 자신을 독창적으로 만들기 위해 어떻게 합니까?"

"저어, 잘 모르겠습니다. 그러나 그는 가끔 숲속을 산책하곤 합니다. 운동을 위해서이기도 하지만 주로 독창적인 사고를 돕기 위해서라고 생각됩니다."

부활절 날에 애틀랜틱 시의 산책길을 걷는 것처럼 마음이 산만해지는 일은 없을 것이다. 그러나 내 친구인 소매점 주인은 특별한 목적없이 부활절마다 간다. 그는 마음을 활짝 열어 두면 다른 아이디어를 암시하는 아이디어를 얻을 수 있다고 확신한다. 그는 부활절의 일요일을 가장 값진 날로 여기고 있다.

대체로 사무실은 독창적인 생각을 하기보다는 선악을 판단하는 일에 알맞다. 회사원 화라 씨는 오전 중에는 집에 있는 편이 독창적인 문제를 생각하는 데는 훨씬 좋다는 사실을 발견했다.
전에 어려운 독창적인 문제를 풀기 위해 100마일쯤 떨어진 호
텔에 가서 생각한 일이 있다. 남의 방해를 받지 않기—혹은 일
상의 잡무에서 벗어나기—위해서 뿐 아니라, 독창적인 노력을
위해 혼자서 그렇게 멀리까지 와 있다는 사실에서 내 상상력은
훨씬 더 잘 작용하는 듯한 생각이 들었다. 여행 자체가 내 독창
력을 예민하게 한 것이다.

과연 상아탑은 필요한가

요즈음 잇따라 연구소가 세워지고 있는데, 이런 연구소는 과
학의 상아탑이다. 이들 연구소는 설비 뿐 아니라 집중된 사고
를 위해서도 이상적인 분위기를 제공한다. 그러나 독창적인 과
학자가 그 상아탑에 갇혀 있는 동안만 독창적일 수 있다면 뭔
가 문제가 있다고 말하지 않을 수 없다. 예를 들어, 제너럴 일
렉트릭 회사의 수츠 박사는 자기는 침대 속에서 가장 좋은 아
이디어가 여럿 떠올랐고, 공장에서 공장으로, 비행기로 날고
있을 때나, 기차에서 창 밖을 내다볼 때도 아이디어가 떠올
랐다고 한다. 뮤셀만은 로키 산의 험준한 길을 브레이크가 없
는 자전거로 내려왔을 때 페달식 제동기를 생각해냈다고 한다.
타일이 깔린 목욕탕도 독창적인 아이디어가 나올 법한 곳
이다. 샤워나 뜨거운 탕 안에 들어가 있으면 좋은 아이디어가
떠오르게 마련이다. 왜냐하면 탕에 들어가 있는 동안만큼은 밖
의 산만함에서 벗어날 수 있기 때문이다.
"그 생각은 수염을 깎고 있을 때 떠올랐다."
수염은 독창의 세계에서 남자가 여자보다 월등히 유일한 이

점이다. 수츠 박사는 면도와 독창적인 사고의 함수관계를 이렇게 설명한다. 그것은 수염을 깎을 때는 목욕탕의 경우와 마찬가지로 혼자 있고, 물이 흐르는 기분 좋은 소리가 들리고 행복감이 마음을 차지하며, 또 이른 아침에는 머리가 가장 발상력이 있다는 점이 그 이유이다. 이런 말도 있지 않은가?

"뮤즈의 신은 아침을 좋아한다."

장작 패기도 상아탑일 수 있다. 앨버트 하브보드는 아이디어를 짜내기 위해 장작을 패라고 주장하고 있다. 최근에 독창적인 한 연구가는 가장 좋은 아이디어는 얼음을 깰 때 문득 떠올랐다고 한다.

독창적인 연구에 몰두하고 있을 때 공상적인 분위기가 있으면 독창력이 강화될지도 모른다. 많은 사람들은 자기의 좋은 아이디어는 교회에 있는 동안에 떠오른다는 것을 알고 있다. 콘서트를 듣고 있으면 독창력이 촉진된다는 사람도 있다.

이상적인 상아탑은 보트의 선미(船尾)에 있다는 사람도 있다. 끊임없이 생각을 계속하게 하는 항해에도 무엇인가 있다. 발명가 알렉산더슨 박사는 가장 좋은 아이디어는 돛단배로 조용히 항해하던 푸른 바다에서 얻었다고 한다. 제퍼슨은 워싱턴에서 100마일 떨어진 곳에 살고 있었다. 몬티세이로에 가면, 지금도 그가 말을 타지 않을 때 수도 워싱턴과 그의 플렌테이션 사이를 몰고 왕복한 사륜마차를 볼 수 있다. 몰 필요도 없는 말을 달고 조용한 걸음걸이로 가로막는 교통 신호도 전혀 없고, 그 혼자만 탄 마차는 훌륭한 '상아탑'이었을 것이다.

비행기나 기차 안에서 집중하여 일하는 사람을 본 일은 거의 없을 것이다. 때때로 보고서를 읽거나 도면을 만지는 사람이 눈에 띌 뿐이다. 멍청히 앉아 있는 사람도 특별한 생각을 하고 있지는 않을 것이다. 모든 사람이 독창적으로 생각한다는 것은 드문 일이다.

하지만 독창적인 작품 중에서 걸작의 하나는 기차 안에서 완성되었다. 링컨의 게티스버그 연설이 그것이다. 즉 '국민에 의한, 국민을 위한, 국민의 정부'라는 문구를 흔들리는 기차 안에서 생각해낸 것이다. 그리고 조지 마샬 원수는 비행기가 대서양 상공에 있을 때 그의 가장 훌륭한 연설을 썼다.

비행기나 기차를 기다리는 동안에도 생각에 잠길 수 있다. 나는 기사는 아니지만, 어느 날 밤, 1시간 정도 플랫폼에서 기차를 기다리다가 그날 아침에 우연히 떠오른 특수한 기계 문제를 생각한 적이 있다. 이 어려운 문제를 다루면서 나는 플랫폼을 이리저리 거닐었다. 기차를 타고 나서 생각해낸 아이디어를 적어 두고, 이튿날 아침식사를 하면서 다른 아이디어를 또 하나 적어 두었다. 이것은 마침내 특허를 얻게 되었다. 예술가는 스튜디오라는 '상아탑'을 아쉬워하고, 대부분의 작가는 어떤 종류의 은닉처에 혼자 틀어 박힌다.

그러나 예술가이든, 작가이든 여러 곳에서 아이디어를 생각해낼 수 있다는 것은 인정할 것이다. 영국의 작가인 에드가 라스트가텐은 시간표도 상아탑도 없이 일을 한다. 출판사의 말을 빌리면 다음과 같다.

"그는 결코 쉬지 않습니다. 어떤 곳에서나, 대중 앞, 버스 안, 거리를 거닐 때일지라도, 그는 씁니다."

사무엘 존슨은 끈질기게 집착하기만 하면 누구나 어디에서고 쓸 수 있다고 했다. 이것은 전적으로 옳다고는 할 수 없을지도 모른다. 예술가나 작가에게는 '상아탑'이 필요할지 모르지만, 아이디어는 어디서나 생각해낼 수 있다는 말은 사실이다.

2. 아이디어 발상 수단으로써의 질문

브레인스토밍을 위한 문제를 미리 요리하는 경우에 질문을 이용해도 매우 효과가 있다. "어떻게 하면 더 좋은 자동차를 만들 수 있을까?"라는 질문을 다루어 보자. 이 질문은 너무 일반적이어서 효과적인 공격을 할 수 없다. 목표를 구체적으로 만들기 위해 "자동차에 무엇을 더 추가해야 하는가?", "무엇을 제거해야 하는가?"와 같은 질문을 한다. 후자의 경우는 한층 질문이 구체적으로 될 것이다. 예를 들면, "전기 계통의 어떤 부분은 없어도 무방하지 않을까?"라든지, "연료 계통의 어느 부분은?", 혹은 더 구체적으로 "기화기(氣化器)는 제거할 수 있을까?" 등. 이 문제야말로 클리블랜드의 란드 연구소가 인수한 문제이다. 이 문제를 연구해 온 어떤 자동차 권위자는 그 해결이 눈에 보인다고 말하였다.

질문 기법은 상상력을 유도하는 방법으로써 옛부터 인정되고 있다. 학교 수업을 좀더 독창적으로 하려고 힘써 온 교수들은 곧잘 이 방법을 사용하고 있다. 예를 들면, 스코트는 카네기 공과 대학에 있을 때 학생들에게 기발한 질문을 하는 것으로 유명했다. 그 중에는 "만일 머리의 앞과 뒤에 눈이 있다면 어떨까?"라든지, "걷기보다 빨리 헤엄칠 수 있다면 어떨까?"와 같은 묘한 질문을 했다. 실제의 문제 해결에도 자문(自問)하면, 우리의 사고에 의식적인 가이드를 줄 수 있다. 미국 육군은 이 방법을 논리적인 사고와 독창적인 사고에 잘 활용하고 있다.

제2차 세계대전 중 전국의 조병창, 자동차 수리 공장, 수많은 기타 군수 공장의 작업면에서 질문 기법은 예전보다 훨씬 좋은 생각을 가져다 주었다. 보이야드 포프는 말한다.

"내가 우연히 알게 된 50개 시설에서도 이 질문 기법을 사용하여 연 600만 명의 인원과 시간 절약을 가져 왔다."

이 기법은 다음과 같이 한다. 먼저 지금부터 생각하려는 문제를 분해한다. 다음에 세분화된 문제 하나하나의 스텝에 일련의 질문을 한다.

자문해야 할 여섯 가지 질문은 다음과 같다.

● 왜 그것이 필요한가?
● 어디서 그것을 해야 하는가?
● 언제 할 것인가?
● 누가 할 것인가?
● 무엇을 할 것인가?
● 그것을 어떻게 해야 하는가?

독창적인 문제는 일반적으로 육군이 실시했던 것보다 훨씬 많고, 게다가 필연적으로 더 자유로운 질문이 필요하다. 상상력은 '……에 대해서는 어떤가?'라거나, '만일 ……라면 어떻게 될까?'라는 식의 형식을 취해야 한다. 그리고 항상 '다른 아이디어는?' 하고 질문해야 한다. 이런 질문으로 우리의 상상력을 몰아 세워 수많은 광석을 갖가지 아이디어의 형태로 쌓아올려 둘 수 있다. 물론 그 안에는 좋은 아이디어도, 나쁜 아이디어도, 진부한 아이디어도 있겠지만 우리의 판단이 그 광석을 좋은 아이디어라는 금으로 정련하는 것이다. 독창적인 문제를 준비하여 분해하는 경우에도 자문으로 해결에 접근할 수 있는 경우가 가끔 있다. 이같은 초기 단계에서도 상상력을 궤도에 올려놓을 질문을 생각해야 한다. 평가를 하는 경우에도 나온 아이디어에 올바른 질문을 생각함으로써 아주 멋지게 시험적인 해결책을 시도할 수 있다. 예를 들면, 다음과 같은 질문을 해본다. "이것은 시험할 수 있을까?" "어떤 시험이 가장 좋은가?"

문제 해결에 질문을 사용하는 데 대한 연구 프로젝트가 레이던드 스탠포드 대학의 로날드 테일러 박사와 윌리엄 파우스트 박사의 지도 아래 실시되어 〈사이콜로지 오브 인벤션 인 더 매스매티컬 필드〉지에 보고되고 있다. 여기에 사용된 수법은 본질적으로 '스무 고개'라는 게임의 그것과 같은 것이다.

프랭크 킹돈 박사도 말했듯이 '질문은 지성의 독창적인 행위'인 것이다.

달리 사용할 길은 없을까

'달리 사용할 길은 없을까?'라는 문제는 아이디어를 산출함에 있어서 하나의 기본적인 질문이다. 이것은 매우 중요하므로 《수학 분야에 있어서의 창의의 심리학》이라는 책에서 하다마드는 두 가지 발명을 인용하여 다음과 같이 서술하고 있다.

"하나는 목표가 부여되어 있고 거기에 도달할 수단을 찾아내는 경우인데 마음은 목표에서 수단으로, 질문에서 해결로 옮아 간다. 이에 반하여 다른 하나는 사실을 발견하고, 그것이 어떻게 도움이 되는지 상상한다. 이 경우 마음은 수단에서 복표로 옮아 가는 것이다. 그 답은 질문할 것도 없이 알게 된다. 그러나 역설적으로 생각될지 모르지만, 이 두번째와 같은 발명은 차츰 일반화되는데 과학이 진보되면 더욱 일반화된다."

'달리 사용할 길은 없을까?'라는 표제를 근거로 해서 우리 독창력의 기반을 조성할 수 있는 질문이 여러 가지 있다. 예를 들면, '현상대로 달리 새로운 용도는 없을까?', '사용 방법을 개선하려면 어떻게 수정하면 좋을까?', '이것으로 다른 것을 만들 수 있을까?' 등.

이런 생각은 제품에 다른 기능을 추가하는 제품 개량의 실마리를 만들어 주기도 한다. 예를 들면, 합성 원료의 성공은 대개 그 제품의 새로운 용도를 생각해낸 데 있다. 듀 퐁의 네오플렌은 용도가 매우 많아서 대량 생산되고 있다. 그 용도의 몇 가지는 되는 대로 생각하다가 떠오른 것이다. 예를 들면, 완구 제조업자는 네오플렌에서 개가 씹는 초콜렛 향기가 나는 뼈를 만들었다. 인형 제조업자는 자기가 만든 인형에 네오플렌의 피부를 붙였다. 그 빛깔이 자연스러워서 어린이들은 그것을 진짜 아기로 생각한다. 일일이 들자면 한이 없다. 울과 같은 코트를 접착한 새끼양, 오리, 포치이라는 개, 병아리, 물을 뿜는 고래, 고래 모양을 한 잠수함, 연통이 셋 있는 배 등.

셀로판이나 나일론의 경우도 같다. 예를 들면, 나일론은 이미 테니스 라켓에 야잠사(野蠶絲) 대용으로 사용되고 있다. 나일론 낚싯줄은 차츰 일반화되었다. 나일론제 빨래줄은 모르는 부인이 없다. 거대한 색환(索環)도 역시 나일론으로 만들어지고 있다.

1935년 경, 나는 우연히 파이버글라스 회사의 창립에 관계했었다. 그때 독창적인 문제는 '유리실을 어떻게 이용할 수 있을까?' 하는 점이었다. 우리는 그 응용을 수없이 생각했다. 그러나 그 이후에도 다시 수백 가지가 고안되었다. '다른 용도는 없을까?' 하는 데서 나온 아이디어로 소규모 유리 섬유 회사가 대기업으로 발전하였던 것이다. 아무도 예상할 수 없었던

이 용법은 파이버글라스를 낚싯대에 사용하는 것이었는데, 그것은 어느 제조업자가 플라스틱 접착제에 파이버글라스를 메워 넣는 데서 비롯되었다. 그러나 아무도 파이버글라스의 가장 크고 가장 적합한 용법에는 생각이 미치지 못했다. 그것은 전함의 뛰어난 절연체(絶緣體)로써 사용할 수 있었던 것이다.

'폐물은 어떻게 이용할 수 있을까?' 이렇게 여러 모로 아이디어를 짜내어 보는 일은 매우 중요하다. 미국의 통조림 기업은 돼지의 비명 말고는 거의 모든 부산물에 새 용도를 찾아낸다는 창의에서 태어난 것이다. 철강 공업도 그러하다. 광재(鑛滓)는 옛날에 값비싼 폐물이었다. 현재는 철도에 까는 모래로써, 시멘트를 만드는 재료로써, 건축용 블록을 만드는 데도 이용되고 있다. 버밍검 근처의 테네시 공장에서 나오는 광재는 인(燐)이 꽤 많이 함유되어 남부의 모든 땅에 토양 개량제로써 출하 판매되고 있다.

'이 가스는 이용할 수 있을까?' 하는 문제는 철광 산업에 종사하는 사람이 오래 전에 연통에서 나오는 더러운 연기를 보고 자문하였을 것이 틀림없는 문제이다. 그것은 얼마나 큰 발전을 가져다 주었는가! 오늘날 코크스 로(爐)의 가스는 폐물이 아닌 문자 그대로 수많은 화학 약품의 원천이 되고 있다. 대개의 사람은 그같은 폐물 이용에서 나오는 제품은 5만 가지 정도가 될 것으로 알고 있지만, 철강 업계의 내 친구는 장래에는 50만이나 되는 용도가 개발될 것으로 믿고 있다.

'불량품은 어떻게 하면 좋을까?' 하는 질문도 독창적인 사고방식이다. 그것을 2급품으로 팔면 일은 간단히 끝나는 경우도 흔히 있다. 독창의 재능이 있다면 더 좋은 답을 얻는 수도 있다. '스크랩은 어떻게 해야 좋으냐?' 하는 것도 상상력을 필요로 하는 문제이다. 굿드리지 콘리는 외과용 탐관(探管)이 쓰레기통에 버려지는 것을 보고 '왜 그것을 잘라서 많은 사람들이 작은 것을 묶을 수 있는 크기의 고무밴드로 만들지 않을까?' 하고 생각했다. 콘리는 그 제안에 의해 150달러를 획득했다. 회사는 그 아이디어로 이익을 올렸다. 그렇게 하지 않았더라면 스크랩으로밖에 되지 못했을 것에서 이익을 올렸던 것이다.

새로운 용도를 통한 과학적인 진보

리스터 경은 루이 파스퇴르가 포도주의 단맛을 유지하는 방법을 연구하는 장면을 보고 쓸데없는 짓을 하고 있다고 생각하였다. 그러나 리스터는 거기서 그치지 않고 파스퇴르가 발견한 것을 '어떤 다른 중요한 분야에 이용할 수는 없을까?' 하고 생각했다. 특히 세균이 풍미를 해치는 것이라면, '수술할 때에 많은 사람들이 죽는 원인도 이 세균 때문이 아닐까?' 하고 자문했다. 결국 그는 파스퇴르의 이론을 '달리 이용할 수 없을까?' 하고 생각함으로써 세균이 상처에 침입한다는 사실을 알게 되었다. 이 진리는 리스터의 이름을 불후의 것으로 만든 무균 수술의 열쇠가 되었다.

뢴트겐은 X선을 발견했을 때 순수 과학에 몰두하고 있었다. 그는 그 광선이 무엇인지 몰랐다. 그래서 그 광선을 'X'라고 했던 것이다. 하지만 그 용도는 생각하지 않았다. 그 후 자기의 발견이 널리 이용되고 있음을 알았을 때 그도 깜짝 놀랐다. 질병 치료 뿐 아니라 외과 의사의 진단 전에 신체의 심부(深部)를 조사하는 귀중한 눈으로 이용할 수 있음을 과연 짐작이나 했겠는가?

현대 과학에서 기민한 연구자는 끊임없이 신구(新舊) 원리의 새로운 용도를 찾고 있다. 경영자는 이미 순수한 연구를 돈의 낭비라고 생각하지 않는다. "어디에 이용될 수 있을까?" 하는 질문에 의해 수많은 값없는 이론이 쓸모있는 이론으로 점차로 바뀌고 있다.

새 용도를 생각하면, 기술 제품의 개선이 이루어지는 수가 있다. 코닝글라스 제작소가 더욱 튼튼한 철도 랜턴의 등피를 개발했을 때, 한 연구원이 이 글라스의 새 용도를 찾다가 배터리 쟈아의 아이디어를 포착하였다. 1913년의 어느 날, 그는 쟈아의 밑부분을 잘라 집으로 가져가서 부인에게 그것으로 케이크를 구워 달라고 부탁하였다. 글라스가 빵구이로 쓰이게 된 것은 이것이 계기였다.

이것은 다시 '다른 용도는 없을까?'라는 문제를 낳았다. "스토브 위에서 직접 요리하면 어떨까?" 하는 질문이 그 하나이다. 당시의 주임 화학자 유진 설리반 박사는 오븐 웨어글라스는 직접적인 열에 견딜 만큼 강하지 않다고 결론을 내렸다. 4년 동안 실험이 계속되었다. 이 실험에는 실제의 부엌 실험도 포함되어 있어서 18,000 파운드의 감자를 실험용 소오스팬과 프라이팬으로 삶기도 하고 튀기기도 했다. 여기서 글라스의 새로운 이용법인 프레임 웨어가 태어났다. 대개의 사람은 '코로시일'을 한 종류의 제품으로 생각하고 있다. 그러나 사실은 코로시일의 용법이 늘어남에 따라 그 종류도 많아졌다. 코로시일을 만들어 내는 데에 가장 힘을 쓴 윌드 세몬 박사는 1926년 이래 첫 제품의 새 용도를 개척하기 위해 10,000개 이상의 고무상(狀) 물질을 만들었다고 한다. 그것을 만드는 원료는 석회석,

코크스, 식염이었다. 그 제품의 근본적인 특색은 물이 잘 빠진다는 점과 전기 절연이었다. 그러나 제품의 종류를 늘리면 그 용도도 늘려야 한다.

'다른 용도'의 용도

지금까지는 "다른 용도는 없을까?" 하는 질문을, 사물을 대상으로 해서 설명해왔다. 그러나 이 테크닉은 사상, 논제(論題), 원리 등 거의 모든 문제에 적용할 수 있다. 예를 들면, 직업 지도 문제의 열쇠는 '이들의 적성에 가장 알맞는 다른 분야는 없을까?'라는 것이다. 이런 선에 따라 생각하면, 상상력은 직업 지도에도 크게 기여할 수 있다. 부모는 그 독창적인 정신을 자녀들의 직업 지도에 돌릴 수 있다. 예를 들면, 우리 집 뒤에 사는 소녀는 직접 손으로 만들거나 색칠하는 것을 좋아한다. 추수감사절이 되면 그녀의 창문은 크레용으로 칠한 칠면조가 요란하게 나붙는다. 크리스마스에는 별과 방울로 창문이 화려해진다. 그녀의 어머니는 나한테 딸이 능력을 가장 잘 발휘할 수 있고, 또 어머니도 딸을 그 방향으로 돌릴 수 있는 직업을 리스트해서 보여주었다.

경우에 따라서는 어떤 재능을 새 용도로 향하게 할 수 있다. 다니엘 아이젠버그는 소식이 끊긴 지 오래인 부유한 증조부를 찾기 시작했다. 수개월을 찾았으나 헛수고였다. 그러나 그 사이 그는 자신의 새로운 재능을 발견했다. 그것은 남의 행방불명된 친척을 찾아내는 데 일가견이 있다는 점이었다. 이 재능을 '어떻게 이용하면 좋을까?' 하고 자문했다. 그 결과 사람을 찾는 일을 하면 어떨까 하는 아이디어가 떠올랐다. 그 이래

65,000명 이상의 부인이 행방불명이 된 남편을 찾기 위해 그에게 돈을 내고 있다.

경영자로서 실패한 존 가스트는 자기에게 예술적인 감각이 있음을 알고 이의 용도를 발견하려고 했다. 여러 모로 생각하다가 '잡초라도 좋게 보면 아름답게 보인다. 잘 가꾸면 아름다와질 것이 틀림없다.'고 생각했다. 실험 삼아 그는 몇 그루의 유우칼리 나무와 스모크트리의 가지에 은을 끼었었다. 로스앤젤스의 백화점이 이것을 받아들여 창문을 장식했는데 이는 가스트에게 돈벌이를 시켜준 시초가 되었다. 그는 지금 다른 사람이 불쾌하게 생각하는 잡초로 5만 달러나 벌었다고 한다. 그가 사용하는 원료는 거의 캘리포니아에서 오지만, 그의 직원은 로타스 패드를 캐러 캔자스로, 시이오츠를 캐러 플로리다로, 여러 가지 것을 각지에서 채집해온다.

3. 빌린다면 바꾼다면 대체한다면

아이디어를 찾는 경우, 아리스토텔레스의 연합(상=想)의 첫째 법칙, 유사(類似)에 따라 모든 닮은 것을 추구하는 일은 보람 있는 일이다.

● 이것과 비슷한 것은 무엇일까?
● 여기서 어떤 아이디어를 생각할 수 있을까?
● 과거와 비슷한 것은 없는가?
● 다른 데에서 아이디어를 빌 수는 없는가?
● 달리 모방을 할 수 있는 것은 없는가?
마지막 질문은 가로채거나 침해를 인정하는 것처럼 들릴지도 모른다. 그러나 그렇지는 않다. 다른 사람의 창의를 도용하여 창의자에게 손해를 입히는 것은 법적으로나 도덕적으로도 물론 나쁜 일이다. 그러나 다른 사람이 생각해낸 것에서 실마리를 찾는다는 것은 옳은 일이다. 이를 인정하는 것은 좋은 정책이다. 아이디어의 차용이 안 된다면, 유익한 아이디어는 더욱 줄어들 것이 틀림없기 때문이다. 그것은 당연한 어쩔 수 없는 행위이다. 웬델 필립스가 지적했듯이 발명이나 물건의 사용법, 아름다움이나 형식에 관한 모든 사항에 있어서 우리는 아이디어를 남에게서 빌고 있는 것이다. 이것은 특허국에 중복된 발명품이 많다는 사실을 봐도 명백하다.

에디슨은 다음과 같이 충고하고 있다.

"다른 사람이 멋지게 사용한 신기하고 흥미있는 아이디어를 끊임없이 찾는 습관을 들이십시오. 오리지널이어야 한다는 것은 어떤 아이디어를 자기가 연구하는 문제에 적용하는 그 적용방법입니다."

아이디어의 일부만을 차용하는 경우는 더 많다. 예를 들면, 야구는 '라우더'라는 영국의 스포츠를 차용한 것이다. 축구는 럭비에서 왔다. 농구는 아마 미국에서 유일하게 발달한 새로운 게임이다. 나이스미스 박사는 체육관에서 할 수 있는 전혀 새로운 스포츠를 열심히 생각했다. 그러나 농구는 그의 상상력의 산물이 아니라 우연의 산물이었다. 급사에게 상자를 두세 개 가져오라고 부탁했는데 하나도 찾지 못하고 그 대신에 복숭아 바구니를 가지고 돌아왔다. 농구라는 이름과 농구의 골은 여기에서 유래하고 있다.

작가카 아이디어를 차용하지 않는다는 것은 거의 불가능하다. 소설가는 잘 사용되고 있는 기본적인 줄거리를 싫어도 사용하지 않을 수 없다. 위리어 캐서는 말한다.

"인간의 이야기는 두세 가지밖에 없다. 마치 전에는 없었던 것처럼 되풀이하는 것에 지나지 않는다."

괴테는 36개 줄거리밖에 없다고 했다. 돈 마키스는 기본적인 줄거리는 하나밖에 없다고 주장한다.

"세상에는 단 한 가지 이야기밖에 없다. 그것은 아주 오래되고, 짧고, 단순하며, 간단히 할 수 있는 이야기이다. 즉 '바빌론'에 한 처녀를 몹시 사랑하던 젊은이가 있었다는 식의 이야기이다."

셰익스피어는 덴마크의 전설을 바탕으로 햄릿을 썼다. 그러나 단순한 흉내만은 아니었다. 별로 재미 없는 전설에 당시 영국 지식인들의 입에 오르내리던 에섹스 백작의 반란사건을 교묘히 결합시켜 엘리자베스 여왕을 비판하는 훌륭한 극을 만들어 낸 것이다.

우리를 포복절도케 하는 유머에 있어서도 마찬가지이다. 희곡 작가 협회 조지 루이스의 주장에 따르면, 아무리 새로운 농담일지라도 여섯 가지 기본 내용 가운데 하나로 분류할 수 있다고 한다. 즉 옛 농담의 변형에 지나지 않는 것이다.

'누구의 스타일을 본받을 수 있을까?'는 작가들이 자문하는 질문이다. 로버트 메이는 《크리스마스 전야》가 오래도록 호평임을 보고 이같은 스타일과 음률(韻律)로 《루돌프》, 《붉은 코의 토나카이》를 썼다. 1939년, 출판사는 이것을 236만 5,000권이나 출판했다. 7년 후에 377만 6,000권이나 출판했지만 그 책은 없어서 못 팔 지경이었다. 그 뒤 차용한 아이디어를 다시 차용해서 노래도 나왔다.

에디슨은 아이디어 도둑인가

●이것을 어떻게 하면 모방할 수 있을까?
●어떤 아이디어와 결부시킬 수 있을까?

이런 의문을 품어보는 것은 새로운 아이디어 창출에 도움을 준다. 이미 만들어진 것에서 아이디어를 끌어내는 일은 문장가가 의식적으로 하는 창조이다. 최근의 수영복은 기저귀를 본따서 만든 것이다. 처어칠의 외투는 폭스 타입의 단추가 여섯 개 달린 외투에 영향을 주었다.

뉴욕 메트로폴리탄 미술관은 인기 작가에게 특별한 편의를 주고 있다. 뉴욕의 디자이너들은 고대 미술품에서 많은 아이디어를 얻고 있다. 15세기의 회화인 천사의 날개는 마르셀 봐티스의 몇몇 창작에 기초가 되었다. 디자이너인 리나 하트만은 기원전 800년 경의 그리스 꽃병에 그려진 병사를 보고 영감을 얻었다. 헐리우드의 아드리안이 크게 히트한 것의 하나는 기원전 500년 경의 병사가 쓰던 투구와 눈에서 얻은 디자인이었다.

차용은 완전한 모방이며, 더우기 훨씬 값싼 형태로 모방되는 일이 있다. 조지아 주에 사는 홈즈 부인은 러시아 혁명 이전의 황제 일가의 어린이 것으로 여겨지는 값비싼 인형에 대한 이야기를 들었다. 그 인형은 궁정복을 입은 왕녀인데, 뒤집으면 누더기를 걸친 백성의 딸이 되었다. 홈즈 부인은 나한테 이렇게 말했다.

"우리는 지금 인형의 아이디어를 얻어 그것을 1달러로 널리 팔 수 있도록 비용을 절감하였습니다."

리차드 무트는 커다란 항공모함의 착륙 신호원이었다. 그의 임무는 비행기가 전투 후에 돌아와서 착륙하는 것을 지휘하고 명령을 하는 일이었다. 밤의 어둠 속에서는 비행기가 갑판의 신호를 알아 보지 못했다. 만일 불빛이 밝으면 배의 위치가 적에게 발각될 것이다. 무트는 뉴욕 국제 견본시(國際見本市)의 기술(奇術)을 상기하고 그 아이디어를 차용하자고 권했다. 그 결과 착륙 신호원이 제복을 입으면 적은 보지 못하지만, 조종사는 볼 수 있는 물질로 만든 신호를 몸에 부착하게 되었다.

새 스타일의 제품 뿐 아니라 획기적인 신제품도 아이디어 차용에 의해서 완성된다. 루돌프 디젤은 엔진의 실린더 안에서 직접 연료를 연소시키고 싶었지만 연료의 점화 방법을 몰랐다. 비슷한 것을 여러 가지 생각하다가 시가라이터를 착안했다. 그는 다음의 본질적인 특색을 가진 라이터를 분석해 보았다.

● 공기와 연료가 실린더 안에 있다.
● 피스톤은 갑자기 실린더 안의 공기를 압축한다.
● 이것이 연료에 점화한다.

이 유추(類推)에서 그는 1892년에 첫 디젤 엔진의 발명에 대한 골자를 생각해냈다.

차용의 문제는 개인적인 가정 문제에도 적용된다. 한 이태리계 미국인에게 지능 지수가 높은 아들이 있었다. 그 아들은 사병으로 전쟁에 나갔다가 상사로 돌아왔다. 그리고 나서 그는 의과 대학에 들어갔다. 어느 날 나는 나이 많은 그에게 아들은 어떠냐고 물었다.

"아들 생각만 하면 슬퍼집니다."

그는 서글픈 눈빛으로 대답했다.

"아들은 이제 나하고 이야기도 하려 들지 않습니다. 군대에 가기 전에는 나하고 늘 스포츠에 대해 이야기를 나누었습니다. 우리는 타율, 축구의 점수, 조오 루이스나 레슬러에 대해서도 이야기했습니다. 그러나 이젠 이야기를 하려고 들지 않습니다. 그는 의사가 되기 위해 열심히 공부하고 있어요. 그는 군의관이 되고 싶대요. 이제는 스포츠에 흥미도 안 느끼고 아무한테도 제 생각을 털어놓지 않습니다.

아들과 친구가 되어 여지껏 지내온 그가 가엾게 생각되었다.

그래서 아들과 그를 돕는 방법을 생각해내려고 힘썼다. 둘의 공감대가 무엇인지 생각하다가 나는 서로가 스포츠에 흥미가 있음을 알았다. 당연한 결과로 '그러면 왜 군대에 관해 흥미를 갖지 않는가?'라고 자문했다. 그는 좋은 생각으로 여기고, 새로운 문제를 배우기 시작했다. 그는 열심히 군대에 관한 기사를 읽었다. 그리고 나서 그는 아들이 열중해 있는 문제에 대해 질문을 시작했다. 현재는 의과 대학에서 돌아오면 아들은 쌀쌀한 태도를 보이지 않고, 전에 스포츠에 대해 이야기하던 때처럼 아버지와 열심히 군대에 관해서 이야기하고 있다.

'바꿀 수는 없을까'에 의해서

한 번 자문해 보라.
- 이것을 약간 바꾸면 어떨까?
- 이것은 개선할 수 있을까?
- 달리 생각해보면 어떨까?

작은 변경이라도 사물이나 사고에 많은 변화를 줄 수 있다. 농담을 잘하는 사람은 생각을 달리해보는 방법을 곧잘 쓴다. 큰 방송망을 가진 쇼에 풍자물을 쓰고 있는 사람은 1년에 10만 달러나 벌고 있지만, 그들의 대본에는 쇼킹할 만한 내용은 거의 없다. 그들은 주로 옛이야기에 새로운 변화를 주려고 생각하고 있다.

어떠한 독창적인 문제에도 '좀더 개선하려면 어떤 변경을 해야 하는가?'라고 자문해보라. 연설을 할 때에도 자기가 할 이야기의 모든 면에 그 질문을 던져 보라. 예를 들면, 우리는 책상을 탕하고 치며 시작하는 편이 좋은가, 아니면 능숙한 연사이면서도 일부러 주저하면서 시작하는 편이 좋은가, 공정(工程)은 어떻게 바꿀 수 있는가.

이것은 생산 기술 뿐 아니라 요리를 하는 데에도 좋은 질문이다. 빵굽는 과정을 약간 바꿈으로써 품질이 훨씬 좋아지고 온도를 조금만 바꾸어도 과정을 개선할 수 있는 경우가 많다. 포도주의 발효를 위해 파스퇴르는 맛을 손상시키지 않고 미생물을 죽일 수 있는 적당한 온도를 발견했다. 그 뒤 이 사소한 과정의 변화가 밀크에 응용되어 중요한 아이디어가 되었다. 저온 살균법에 의해 얼마나 많은 인명을 구했는지 모른다. 스폰지 고무는 쿠션으로는 적합하지 않았다. 그래서 어떤 사람이 '빵처럼 라텍스를 요리하면 어떨까?' 하고 생각했다. 이로 말미암아 푹신한 고무 시트와 매트리스가 존재하게 되었다. 형태를 바꾸면 어떨까, 어느 날에, 어떤 방법으로……. 이 물음을 곰곰이 생각해보고 제품을 잘 검토하면 유익한 아이디어를 많이 얻을 수 있다.

롤러베어링의 발명은 대체로 기원 1500년, 레오나르도 다빈치의 시대로 거슬러 올라간다. 4세기 동안 그것은 측면이 곧은 볼베어링보다 쓸모없는 실린더였다. 1898년, 헨리 팀온이 끝이 가느다란 롤러베어링으로 특허를 받았을 때 혁명적인 진보가 이루어졌다. 그러나 이것은 실린더를 약간 변경했을 뿐이다. 그러나 이 신형은 회전이나 압력의 부하(負荷)를 고려했기 때문에 다른 어느 베어링보다 좋았다.

"이것을 구부리면 어떨까?" 어느 가정 전기 기구 메이커는 이런 질문을 해서 중심이 구부러진 베이컨 굽는 기구를 만들었다. 뚜껑은 베이컨이 말려드는 것을 막고, 굽은 곳에 베이컨의 기름이 떨어져서 밑에 괴게 만든 것이다. 구부리거나 감는 것은 고능률의 전구를 만드는 데에 크게 기여했다. 제너럴 일렉트릭의 랭뮤어 박사는 굵은 필라멘트와 같은 성능을 지닌 가느다란 필라멘트의 용법을 고안해야 했다. 그 가느다란 필라멘트를 코일에 감고, 진공 대신에 새로운 가스를 넣어 최초의 카아본 램프보다 15배나 능률이 좋은 전구를 만들었다.

'다른 모양으로 바꾸면 어떨까?' 이것은 상상력이 밟아야 할 또 하나의 길이다. 설탕은 처음에 입상(粒狀)으로 만들어졌고, 다음에 분말로, 그리고 각형(角型)으로 되었다. 아메리카 설탕회사의 어떤 사람이 모양에 대해서 이렇게 질문했다.

"이 사각형의 설탕을 도미노와 같은 장방형으로 만들면, 사람들의 눈을 더 끌지 않을까요?"

'도미노 표'는 그것으로 성공했다.

"포장을 바꾸면?"은 "다른 모양으로 바꾸면?"과 함께 질문해야 한다. 다시 "포장을 새 모양으로 해보면 어떨까?"라고 질문해 본다.

에스키모 파이는 이 물음에 따른 눈부신 아이디어이다. 그것은 러시아가 철의 장막 속에서 채택한 몇 안 되는 미국 것의 하나이다. 차츰 음식물의 포장은 먹을 수 있는 것으로 바뀔 것이다. 월라드 도우 박사는 이렇게 말하고 있다.

"우리는 합성한 소시지 껍질과 아이스크림 콘 제조법을 배웠다. 왜 거기서 멈추고 있는가?"

아이디어 원천으로서의 오감(五感)

1955년, 색깔이 세 기업에 근본적인 영향을 주었다. 색깔의 변화로 생긴 독특한 매력 때문에 그 해의 자동차 판매 성적이 향상되었던 것이다. 1955년, 새 핑크색 램프가 전구 시장의 구성을 바꿔놓고 말았다. 1955년, 착색 전화기가 전화 공업의 중요한 요소로 되었다.

"더욱 좋은 빛깔은 어느 것인가?"라고 묻고 있는 공업 생산자가 점차 늘어가고 있다. 거의 모든 기계가 검은색이었다. 그러나 새로운 기계는 밝은 빛깔이 되어 빛의 흡수가 적어졌다. 많은 공장 설비는 이 변화에 따라 생산을 늘리고, 불합격품을 줄이고 사기를 높이고 있다.

폭파용 관(管)은 착색된 나일론 플라스틱을 입힌 전선으로 점화된다. 밝은 빛깔, 빨강, 노랑, 파랑은 광산 터널의 바위로 덮인 산에서도 분명히 볼 수 있다. 검은색의 탄광에서는 나일론 플라스틱이 하얗게 빛나고 있고, 하얀 염광에서 쓰는 나일론은 검은색이다.

'귀에 좀더 호소하려면 어떻게 해야 좋은가?', '소리를 어떻게 할 수는 없을까?' 엘마 휠러는 자기의 상상력을 이런 방향으로 향하게 하여 명성을 얻었다. 스테이크 굽는 소리를 판다면 하는 것이 그의 아이디어이다. 그는 스테이크 자체를 선전하는 것이 아니라, '지글지글 구워지는 소리를 선전하라.'는 슬로건을 내걸고 4,000회가 넘는 강연을 하고 있다. 판매 촉진에 소리를 이용하는 일이 많아졌다. 예를 들면, 기저귀 세탁소는 트럭에 자장가를 방송하는 신형 확성기를 설치했다. 전기 건조기는 '나는 얼마나 드라이하다구요!' 하는 노래와 함께 자동적으로 멎는다.

'어떻게 하면 후각(嗅覺)에 호소할 수 있을까?' 이 방향에 따라 고안된 것은 거의 없다. 예로써 빵을 들고 보자. 빵집을 지나치다 보면 무척 맛있는 냄새가 난다. 언젠가는 누군가 그와 같은 냄새가 나는 빵 포장지를 만들어 낼 것이다. 촉각에 호소하는 질문도 조사할 만할 것이다. 미각에 호소하는 것도 또한 중요하다. 이 방향에 따라 고안된 새로운 변화에는 한계가 없다. 보다 강력히 감각에 호소하려고 가하는 여러 변화는 신제품을 만들어 내고, 제품을 개량하려는 사람의 독창적인 상상력의 커다란 배출구가 되고 있다.

A를 B로 대체하면

"바꿀 수 없을까?, 빌릴 수 없을까?"와 비슷한 것은 "대용할 수 없을까?"라는 질문이다. 대신할 아이디어를 많이 얻기 위한 방법의 하나는 'A'를 'B'로 대체하고, 'C'를 'D'로 대체할 수 있는가를 생각해내는 것이다. 따라서 '무엇을 대용할 수 있는가?', '그 대신에 무엇을?' 하고 자문해보자.

대용품을 찾으려면 모든 사람이 일상 생활의 창조에 사용할 수 있는 시행 착오법을 써야 한다. 하지만 이 테크닉은 과학 실험의 열쇠가 되기도 한다. 포올 에리히는 실험실의 생쥐 정맥에 물을 들이기에 적당한 염제(染劑)를 찾고 있었다. 주혈편모충(住血鞭毛蟲)를 죽이는 것을 찾는 동안에 그는 모두 500개 이상의 빛깔을 사용했다. 'A를 B로 대체한다.'는 방법은 사물에만 쓰이는 것은 아니다. 장소, 인물, 그리고 정서도 바꿀 수 있다. 아이디어까지도 대용할 수 있다. 이 고전적인 예는 아르

키메데스의 이야기이다. 그는 왕관이 순금인가를 조사해야 했다. 왕관의 부피를 내는 방법은 그에게 너무 어려웠다. 그래서 그는 독창적인 사고에 도움이 되는 방법, 즉 목욕탕에 들어갔다. 욕탕에 앉아 넘치는 물을 바라보며 그는 분명히 이런 생각을 했을 것이다.

'내가 욕조에 들어가면 물이 넘친다. 그 물은 정확히 내 몸과 같은 부피이다. 왕관을 물 속에 넣고, 넘치는 물의 양을 측정하여 그 부피를 찾아내자. 거기에 금의 무게를 곱하면 왕관이 진짜인지를 증명할 수 있다. 됐다! 바로 이거야.'

이렇게 해서 그는 물의 환치(換置)를 금속 측정에 대용함으로써 아이디어를 교환하였다.

많은 가치있는 새로운 아이디어는 대체할 요소를 찾는 데에서 생긴 것이다. 그러면 '이 대신에 다른 어떤 부분을?'이라고 자문하자. "자동차의 기어는 대용할 수 없을까?"하는 질문에서 독창적인 아이디어를 얻은 예이다. 트럭의 전도 장치(傳導裝置)는 보통 톱니바퀴의 톱니 대신에 금속 나사를 대용함으로써 개량되었다. 자동차에 왜 금속 기어 대신에 액체를 사용하지 않는가? 그것은 무리한 주문처럼 들렸을지도 모르지만, 현대의 최신형 자동차를 편히 운전하기 위해 이루어졌다.

대용은 유를 무로 바꾸거나 무를 유로 바꾸는 데까지 진보되었다. 구성 부분을 바꾼다는 이 극적인 테크닉은 우리에게 현대의 개량된 전구를 제공했다. 어빙 랭무어 박사는 좋은 전구를 만들기 위해, 첫째로 왜 에디슨이 발명한 최초의 램프는 속이 검어지는 경향이 있는지 찾아내려고 힘썼다. 이론적으로 보면 내부에는 필라멘트 이외엔 공기마저도 없을 터이다. 랭무어는 더욱 뛰어난 진공 상태를 만들었다. 그러나 역시 램프는 검어졌다. 여러 모로 실험한 끝에 드디어 가장 좋은 가스로 아르곤가스를 찾아냈다. 진공 대신에 아르곤을 사용하는 것, 여기에다 랭무어의 필라멘트를 바로 감는 방법의 발견에 의해 보통의 진공 텅스텐 램프보다 두 배나 능률적인 가스 전구가 태어난 것이다.

'무언가 다른 성분은?'이라고 자문해보자. 몇 세기 동안 비누는 언제나 비누였다. 그러나 성분을 바꾼 비누가 연이어 개발되기에 이르렀다. 어느 누가 세제 속에 아교를 넣을 줄 알았겠는가? 여러분들은 이 새로운 방법을 고안해낸 곳은 아마 커다란 연구소일거라고 생각할지도 모른다. 그러나 그렇지 않다. 실직을 해서 앞이 캄캄하던 두 사람의 밀워키 사람이 생각해낸 것이다. 그와 그의 아내는 '스피크 앤드 스판'이라는 비누를 만들었다. 여자는 포장하고, 남자는 팔러나갔다. 가정주부들이 이것을 써 보고 나서 많이 사게 되었다. 프록터 앤드 겜블 회사는 중서부에서의 그 멋진 성공을 주목하다가 그 제품을 사기로 하고 그 아마추어 화학자에게 한 재산을 안겨 주었다.

양계장이 비타민 D를 듀 퐁의 데스테롤이라는 모양으로 입수하지 못했다면, 병아리와 달걀 값은 훨씬 비싸졌을 것이다. 이 사료는 보통 넙치와 다랑어의 간장유(肝臟油)에서 뽑아냈다. 그러나 듀 퐁은 풍부하고 값싼, 지금까지 사용되지 않던 홍합으로 원료를 대용했다. 다행히 이 변화는 시기가 적절했다. 왜냐하면 전쟁 때문에 넙치와 다랑어의 공급이 중단되고 말았기 때문이다.

"다른 프로세스가 있을까?"는 아이디어를 찾는 또 하나의 질문이다. 그것은 진공 속에서, 또는 고압(高壓) 아래서 행해져야 하는가?, 그것은 주조(鑄造)해야 하는가?, 스탬프해야 하는가? 이러한 것은 우리가 더 좋은 아이디어를 찾아내기 위해 프로세스를 문제로 삼는 수많은 방법 중의 두세 가지에 불과하다.

'어떤 힘이 더 유효한가?' 발재봉틀은 큰 힘은 들지 않지만 그 발의 힘을 전력으로 대체한 것은 대단한 업적이다. 신형의 자동차에 달린 창문 승강 장치는 약 40년 전, 존 오이세이가 찾아낸 하찮은 아이디어에서 태어난 것이다. 1912년 형 자동차를 빗속에서 운전하다가 우연히 지금은 자동차마다 장치된 수동식 창닦이를 고안했다. 이 성공에도 불구하고 그는 '왜 이것을 손으로 움직여야 하는가?'라고 자문하고 있었다. 간단하고 확실한 동력을 찾다가 그는 커다란 발견을 하기에 이르렀다. 그것은 도입구를 열어 공기를 호스에 통하게 하여 창가리개 위에 있는 모터를 움직이는 것이다.

오이세이는 또한 그의 엔진 진공력을 자동 경적과 창가리개의 서리를 제거하기 위한 선풍기에 적용했다. 이와 같은 원동력은 물을 창가리개 위에 흐르게 하여 날씨가 맑을 때 유리를 씻기 위한 수단으로 이용되고 있다. 그가 최근에 적용한 것은 보턴을 누르면 즉시 자동차의 창을 오르내리게 할 수 있는 공기 장치이다.

'다른 사람을?', '누군가 이것을 더 잘할 수 있는 사람이 있지 않을까?' 나는 전쟁 기념관 건립을 위한 모금 때문에 전단(傳單)을 써야 했다. 나는 나보다 문장을 더 잘 쓸 수 있는 사람의 명단을 만들고, 그 아들이 항공 부대에 있은 적이 있으며, 자금을 모아야 한다는 똑같은 심리 상태에 있는 사람을 선택했다. 그는 나보다 두 배나 글을 잘 썼다.

'어딘가 다른 곳에?'라고 묻는 것도 좋다. 장소의 변화가 감정적인 환경을 바꿀 수도 있다. 1948년, 석탄 스트라이크에 의해 나라가 거의 30일 동안 반신불수의 상태가 되었다. 광부 쪽의 존 루이스와 탄광 소유자인 에즈러 봔 호온의 의견이 일치하지 않았다. 조정자 존 마틴은 두 사람의 대화를 위해 새로운 장소, 즉 그의 사무실을 준비했다. 13초 후에 두 사람은 의견의 일치를 보아 나라를 마비시키고 있던 스트라이크는 끝났다.

어떤 흥미를 다른 흥미로 대체함으로써 인간을 수련하는 열쇠가 되는 일이 흔히 있다. 내가 아는 어떤 어머니한테 성냥으로 장난을 잘하는 어린 아들이 있었다. 어머니는 꾸중하기에 앞서 자기의 마음을 '대신에 무엇을?'의 문제로 향하게 하여 불놀이 대신에 스트로우를 생각해냈다. 이 아이디어는 성공했다.

소년 범죄를 없애는 현실적인 대안은 환경을 바꾸고, 아이에게 위험한 영향을 미칠 만한 것을 건전한 놀이로 바꾸는 일이다. 하지만 이것은 부분적인 대처에 지나지 않는다. 가장 좋은 방법은 부모의 자녀에 대한 태도를 바꾸는 것이다. 사랑이라는 명분 아래 아이를 억압하지 말고 그에게 걸맞는 입장에서서 모든 문제를 바라보아야 한다.

- ●빌릴 수 없을까?
- ●바꿀 수 없을까?
- ●대용할 수 없을까?

이 세 가지 질문은 새로운 아이디어 발상과 끝임없이 연결되어 있다. 해결해야할 문제가 어떤 것이든지 이 세 가지 질문을 던져 보라. 현명한 대안이 섬광처럼 떠오를 것이다.

4. 더하면 곱하면 빼면 나누면

'더 크게 한다면, 더 작게 한다면.' 하고 생각해보는 것은 자문 기법의 중요한 테크닉으로 상상력을 자극하여 아주 많은 아이디어를 내놓게 한다. '크게 한다면'이라는 범주에는 '더 한다면'과 '곱한다면'이 있는데, 이에 의하여 가능성은 한없이 증대한다. '작게 하기 위해서'는 빼거나 나눔으로써 많은 아이디어를 내놓을 수 있다. '좀더 크게 한다면'을 생각하기 위해선 '무엇을 더하면 좋을까?', '더 강하게 하면 어떨까?', '다른 가치를 추가한다면?', '다른 성분을 추가한다면?' 하고 자문하면 된다.

아이디어를 내놓는 경우 사이즈를 크게 한다고 생각하는 것이 가장 간단한 열쇠가 된다. 예를 들면, 옛날에는 타이어의 크기가 훨씬 작았다. 폭이 아주 좁았고 쿠션의 효과도 빈약했다. 약 25년 전에 타이어 메이커는 '타이어를 좀더 굵게 하면 어떨까?' 하고 자문했다. 그 결과 밸루운 타이어가 태어났다. 처음에는 일시적으로 팔리는 듯했지만, 그 후 확고한 위치를 확보하여, 1928년까지 밸루운 타이어는 누구나 쓰는 타이어가 되었다. "왜 좀더 굵게 하지 않을까?" 하고 질문한 결과, 타이어를 교환하려고 사는 사람이 프리미엄을 지불할 정도의 초밸루운 타이어가 출현하였다.

"포장을 더 크게 하면 어떨까?"는 흔히 하는 질문이지만 보탬이 된다. 체인스토어는 이것으로 큰 이익을 올렸다. 고무 공장은 대량의 고무 접착제를 사용한다. 보통 이것은 1갈론들이 관에 넣어 보내진다. 이 관은 한 번 사용하면 버리고 만다. 한 공원이 "뚜껑을 뗄 수 있는 50갈론들이 드럼통에 넣어 각각 갈아넣을 수 있는 통을 사용하면 어떨까?"하고 제안했다. 이것은 낭비를 없애고 통을 절약하게 되었다. '포장을 크게 하면?'이라는 데서 얻은 이 아이디어에는 500달러가 지불됐다.

'추가하면 어떨까?'에 의해 아이디어를 내놓는 경우에는 크기 이상의 것을 생각해야 한다. "좀더 시간을 들이면 어떨까?" 이것도 좋은 질문이다. 많은 공정(工程)은 오랜 시간을 들여서 개선된 것이다. 인사 문제에 시간을 들이면 유효한 일이 많다. 대답을 할 때에는 3초를 세고 나서 하는 편이 좋다. 노사의 쟁의는 냉각 기간을 두는 게 현명한 수단임이 증명되고 있다.

'빈도(頻度)를 늘리면 어떨까?'도 조사해볼 만하다. 한 머리가 좋은 의사는 위궤양의 치료를 생각해보았다. 그 결과 '가벼운 식사를 자주 하는 것'이라는 아이디어가 나왔고 현재 일반적으로 인정받는 처방이 되었다.

'어떻게 하면 강도를 늘릴 수 있는가?'도 열쇠가 된다. 특히 '어떻게 해야 강화할 수 있는가?'라는 질문이 더 많을지도 모른다. 인타우벤 호우제리는 양말의 뒤축과 발끝을 강화함으로써 판로가 갑자기 확대되었다. 오네이다 커뮤니티는 찻숟가락의 마멸점(磨滅點)을 강화하여 새로운 구매력을 추가했다. 리비이 회사는 컵의 둘레에 열처리를 함으로써 홈이 없는 컵을 제작하는 데 성공하였다.

"이것을 더 튼튼하게 하려면 무엇을 추가하면 좋은가?" 이 질문에서 받침판을 쓰게 되는 경우가 많다. 그러나 안전유리에 받침판을 적용한 것은 분명히 우연의 결과였다. 한 과학자가 코로지온 병을 쓰러뜨려 깨진 유리 파편을 주워 들다가 서로 달라붙어 떨어지지 않는 것을 발견한 데서 비롯되었다. 이것이 안전유리를 낳은 결과가 되었는데, 이 안전유리는 두 장의 유리 사이에 플라스틱을 끼운 것에 불과하다.

‘더 많이 한다면’이라는 문제에서 ‘어떻게 하면 좀더 가치를 추가할 수 있을까?’라고 생각해보는 것도 좋다. 이 질문에서 다시 "한 봉지에 더 많이 넣으면 어떨까?"라는 질문이 나온다. 양말은 보통 한 켤레로 팔고 있다. 어떤 식품 판매업자는 자기 수퍼마켓의 상품에 양말을 추가하려고 생각했다. 그래서 그는 한 봉지에 둘이 아닌 세 짝의 양말을 넣어 팔자는 생각이 떠올랐다. 즉 양말 한 켤레에 예비로 한짝 더 사라는 뜻이다. 이 포장에 ‘트리프론즈’라는 이름을 붙였다.

가치를 올리는 일반적인 방법은 같은 것의 양을 늘리는 것이다. 그러나 무언가 다른 것을 추가하는 편이 더 좋은 결과를 가져오는 경우가 많다. 프리미엄 형식으로 가치를 추가하는 일이 미국에서는 많다. 판매자가 프리미엄에 투자하는 금액은 1년에 보통 5억 달러가 넘는다.

"어떤 요소를 추가할 수 있을까?" 하는 질문도 있다. 부인들은 요리를 하면서 본능적으로 이 말을 자문하고 있다. 부인들은 샐러드에 마늘이나 브랜디를 넣음으로써 요리를 잘한다는 평판을 듣는다. 이것이 공업 제품이 되면, 새로운 성분을 추가할 경우 그만큼 가치가 높아지는 일이 많다. 일리노이 대학 덕택에 치분(齒粉) 제조업자는 암모니아성 물질을 가할 수 있었다. 후엔 엽록소(葉綠素), 그 다음에는 불화물(弗化物)도 혼합하게 되었다.

‘다른 특색을 주려면 어떻게 해야 될까?’ 웨스트클록 회사에서는 현재 잠자는 사람을 조용히 깨우는 반짝이는 빛을 시계

에 추가시키고 있다. 만일 그 약한 빛을 무시하면 명령적인 벨
이 울린다.

'즐거운 환경을 만들기 위해서는 무엇을 추가해야 좋은가?'
는 종업원 관계의 중요한 문제이다. 채광을 잘하고, 페인트를
칠하는 것은 공원들의 근로 의욕을 불러일으키는 데 크게 기여
하는 일이 많다. 쾌적한 휴게실, 곳에 따라서는 마음대로 마실
수 있는 커피를 갖추어 두는 곳도 있다. 기계의 소음을 없애기
위해 공장에서 음악을 들려 주는 것도 근로자의 만족을 얻고
있다.

곱한다는 것은 산업의 마술

'만일 이것을 몇 배로 만든다면 어떻게 될까?', '이것을 터
무니없이 과장한다면 어떻게 될까?' 하고 자문해보라. 틀림
없이 무엇인가 새로운 것들이 머리 속에서 맴돌 것이다. 대체
로 거의 모든 수사법은 새 아이디어 생산의 촉매제가 된다. 과
장도 예외가 아니다.

'터무니없이 크게 만들면 어떨까?' 이것은 러시아에서 선전
의 열쇠가 되고 있다. 소비에트 지도자의 집채만한 옥외 초상
화는 위압적인 지위와 권력을 설파하기에 충분하다. 자유의 여
신상은 이 테크닉의 효시이다.

'더 많이 하면?'을 어리석을 정도로 과장하는 것이 풍자화
(風刺畫)의 기본 테크닉이다. 화가인 스탠한트는 '과장은 나의
가장 큰 장사 밑천'이라고 말한다. "이상심리학 강좌에서 미치
광이의 특징은 정상인의 성격을 과장한 것에 불과하다는 사실
을 배웠다."라고 그는 말했다. 만화의 등장인물은 거의 같은

방법으로 만든 것이다. 디즈니의 예술도 일부는 추가의 과장이 기초가 되고 있다. 윌리엄 텔을 연주하는 오케스트라의 단편 영화에서 그는 한 바이올리니스트가 동시에 다섯 개의 바이올린을 켜고, 다섯 사람의 바이올리니스트는 하나의 바이올린을 켜는 모습을 보여주었다.

사람들은 대개 다른 사람과 같기를 바라서 다른 사람이 하지 않는 일을 선뜻 하려고 들지 않는다. 그러나 각광을 받고 싶어 하는 사람은 곧잘 의복으로 과장한다. 피오렐로 라가디어는 '큰 모자'라는 닉네임의 모자로 각광을 받게 되었다. 다이어먼드 짐브라이디는 셔츠 앞에 엄청나게 크고 번쩍이는 장식용 다이어먼드를 달고 다님으로써 성공했다. 또한 알렉산더 울코트도 물결치는 듯한 케이프를 입음으로써 성공하고 있다.

개인적인 문제도 과장에서 아이디어를 얻는 경우가 많다. 어린이의 중요한 결점을 고치려고 할 때 우리는 '어떻게 하면 이것을 아주 극적으로 할 수 있을까?' 하고 생각해본다. 이런 방법으로 한 어머니는 딸에게 훌륭한 교훈을 주었다. 이 소녀는 부활절의 선물로 숙모한테서 과자 상자를 받았다. 그날 밤 아버지는 딸에게 초콜렛을 달라고 했다. 그러자 딸은 "이것은 식구들 것이 아니에요. 다 제 거예요."라고 대답했다. 딸의 버릇에 고민하던 어머니는 이튿날 두 상자의 초콜렛을 사 왔다. 그리고 하나는 딸에게, 하나는 남편에게 주었다. 어머니의 뜻을 그제야 알아차린 딸은 그 뒤부터는 착한 어린이가 되었다.

존 코네리우스는 새 식료품을 세상에 소개해야 하는 문제에 직면했다. 그는 지금까지와는 다른 방법으로, 게다가 보다 강력히 어필할 수 있는 방법을 찾았다. 그가 처음에 한 일은 현명하게도 이미 다 아는 사실을 깊이 생각해보는 일이었다. '사용해보고 마음에 들지 않으시면 돈을 돌려 드립니다.'라는 아이디어를 조사해서 이 진부한 방법에서 완전히 새로운 방식을 만들어 내려고 했다. '곱하면 어떨까?'라는 질문에서 '당신의 돈을 두 배로 돌려 드립니다.'라는 아이디어가 떠올랐다. 이것은 큰 효과를 얻어 적어도 열여섯 곳의 광고 스폰서가 이 방법을 모방하였다.

곱한다는 것은 많은 신제품의 기초가 되는 아이디어이다. 곱한다는 것을 이용한 가장 새로운 제품은 그림을 그리는 사람에 대한 선물이다. 그들은 이제 물감을 팔레트에서 닦아낼 필요가 없다. 존 안소니는 현재 50장의 불투명한 종이로 만든 팔레트를 팔고 있다. 더러워진 종이를 걷어내면 깨끗한 새 팔레트가 다시 나타난다. 물론 곱한다는 것은 미국 산업의 마술과 같은 기초이다. 갱 드릴(다축 보올반)은 '곱한다면 어떨까?' 하는 데서 생긴 수많은 공업 생산 연구의 하나에 지나지 않다.

줄이면 어떨까

'더 늘리면 어떨까?'로 아이디어를 추구했다면, 다음으로 '더 줄이면 어떨까?'라는 문제도 생각해봐야 한다. 이 물음에 따라 아이디어를 찾을 경우 우리는 '더 줄이면 어떨까?', '무언가 빼낼 수 없을까?', '분할하면 어떨까?' 하는 식으로 생각한다.

제품을 생각할 경우는 '더 간결하게 하려면 어떻게 해야 좋은가?' 하는 구체적인 문제가 나온다. 종래보다 얄팍한 회중 시계나 작은 팔목 시계는 이런 생각에서 태어난 것이다. 라디오엔 또 하나의 예가 있다. 방송 초기에 컷트는 1년에 100만 대가 넘는 라디오를 만들어 팔았다. 그는 설계에서 제작까지 거의 모두 스스로 했다. 성공의 절정에서 그는 "내년에 나는 가장 잘 팔리는 라디오의 크기를 반으로 줄일 작정이다."라고 선언했다. 그의 동료들은 그 말을 의아해했다. 그러나 컷트는 실천했다. 그의 '콤팩트'라고 불리운 소형 라디오는 전보다 더 큰 성공을 거두었다.

'더 줄이면 어떨까?'는 구멍에 대해서도 생각할 수 있다. 아프리카의 미국 공군을 위해 기성 착륙장을 만든 것은 어빙이라는 사람이다. 이 사람은 처음에 은행, 비행장 건물과 시골 농원을 위한 철문을 만들고 있었다. 그리고 그는 지하철로 통하는 보도의 격자(格子)를 만들었다. 그러나 그는 부인들의 신발이 여기에 걸려서 유모차가 넘어지는 것을 알아차리고 더 새롭고 좋은 격자를 만들었다. 이것은 구멍이 작아서 부인의 신발이 걸리지 않았다. 그것이 기성 착륙장을 낳은 결과가 되었다.

'더 늘린다면?'에서 '엄청나게 크게 한다면?'이라는 문제를 생각했다. 여기선 '축소하면 어떨까?'라는 문제도 생각해 봐야 한다. 초콜렛 제조업자는 이 아이디어로 성공했다. 만년필 제조업자는 부인이 핸드백 속에 바로 세울 수 있는 '데미사이즈'라는 이름의 소형 만년필을 만들어 냈다.

'응축(凝縮)하면 어떨까?' 하고 자문해보자. 이 아이디어의 좋은 예는 마음대로 접을 수 있는 보통 크기의 부인용 양산이다. 또 한 예는 뭉쳐서 물 속에 떨어뜨리면 세탁물 속에 용해되는 종이 비누를 접어서 가슴 호주머니에 넣을 수 있게 만든 것이다. 이 사고방식의 좋은 예는 레몬 산업에 혁명을 가져다 준 농축 쥬스, 냉오렌지 쥬스이다. 이 신제품의 하나는 보스턴의 한 연구가가 개량하여 1년에 천연 쥬스를 7억 쿼터의 비율로 팔고 있다.

'더 늘리면?'이라는 사고방식으로 높이와 길이 문제를 조사한 것과 같이 '이것을 더 낮추면 어떨까?'라는 생각도 해봐야한다. 새 차를 설계할 경우, 기사에게 늘 문제가 되는 것은 '높이를 어떻게 줄이느냐' 하는 점이다. 자동차를 4분의 1인치 낮추기 위해서는 거의 신형을 재설계하는 정도의 비용이 드는 것이다.

'더 짧게 하면 어떨까?'도 꽤 좋은 사고방식이다. 이에 대한 극단적인 예는 음파(音波)와 광파(光波)에 관한 것이다. 네 라프크의 독창적인 업적의 하나는, 종전 같으면 태양이 하던 기능을 램프로도 할 수 있게 파장을 짧게 만드는 것이었다.

태양 에너지는 3대 그룹으로 나누어진다. 열로서의 장파 에너지, 빛과 색깔을 주는 가시(可視) 에너지, 눈에 보이지 않는 자외선으로서의 단파 에너지이다. 파장을 짧게 하는 경우 측정의 과학적 단위는 1온그스트롬, 1인치의 22억 5,000만분의 1이다. 제너럴 일렉트릭 회사의 기사는 파장을 짧게 하고, 특수 유리를 사용함으로써 태양램프를 만들어 냈다. 태양의 더욱 짧은 광선은 세균을 죽일 수 있다. 이 살균 에너지의 95%는 파장이 아주 짧고, 2537온그스트롬 정도밖에 되지 않는다. 제너럴 일렉트릭의 살균램프는 특수 유리를 사용하여 효과적으로 세균을 죽이는 파장을 재생하고 있다. 그러나 짧게 하여 성공한 것은 태양의 파장을 서로 다른 세 그룹으로 나눈다는 세 가지 아이디어가 있었기 때문이다. 이는 '이것과 저것을 분리하면 어떨까?'라고 생각하는 편이 좋다는 것을 보여주고 있다.

'더 가볍게 하면 어떨까?' 이탈리아의 발명가는 이 사고방식을 객차에 적용했다. 〈라이프〉지에 따르면, "열차 여행에 혁명을 가져 올지도 모른다."는 신형 객차를 만든 것이다. 아메리카 카 파운드리 회사는 이미 이런 객차를 만들어 테스트하고 있다. 이 차의 길이는 20피트로써 자동차 트레일러와 같은 무게이다. 바퀴는 둘밖에 없고 그것도 뒤에 달려 있다.

캐털링의 발명 재능은, 전부라고는 할 수 없지만, '왜 이처럼 무거워야 할까?'라는 생각에서부터 출발하였다. 디젤 엔진은 무거워서 도저히 자동차에 실을 수 없다는 것이 일반적인 견해였다. 캐털링은 이 사고방식을 무시했다. 그는 데이톤 연구원들의 협조로 이를 해결하려면 적당량의 기화 연료(氣化燃料)를 고압으로, 그리고 정확한 간격으로 엔진 속에 불어 넣을 수 있는 정확하고 새로운 인젝터를 만들어야 함을 알았다. 디젤 엔진은 이제 그 마력당 무게가 캐털링이 특이한 질문을 했을 때보다도 10배나 가벼워졌다.

소화 호스 사업은 규모도 크고 경쟁도 치열하다. 독창적인 기사가 '호스를 더 가볍게 할 수 없을까?'하고 생각했다. 이 생각에서 출발하여 그의 회사는 전보다 18%나 가볍고, 더 짧은 시간에 소화 활동을 시작할 수 있는 새로운 소화 호스를 만들어 냈다.

이와 같이 시간 절감은 중요할 뿐더러 '더 적게 하면 어떨까?'라는 생각은 '빨리 할 수 없을까?'라는 다른 사고방식을 낳는다. 이 사고방식이 바드세이를 성공시켰다. 바드세이가 발견한 것은 아무리 작은 세포 속까지도 침투할 만큼 빨리 얼게 하는 방법이다. 그 후에 그는 이 기술을 '음식물 건조에 어떻게 적용하면 좋은가?'하는 문제와 결부시켜 브레인스토밍하고, 수년에 걸쳐 노력한 결과 건조 시간을 16시간쯤 단축시키는 방법을 찾아냈다.

　인건비가 높음에도 불구하고 값싼 상품을 생산하는 미국의 향상된 능률은 대부분 '어떻게 하면 스피드업할 수 있을까?' 하는 사고방식에서 유래되었다. 이러한 독창적인 사고방식이나 시간 연구가 없었다면 가격은 훨씬 비싸지고, 구매력은 훨씬 줄어들었을 것이다. 시간에 대한 이와 같은 사고방식은 소매 방법도 개선했다. 카페테리아*의 성공은 시간을 절약하고, 따라서 인건비를 절감한 것이다. 수퍼마켓의 성장은 다른 요소도 있겠으나 시간 절약이라는 사고방식에 바탕을 두고 있는 것이다.

　가정 문제도 시간 문제는 고려할 가치가 있다. 학교 성적이 나쁜 아이는 아마 라디오를 듣거나 그 밖의 일에 시간을 너무 낭비하는지도 모른다. 현명한 어머니라면 이같은 문제에 대해서 어린이의 주의를 산만하게 하는 시간을 어떻게 하면 줄일 수 있는지 생각해볼 것이다.

생략하면 어떨까　나누면 어떨까

●무엇을 생략할 수 있을까?
●이것을 생략하면 어떨까?
●부품을 적게 하면 어떨까?
부품을 없애거나 전부 생략할 수도 있다. 이 한 예는 펑크와 갑작스런 공기의 분출을 없앤 튜브 없는 새로운 타이어이다.
　'제거할 수 없을까?'라는 사고방식으로 아이디어를 찾는

----

*카페테리아(cafeteria) : 손님 자신이 좋아하는 음식을 스스로 날라다가 먹는 간이 식당이다. 즉 셀프 서비스 식당.

경우 하나 더 생각해야 할 것은 '어떻게 하면 이것을 유선형(流線型)으로 만들 수 있을까?'라는 것이다. 이러한 사고방식에 따라, 자동차 공업의 경우와 같이, 더 매력 있고 값도 싸게 만들 수 있는 것이다.

제트비행기에 대해서도 말할 수 있다. 제트비행기가 음속으로 나는 경우 공기는 흐름이 막히면서 압착되어 날개의 일부에 퇴적된다. 이 충격파의 배후에서는 공기는 배를 산산조각으로 만들 수 있을 만큼 거센 힘이 있다. 라이트 필드는 표면 마찰을 가장 적게 하는 신형 날개를 만들었다. 바깥쪽은 거울처럼 연마되어 있다. 즉 리베트나 겹쳐진 이음매나 돌출부가 전혀 없다. 날개의 표면은 2,3층으로 맞붙인 유리 섬유로 구성되어 있다.

미국 산업의 뛰어난 점의 하나는 단순화라는 것이다. 왜냐하면 언제나 무언가를 없앨 것을 생각하고 있다는 점이다. 설계의 유선화(流線化)도 좋지만, 생산 과정의 유선화는 더욱 중요하다. '없애버리면 어떨까?'라는 사고방식은 물건을 만드는 경우에만 한정할 필요는 없다. 생략한다는 것은 인간 관계에서도 중요한 경우가 많다. '어떤 말을 하지 않아도 될까?'라고 생각하는 것이다. 이와 같은 침묵은 외교에서는 천금의 값어치가 있으며, 서로 원만함으로써 일상 생활의 거래에서 큰 일을 할 수 있다.

없앤다는 사고방식 말고도 분할함으로써 아이디어를 내놓는 길을 찾아보자. '이것을 분할하면 어떨까?', '이것을 분리한다면?' 하고 생각해보자. 내 딸의 아기는 아기 침대용 모포를 덮지 않으면 결코 자지 않았다. 그런데 이것을 빨게 되었다. 그러나 늘 쓰고 있으니 세탁할 기회가 없었다. 이 아기는 모포를 갈려는 것을 본능적으로 알고 울어댄다. 내 딸은 그 모포를 둘로 잘라서 절반씩 세탁한다는 아이디어를 생각해 냈다. 이 아이디어는 부적처럼 즉효를 나타냈다. 부분적으로 분할하는 것에 대해 생각해보자. 이 아이디어는 닭고기집에 보탬이 된다. 많은 가게들은 닭을 조각내어 다리를 사려는 사람에게는 다리를, 가슴을 사려는 사람에게는 가슴을 팔도록 세분화하고 있다.

'분할해서 정복하라!'는 히틀러의 기본 전략이었다. '어떻게 하면 하나씩 공격할 수 있을까?'는 평소의 휴먼 릴레이션의 문제에서도 생각해야 할 점이다. '더 적게 하면 어떨까?' 라는 질문에서 조사해 볼 만한 것은 말수를 줄이는 것이다. 이 방법은 셰익스피어가 시이저에게 "브르터스, 너마저!"라고 말하게 한 훌륭한 문체를 낳았다.

튜렌의 백작(伯爵)은 스페인 군을 격파한 뒤 루이 14세에게 "적이 공격해 왔지만 무찔렀습니다. 저는 지쳤습니다. 편히 쉬십시오."라는 메시지를 보냈다. 연극의 비평에서는 말수를 줄이면 비평이 통렬해진다. 브루크스 아트킨손은 전에 "위버 씨는 자기의 연극에 지옥으로 가는 중도라는 이름을 붙였지만, 그는 거리를 과소평가하고 있다."고 썼다.

캐리커처에서는 '더 줄인다면?'이라는 테크닉은 흔히 은밀한 소극성이라는 형식을 취한다. 예술가는 될 수 있는 대로 사소한 점을 생략하고, 될 수 있는 대로 적은 선으로 그림을 그린다. 광고 미술가는 더욱 힘을 주기 위해 은밀한 소극성을 생각한다. 그러나 이 경향은 아직도 새로워 뉴욕 시민은 모두 〈매코올〉지가 '〈매코올〉지는 4,5년 동안 약간 과격했다.'는 제목으로 신문 1면에 광고를 냈을 때 놀랐던 것이다.

5. 교체하면　거꾸로 하면　결합하면

스스로에게 묻고 그 해결책을 생각, 답변하는 자문법(自問法)은 우리의 상상력을 다른 관련 분야에 적용시키는 데 도움이 된다. '교체하면 어떨까?'라고 생각함으로써 수많은 아이디어를 찾아낼 수 있다. 관념 연합(觀念聯合)의 둘째 법칙인 반대의 법칙, 즉 '반대로 하면 어떨까?' 하고 생각함으로써 수많은 새 실마리를 찾을 수 있다. 물론 '짜맞추면 어떨까?' 하는 것이 독창적 상상의 큰 분야임은 옛부터 알려져 온 터이다. '교체하면 어떨까?'라는 사고방식은 믿을 수 없을 정도로 많은 아이디어가 나온다. 예를 들면, 야구 매니저는 자기 팀의 타순을 36만 2,880가지로 바꿀 수 있다. 즉 같은 아홉 선수의 순서를 교체시키는 데 36만 2,880가지 방법이 있는 것이다. 물론 '이 밖에 어떤 순서로 할 수 있을까?', '순서를 바꾸면 어떨까?'라는 질문을 통해서 수많은 다른 방법—수많은 아이디어—의 실마리를 찾을 수도 있다.

다행히 순번을 바꾸려고 하는 의욕은 선천적인 성격이다. 어린이들은 같은 나무쌓기라도 서로 다른 한없이 많은 모양으로 쌓아올린다. 어머니는 끊임없이 거실의 가구 배열을 바꾼다. 그리고 거기에 새 전기갓을 씌우거나, 날마다 작은 내프킨을 갈아 놓음으로써 전혀 다른 방을 만들어 놓는다. 사치스런 여성은 그 외모를 재편성하기도 한다. 타고난 요소를 새로운 용모로 잇따라 바꾼다. 그 때문에 자기의 입술, 눈썹, 머리카락에 손을 대는 것이다. '더 좋은 배치는 없을까?', '이 부분은 저 부분과 관련시켜 볼 때 어디에 위치해야 할까?' 이러한 사고방식은 구성 요소의 교체를 통해 아이디어를 많이 생각해내는 데에 도움이 된다.

'마차는 말 앞에 두어야 하는가?'는 옛날에는 학문상의 의문이었다. '엔진은 앞에 있어야 하는가, 뒤에 있어야 하는가?'는 현재도 실제 문제로서 남아 있다. 이와 마찬가지로 초창기의 비행기는 프로펠러를 뒤에 장치한 추진형이 좋은가, 프로펠러를 앞에 장치한 견인형(牽引型)이 좋은가가 격렬한 논쟁의 대상이었다. 결국은 후자가 승리했다. 그러나 새로운 제트 비행기는 동력이 뒤에 있다. 헬리콥터는 프로펠러가 위에 장치되었다. 이것은 어떠한 때나 다른 방법이 있음을 보여주는 것이다. 특히 '교체'의 경우에는 얼마든지 다른 방법이 있다.

'이 외에는 더 좋은 건물 내부의 설계 계획이 없을까?' 이것은 모든 건축학의 중심 문제이다. 상품을 판매하는 경우 건물내의 배치 문제는 '교체하면 어떨까?'라는 사고방식으로 연구되고 있다. 상점에서 카운터를 세로로, 평행으로 배열하면, 손님은 두 카운터 사이를 오가다가 다른 상품은 보지 못하고 나가버리기 일쑤다. 거기서 나온 새로운 아이디어는 카운터의 한쪽 끝을 주요 통로로 향하게 하고, 카운터를 통로와 교차되게 배열한다는 것이다. 상점 설계를 좀더 근본적으로 재편성한 것은 baod-o-mat이다. 중력의 법칙을 이용한 것으로 살 사람은 슈우트의 제일 밑에 있는 상품을 꺼낸다. 모든 슈우트는 상품을 모두 꺼내면 내려 가게 되어 있다. 상품의 보충은 슈우트 뒤에서 한다. 이 제도는 일손과 공간을 절약한다.

은행에서도 '교체하면 어떨까?'라는 사고방식으로 큰 효과를 거두고 있다. 베이사이드 내셔널 뱅크는 어머니가 유모차를 멈추지 않고 예금할 수 있는 새로운 '유모차 출납계'를 발표하여 온 국민을 놀라게 했다. 많은 은행이 새 빌딩을 세워 드라이브 인 서비스(차를 탄 채 거래한다.)를 시작하고 있다. 출납계에는 손님의 자동차 안까지 닿는 쟁반이 준비되어 있다.

'어떤 지불 방법이 가장 자극이 될까?' 내 이웃의 경우는 사소한 예이기는 하지만, 간과할 수 없는 사례이다. 그는 퇴근 후 집에서 잠시 골프 연습을 즐기곤 했다. 30개의 공을 담장너머로 이웃 공지를 향해 친다. 그의 다섯 살 난 아들은 그것을 좋아라며 구경하고 있었는데, 어느 날 이렇게 말했다.

"아빠, 저 공을 주워오면 얼마 주시겠어요?"

아버지는 10센트를 줄 생각이었지만, 이렇게 말했다.

"셋에 1페니씩 주지."

그 아들은 열성이었지만 언제나 27,8개의 공밖에 주워오지 못했다. 그는 나머지 두세 개의 공을 모두 찾는 인내력이 없었다. 아버지는 흐리멍텅한 버릇이 들까 봐서 보수의 지불 방법을 고쳤다.

"공을 모두 찾아오면 15센트를 주겠다. 28개밖에 주워오지 않을 경우는 한 푼도 주지 않는다. 29개째에는 5센트, 30개를 전부 찾아오면 15센트를 주겠다."

이렇게 하자 전부 찾아오게 되었고, 또 이 공 사냥을 더욱 즐기게 되었다.

이 아버지와 아들의 일화는 보수 방법의 교체가 열심히 일하는 사람에게 더 많은 만족을 줄 뿐 아니라 생산성도 높인다는 예 중의 하나에 불과하다. 산업계의 새로운 장려 급여 제도는 이와 똑같은 원리에 바탕을 둔 것이다. 그 중 몇몇은 고용주, 노동자, 국가 경제의 어느 입장에서나 크게 기여하고 있다. 보수 방법의 교체는 아직도 현재나 장래를 막론하고 모든 사람들에게 커다란 독창적 문제이다.

'타이밍은 어떨까?', '보조를 바꾸면 어떨까?', '템포를 바꾸면 어떨까?' 이러한 교체는 야구 투수, 연사, 설교자, 배우의 한 재능이다. 재크 페니와 같은 코미디언에게는 보조를 바꾸는 것이 큰 역할을 하고 있다.

'일정은 어떤가?' 기업에서는 '노동 시간을 어느 정도로 하면 가장 좋을까?'라는 질문을 브레인스토밍하는 게 좋다. 특히 사무실 업무인 경우는 작업 일정을 바꿈으로써 개선할 여지가 많다. 예를 들면, 한 변호사는 사무실에서 4분쯤 떨어진 곳에 별장을 갖고 있었다. 내 별장도 그 근처에 있었다. 더운 계절인 여름에는 오후를 호숫가에서 지내기 위해 오전 5시 30분에 일을 시작했다. 소매점들도 손님들에게 편리하도록 판매 시간을 변경하고 있다.

가정 문제에도 '더 빨리 할 것인가, 천천히 할 것인가?', '언제 하면 가장 좋은가?'라고 생각하면 좋다. 변호사와 결혼한 여류 작가가 실천한, 초조한 시간의 변경도 좋은 예이다. 그녀는 가정의 사소한 일로 서로의 애정을 해치지 않겠다고 결심했으나 남편이 귀가하자마자 깨진 유리창, 부엌 수도꼭지의 와서, 심지어는 변소를 수리해야겠다고 로맨틱하지 못한 일만을 늘어놓으면서 인사하고 있음을 깨달았다. 그녀는 어떻게 해야 그 버릇을 고칠 수 있을지 생각했다. 어느 날 저녁에 그녀는 남편에게 즐거운 화제만을 제공했다. 그는 그 변화를 의아스럽게 생각했지만, 그 일에 대해서는 아무 말도 하지 않았다. 이튿날 아침에야 비로소 그 이유를 알았다. 사무실에 출근하려 하자 일하다가 보라고 집안 일을 적은 쪽지를 주었기 때문이다. 이 부부는 그 뒤부터 이 방법을 계속하고 있다.

순서를 바꿀 수는 없는가

'순서는 어떨까?', '이 다음에는 무엇을 가져와야 할까?' 작가나 극작가는 이러한 문제를 언제나 진지하게 고려해야 한다. 연대순은 가장 간단하고 좋은 경우가 많다. 그러나 종종 시계 바늘을 전진시키거나 후진시킴으로써 활기를 불어 넣을 수 있다.

순서를 바꾸는 것은 라디오에서 곧잘 문제가 된다. 특히 광고를 어디에 삽입하느냐는 자주 문제가 된다. 물론 스폰서는 되도록 많은 사람들이 자기의 광고만을 듣기를 원하고 또 청취자가 라디오를 끄지 않기를 원한다. 20년 동안 방송은 이 딜레마를 주관적인 의견에 맡겨야 했다. 그 뒤에 아서 닐슨은 과학적인 시스템을 만들었다. 가정의 라디오에 달린 기록 장치에 의해 그는 현재 매분 어느 정도의 사람이 어떤 프로그램을 청취하며, 어느 정도의 사람이 라디오를 끄는지 알 수 있게 하고 있다. 덕택에 스폰서는 현재의 청취자를 더욱 늘리고 가능한 한 라디오를 끄지 않도록 순서를 교체해서 광고를 삽입할 수 있게 되었다.

가정 문제의 대부분은 '이것은 저것 앞에 놓아야 할까?'라고 자문하면 해결된다. 예를 들면, 내 딸 하나는 어릴 때 몸이 약해서 야채를 더 많이 먹어야 한다는 의사의 지시를 받았다. 나는 화를 내기도 하고 달래기도 했으나, 딸은 여전히 고기만 먹고 야채에는 손도 대지 않았다. 이 어려운 문제는 '야채를 먼저 먹게 하고 나서 고기를 주면 어떨까?'하는 사고방식으로 해결되었다. 다른 사람들은 고기와 야채를 먹고 있는 동안에 딸에게는 야채만을 주었다. 딸은 고기를 먹기 위해 야채를 먹었다. 묘하게도 그녀가 어머니가 되자 이제는 그녀의 딸이 다시 같은 말썽을 피웠다. 그녀는 어렸을 적 경험을 살려 최근 순서를 바꾼다는 똑같은 전법으로 해결했다.

카페테리아에서도 음식물의 배치를 바꾸면 유리하다는 것을 알았다. 디저트를 제일 마지막에 두는 것이 당연하게 생각되고 있었지만 처음에 두는 편이 잘 팔린다고 한다. '원인과 결과는 어떤가?', '만일 이것을 교체하면 어떻게 될까?' 이같은 순서의 문제도 아이디어의 기초가 된다. 우리는 무엇이 원인이며, 무엇이 결과인지 모르는 경우가 많다. 우리는 지금도 닭과 달걀 중 어느 쪽이 먼저 생겼는지 모르고 있지 않은가?

과학적이어야 할 것에도 순서의 혼란이 있다. 예를 들어 의학을 생각해보자. 한 사람이 열이 났다. 진단 결과 비뇨기 계통의 염증이 원인임을 알아냈다. 그러나 근본적인 원인은 배설이 잘 되지 않아 이것이 신장에 너무 부담을 주었기 때문에 방광염(膀胱炎)을 일으켰던 것이다. 배설이 잘 되자 방광이 깨끗해져서 열이 내렸다.

이는 '원인과 결과를 교체시켜 보면 어떨까?'라는 생각의 좋은 설명이다. 확실한 결과를 '혹시 이것은 원인이 아닐까?'라든가 원인으로 생각되는 것을 '혹시 결과가 아닐까?'라고 생각해보면 좋다.

인간 관계에도 이러한 독창적인 사고방식을 적용하면 서로의 관계가 원활해진다. '모두 나를 싫어한다. 그래서 나 자신이 불쾌하고 감정적으로 된다.'라고 자기 변호를 하는 사람이 많다. 이것도 원인과 결과의 혼동이다. 무뚝뚝한 표정의 자기 본위를 지양하고, 쾌활하고 공평하려고 노력하면 모두에게서 호감을 사게 될 것이다. 순서를 생각함으로써 우리는 악순환을 단절할 수 있다. 예를 들면, 어떤 사람이 피로에 지쳐 직장에서 돌아온다. 지쳐 있기 때문에 가족과 말다툼을 한다. 이 결과가 원인이 된다. 즉 그 말다툼으로 흥분하여 잠자리에 들어도 잠을 자지 못한다. 이튿날 아침 출근 때도 지쳐 있다. 이래서 더욱 피곤하고, 또 신경이 곤두서서 퇴근하는 악순환이 계속 되풀이된다.

원인과 결과를 교체하면 모든 것을 바꿀 수 있다. 비록 지쳐 있더라도 집에 도착하면 즐겁게 행동한다. 그러면 전보다 잠도 잘 잘 수 있고, 이튿날에도 전보다 기분 좋게 출근할 수 있다. 따라서 그날의 일을 마쳐도 그다지 피곤하지 않고 초조함도 줄어든다.

원인과 결과는 반드시 교체할 수 있는 것이므로 독창적으로 이 관계를 바꾸려고 해야 한다.

반대로 하는 테크닉

원인과 결과 뿐 아니라 거의 모든 것을 거꾸로 할 수 있다. 반대로 하는 것이 아이디어의 흐름을 풍부히 하는 것은 이 때문이다. 반대로 한다는 것에 관한 질문 중에서 몇 가지 예를 들어 보자.

- 부정과 긍정을 바꾸면 어떨까?
- 반대되는 것이 무엇인가?
- 그 반대는 무엇인가?
- 일으켜 세우면 어떨까?
- 그 방향을 바꾼다면?
- 위아래를 반대로 한다면?

'스위체로'라는 말은 헐리우드 용어로서 거꾸로 사고한 결과로 만들어진 것의 명칭이다. 개가 사람을 무는 것이 아니라, 사람이 개를 문다는 정반대의 사고방식에서 많은 영화가 고안되고 있다. 두 영화 작가를 스토리 회의에 내보내면 이렇게 된다. "아, 알았다."라고 한 사람이 외친다. "그 속기사와 그를 사랑하는 사이로 만들지 말고, 그 남자를 속기사로 하고, 여자를 그의 상사가 되게 하여 그 여자가 남자한테 빠지게 만들자. 그가 속기를 하기 위해 그녀의 무릎에 앉는다면 관객들은 열광할 거야."

이와 같은 독창적인 사고방식은 모든 것을 보통과는 반대로 만들라고 얘기한다. 레오 네젤스키는 실업계에도 그것이 필요하다고 강조하고 있다. 그는 다 아는 사실에 시스티매틱한 도전을 하면 독창적인 아이디어를 얻게 된다는 사실을 아는 사람은 얼마든지 있다고 말한다.

토마스 올센은 거꾸로 생각한다는 사고방식의 변형을 사용하고 있다.

"아이디어를 찾을 때 나는 언제나 적극적인 것을 소극적으로, 소극적인 것을 적극적으로 생각한다. 먼저 다 아는 것을 생각하고, 다음에 모르는 것을 생각한다."

이는 올센이 자기의 독창력을 향상시키기 위해 교류(交流)를 사용하고 있음을 보여주고 있다.

'역할을 반대로 하면 어떨까?' 만화가 칼 로즈는 곧잘 이 수법을 쓴다. 요람 안에는 아버지가 신문을 읽고 있고, 요람 밖에는 네 개구쟁이가 놀고 있는 만화의 경우가 그것이다. 역할을 거꾸로 하는 성실한 용도에 대해 스타틀러는 이렇게 설명하고 있다.

"나는 결코 나를 호텔 소유자로 생각하지 않고 손님과 같은 입장에 서려고 한다. 그들이 바라는 것을 생각함으로써 나는 몇 가지 좋은 아이디어를 포착했다."

경쟁에 대해 생각할 경우에는 '내 경쟁 상대는 나를 앞지르기 위해 어떤 일을 할 수 있을까?'라는 생각을 해보고 남의 입장에서 보는 것도 좋다. 또 '그것을 거꾸로 말하면 어떨까?'라고 생각해본다. 이것은 유머리스트가 사용하는 수단의 하나이다. 이것을 적절하게 잘 사용하면 풍자의 묘미인 아이러니(反語)가 된다. 반대의 것을 말해서 어떤 점을 찌르는 멋진 표현이다. 야유나 풍자와는 달리 아이러니는 온화하다. 자기가 하려는 말을 강조하기 위해서 곧잘 이것을 사용한다.

아이러니는 실물 교육에도 쓰인다. 예를 들면, 플브라이트 아트 갤러리는 '공포의 방'이라는 것을 만들어 좋은 취미의 교육을 시켰다. "이 전시품은 전시회를 여러 차례 폐쇄시킨 좋지 못한 디자인이다."라고 말한다. 이 모임은 3일 동안 많은 사람들을 모았다. 거기에 전시된 것은 가정 용품이지만, 기묘한 것뿐이고 겉보기가 훌륭하여 간신히 쓰레기통에 갈 운명을 면한 것들이다. 어떤 평론가는 이 콜렉션을 "조상이 만든 것 중에서 가장 믿을 수 없는 잡동사니이다."라고 평했다.

'예기치 않은 일을 하면 어떨까?' '깜짝 놀라게 하면 어떤 일이 벌어질까?'

몇 년 전에 어느 헐리우드의 저널리스트가 뉴스 영화 해설자의 대역이 되어 달라는 부탁을 받았다. 그 영화 가운데 야구 선수가 갑자기 멈추는 장면이 있었다. 무심코 그 장면을 바라보던 그는 녹음계원에게 말했다.

"이 장면에는 끼익 하는 브레이크 잡는 소리를 넣는 게 좋겠는걸."

이 뉴스 영화가 상영되자 관객들이 인산 인해를 이루었다. 이 간단한 아이디어는 저널리스트인 피터 스미드를 일약 단편 극 시리즈의 스타로 군림하게 만들었다.

존 워너메이커도 다 아는 사실을 거꾸로 하는 것을 좋은 일로 생각하고 있었다. 그의 측근인 폴리머 씨는 워너메이커를 이렇게 평했다.

"워너메이커는 일부러 예기치 않은 일을 특이한 방법으로 할 생각만 하고 있었다. 늘 이런 형편이어서 그의 몇몇 동료는 그가 할 듯한 일의 정반대의 것을 상상했을 정도였다. 더우기 반대의 일을 생각하고 있으면 적중하는 것이다."

어떤 제품의 브레인스토밍을 하는 경우 우리는 '이것을 세우면 어떻게 될까?', '이것을 돌리면 어떻게 될까?' 하고 생각하는 것이 좋다.

한 모피상(毛皮商)은 라벨에 이 사고방식을 적용하여 현재 라벨을 거꾸로 달고 있다. 이것은 다른 것과의 구별에도 도움이 되지만, 그보다도 모피 코트를 의자 뒤에 걸었을 때 상점 이름을 거꾸로 하지 않아도 읽을 수 있기 때문이다.

제너럴 일렉트릭 램프 회사의 지인 콘메리는 새로운 조명 방법을 연구하고 있을 때 '빛을 하향이 아니라 위로 향하게 하면 어떨까?' 라고 생각했다. 이 결과 식당의 테이블을 비추는, 지금까지와는 아주 다른 새로운 아이디어가 태어났다.

램프가 전연 보이지 않는다. 그것은 바닥에 있어서 광선은 테이블의 구멍을 통해 천정의 거울에 도달한다. 거울이 부드러운 빛을 반사하여 식탁 위만을 비추는 것이다. 이로써 더욱 편안하고 아늑한 분위기를 손님에게 제공할 수 있게 되었다.

결합은 한이 없다

지금까지 제시한 모든 자료를 검토하고 실제 적용해 볼 때 훌륭한 아이디어를 생각해내는 가장 좋은 수단은 결합을 고려하는 것이다.

- ●어떤 아이디어를 결합할 수 있을까?
- ●혼합하면?
- ●단위를 결합하면?
- ●목적을 결합하면?
- ●전체로서의 느낌은 어떨까?
- ●여러 사물을 짜맞추면 어떨까?
- ●어떤 재료를 결합시킬 수 있는가?

이는 아이디어를 생각해내기 위한 시발이며, 아이디어를 무한히 모으는 실마리가 된다.

합금은 공업 발전, 특히 자동차 공업에서 큰 역할을 했다. 크라이슬러제 자동차의 20개 또는 그 이상의 부분에 금속과 기름을 결합하는 베어링이 부착되어 있다. 우리는 타이어를 고무라고 생각한다. 그러나 가장 좋은 생고무는 악세레터나 디에이저와 같은 화학 약품을 결합시키지 않으면 수명이 훨씬 짧아진다. 물론 타이어의 심(芯)은 섬유이다. 최초에는 이것이 목면이었다. 다음에 골덴으로 바뀌고, 그 후 타이어에 따라서는 나일론이 목면 대신 사용되었다. 현재는 나일론 대신에 레이온을 사용하는 타이어도 있다.

우리는 또 '어떤 것을 이것과 합치면 잘 될까?', '어떤 것과 짝을 지으면 좋은 콤비가 될 수 있을까?'라고 생각한다. 후자의 한 예는 남자용 셔츠이다. 그다지 노인이 아니더라도 칼라와 소맷부리를 따로 다는 것이 얼마나 번거로운 일이었는가를 상기할 수 있다.

이렇게 결합을 하면 신제품도 나올 수 있고, 새로운 용도도 늘어나므로 '용도를 늘리려면 어떤 결합을 할 수 있을까?'라는 생각을 하면 좋다. 노인들은 만일 벤자민 프랭클린이 없었더라면, 아직도 노안경과 근안경을 붙였다 떼었다 해야 할지도 모른다. 그는 안경을 갈아 끼우는 데에 싫증을 느꼈다. 그래서 렌즈를 둘로 잘라서 근시용 렌즈를 아래에 대고 두 개의 렌즈를 결합했다. 이렇게 해서 그는 두 초점 렌즈를 만들었다.

'포장을 조합하면 어떻게 될까?'라는 물음은 상상력을 작용시켜서 많은 아이디어를 생각해내는 데 도움을 준다. 여드름 약의 병 뚜껑에 부러시가 달려 있는 것은 아주 흔한 예이다. 대형 컵에 치즈를 담는 것도 이 아이디어이다.

'여러 가지 것을 결합하여 전체로서 조화를 이루게 할 수 없을까?' 하고 생각해보자. 크루에트 피보디 회사가 알로우표 셔츠, 넥타이, 손수건의 빛깔을 멋지게 맞추어 판매한 것이 그 간단한 예이다. 어떤 손수건 메이커는 자기의 제품과 《크리스마스 전야》라는 책을 결부시켰다. 채색된 큰 그림이 있어 손수건도 재치가 있었다.

'분류해서 구분하면 어떨까?' 이것은 새 사업의 기초가 된다. 대부분의 고용주는 급료를 수표로 지급하기 때문에 은행은 이것을 현금으로 바꾸는 일이 두통거리였다. 스튜드베이커는 이 문제를 브레인스토밍했다. 그 결과 많은 은행은 현재 지폐를 10달러, 20달러, 25달러, 50달러, 60달러 등으로 분류, 정리하였고 다발에 총액을 명확히 인쇄한 종이의 띠를 둘러 이 묶음을 출납 창구의 특수 그물 선반에 분류했다. 이렇게 해서 출납계원은 바쁠 때 돈을 계산하지 않고 간단히 정확한 금액의 다발과 잔돈을 건네 줄 수 있게 되었다.

과학은 대부분 결합을 통해서 이루어진다. 우리는 나일론이 공기와 석탄과, 물, 석유, 천연가스, 옥수수의 이삭이나 귀리 껍질과 같은 농업 부산물로 만들어진다는 사실을 좀처럼 믿으려 들지 않는다. 분명히 이 설명은 너무 간단하다. 그러나 그 골자는 위에서 말한 바와 같다.

25여년 전에 제임스 하베이 로빈슨은《제조의 심리》에서 이렇게 말하고 있다.

"오늘날까지 화학자는 인공적으로 20만이 넘는 혼합물을 만들 수 있었다. 그 가운데 몇 가지는 예전이라면 인류가 식물에 의존하던 것이다. 필시 가장 효과있는 결합은 아이디어의 결합이다. 그래서 우리가 자문에 의해 아이디어 리스트를 만들다가 나온 아이디어는 더욱 좋은 아이디어와 결합하기 위한 요소로 간주해야 한다. 아이디어는 관련있는 아이디어를 결합함으로써 성장하는 것이다."

아이디어 개발은 상상력 훈련으로부터

● 상냥하게, 그러나 확실히 늦잠 자는 사람을 깨우는 방법을 셋만 생각하라.
● 만일 비행기가 뒤로도 날 수 있다면 보통 비행기보다 어떤 이점이 있을까?
● 만일 당신이 칫솔 제조업자라면 남은 칫솔을 팔아치우기

위해 어떤 용법(이를 닦는 이외의)을 생각해내겠는가?

● 대용품을 생각함으로써 제품이 개량된 다섯 가지 사례를 들어라.

● 아버지는 10대의 딸과 이야기하기가 곤란할 때가 있다. 서로 흥미를 느낄 화제를 여섯만 생각하라.

● 만일 비누를 절반 크기로 통에 넣어 팔았다고 한다면 주부는 어떤 이익을 얻을 수 있는가?

● 가난하게 사는 부인이 시간제 일을 찾으려면 어떻게 해야 좋은가?

● 곧은 것을 구부림으로써 개량될 수 있는 제품이 집에 있는가?

'숙고'는 '영감'을
떠오르게 한다

❋

'숙고'는 '영감'을 떠오르게 한다

1. 아이디어 발상시의 감정적 동인이 주는 영향

두려움은 아이디어를 촉진하기도 하고 망치기도 한다

윌리엄 이스튼 박사에 의하면, 감정은 의지보다도 강력하고 게다가 보편적인 독창력의 근원이 된다고 한다. 그는 이렇게 말하고 있다.

"과학자까지도 열광, 열중, 정열에 의해서 동기가 부여되고 있음이 틀림없다. 왜냐하면 독창적인 사고는 순수하게 지적인 사고 과정은 아니기 때문이다. 독창적인 사색가는 일의 시초부터 끝까지 감정에 의해서 좌우되고 있는 것이다."

뇌외과 의사들은 이제 감정과 상상을 결부시켜서 생각하고 있다. 그들의 연구에 의해서 어떤 사람의 두뇌에나 아이디어를 만들 수 있는 부분이 있다는 사실이 증명되고 있다. 이 부분은 '침묵의 영역'으로 불리고 있다. 왜냐하면 그것은 육체적인 움직임을 전혀 제어하지 않고, 보거나 듣거나 느낀다는 것과도 전혀 관계가 없기 때문이다. 이 영역의 뒤에는 시신경상(視神經床)이라는 한 무리의 조직이 있다. 이 잎 속에 우리의 기본적인 감정이 모여 있다.

감정적인 스트레스가 있으면 아이디어가 매우 빨리 흐른다는 말은 옛부터 알려져 있다. 오늘날은 애정적인 잎이 신경에 의하여 앞의 영역에 전해지고 독창적인 사고에 영향을 준다는 사실을 알게 되었다. 미친 사람을 치료하기 위한 새로운 외과술에서는 감정의 잎과 '침묵의 영역' 사이에 있는 신경을 분단한다. 이 정신 외과술의 진보는 인간 두뇌의 독창적인 부문이 감정과 연결되고 감정에 의해서 지배될 수 있다는 생리학상의 증거를 보여주는 것이다.

이 정신 외과의 성과가 사람의 독창을 관장하는 부분이 감정 때문에 약화되거나 쫓기는 생리학적 실증에 뚜렷한 사실을 제공하고 있다.

루이 파스퇴르의 예로도 알 수 있듯이 커다란 공포에 직면하게 되면 사람은 온 힘을 다하여 문제에 맞선다. 파스퇴르는 개를 보면 무서웠다. 멀리서 개짖는 소리를 듣기만 해도 어렸을 때 온 동네를 날뛰던 미친개에 물려 죽은 이웃사람의 모습이 떠올라 그를 괴롭혔다.

수많은 병을 연구하다가 그는 갑자기 다른 모든 것을 내던지고 오로지 광견병의 비밀을 탐구하기 시작했다. 공수병으로 죽은 사람은 비교적 많지 않았으나 어린 시절의 기억이 파스퇴르를 새 분야로 밀어냈던 것이다. 그것은 1882년의 일이며, 그는 이미 60세를 넘고 있었다.

그는 3년 동안, 미친개와 함께 지낸다는 위험을 무릅쓰고 연구한 결과, 마침내 공수병의 희생을 모면할 수 있는 백신을 만들어 냈다. 1885년 7월의 어느 날 밤, 그는 생명의 위험에 직면해 있는 소년에게 최초의 주사를 시험해 보았다. 그 소년은 죽지 않았다. 그것이 파스퇴르에게는 마지막 일이었고 아마 드릴에 찬 일이었으리라. 50년 동안 그의 마음을 떠나지 않던 그 애절한 외침과 끊을 수 없는 밀접한 관계가 있었던 것이다.

갑자기 공포에 직면하면 우리의 상상력은 향상되는 일이 많다. 그것은 위험에 직면하면 독창력이 더욱 향상된다는 뜻은 아니다. 말하자면, 긴급 사태가 감정이 지닌 추진력의 보조를 높인다는 뜻이다. 나폴레옹은 이같은 인간의 특성을 매우 중시했었다. 그는 정신적으로 흥분하면 상상력이 지식을 일깨움으로써 때와 장소에 걸맞은 훌륭한 전략, 전술이 나오게 된다고 생각했다. 이것은 나폴레옹에게는 당연한 말이었을지도 모른다. 그러나 아이젠하워의 착실한 독창적인 계획 쪽이 더 안전하고 훌륭했다. 좋은 아이디어와 좋지 못한 아이디어를 구별할 시간이 있으면 자유분방하게 상상력을 발휘하는 편이 훨씬 낫다. 그러나 정열이 극단에 치우치면 상상력도 광폭해지기 쉽다.

이러한 사실은 여러 경우에 나오지만 특히 화재의 경우에 흔히 볼 수 있다. 애틀랜틱의 와인코프 호텔에 화재가 일어났을 때 절망적인 아이디어로 생명을 잃은 사람들이 많았다. 어떤 부인은 어린 아들을 살리려고 7층 유리창 밖으로 내던졌다. 어떤 소녀는 셔츠로 로프를 만들어 닿을 듯 말 듯한 소방차 사다리로 옮기려다가 잘못 짚어 추락사했다.

놀라움은 전혀 믿을 수 없는 동인이다. 왜냐하면 그것은 동물적인 충동으로 우리를 지성 이전의 상태로 돌아가게 하기 때문이다. 해리 포스딕 박사가 말했듯이, 머리의 기능에는 아무런 도움도 되지 못한다. 좀더 구체적으로 말하자면, 놀라움에 의해서 나온 아이디어는 평가 과정을 거치지 않고 행동으로 옮겨지는 것이다.

벌을 받는다는 두려움이 있으면 사람은 육체적으로는 열심히 일할지도 모른다. 그러나 굿드리지 회사의 연구부장 하워드 프리츠 박사에 의하면, 강요되는 상상력은 속박당하게 된다. 그의 말을 들어 보자.

"독창적인 생각을 끌어내리려면 지배하거나 위협을 해서는 안 된다. 이같은 방법으로는 독창력은 발휘하지 못하며 또한 발휘할 수도 없는 것이다."

"영감은 자유로운 사람만의 산물이다."라고 프리츠 박사는 부언하고 있다. 만일 그렇다면 민주주의야말로 독창성을 위해 가장 건전한 환경을 제공하는 것이다.

제2차 대전 후, 미국 정부는 미국에서도 가장 독창적인 과학자의 한 사람인 막스 브레트슈거 박사를 독일에 보냈다. 그의 사명은 독일 과학자들의 전쟁에 쓸 새로운 화학 제품 연구가 미국보다 얼마나 앞서 있는가를 조사하기 위해서였다. 독일 화학자들의 독창성은 유명했다. 여러분들도 나치의 채찍 아래서 미국 화학자들보다 훨씬 뛰어난 연구가 이루어졌을 거라고 생각할지 모른다. 그러나 브레트슈거 박사에 의하면, 놀랍게도 터무니없는 오해였음을 알았다는 것이다. 그 이유는 그들이 히틀러의 수중에서 연명만을 걱정하고 있었기 때문에 일에 열중할 수가 없었던 것이다.

심리학적 실험에서 사람들은 부당한 압박을 받는 일이 없으면 훨씬 잘 생각할 수 있다는 원칙이 밝혀졌다. 예를 들면, 시카고 대학에서 157명의 학생에게 실시한 실험은 시간적인 압박이나 비난이 온당한 동인을 얼마나 가로막는지, 또 사고의 효과를 줄일 수 있는지를 보여주고 있다. 빌크에 의한 동물 실험에서도 온당한 동기가 문제 해결 효과를 올리는 데에 매우 바람직한 요소라는 결론에 이르고 있다.

애증의 영향

사랑은 사물을 착실히 추진하는 힘이 될 수 있다. 나라를 사랑한다는 뜻에서 수많은 미국 국민들이 지난 세계대전의 승리에 공헌할 갖가지 아이디어를 착안했던 것이다. 그들의 애국심은 머나먼 전쟁터에 있는 아들, 남편, 형제, 연인에 대한 사랑에 의해 더욱더 박차를 가하게 되었다. 전쟁 중의 유명한 독창가였던 프란스 하먼 부인은 어머니요, 할머니였다. 그녀는 군수 물자 생산을 33% 이상이나 스피드업하는 방법을 고안했다. 그녀는 자기가 그런 일을 할 수 있었던 것은 아들이 군인이었고, 또한 자신이 마치 제2의 전선에 있는 것처럼 느껴졌기 때문이라고 설명한다.

사랑이 있기 때문에 부인들은 그 가족을 위해 끊임없이 생각에 잠긴다. 모성애에는 압도적인 추진력이 있다는 사실은 과학적으로 의문의 여지가 없는 것으로 증명되고 있다. 그 중에서도 콜럼비아 대학의 어떤 과학자 그룹은 동물도 모성애가 기아, 갈증, 섹스보다 더욱더 큰 노력을 낳는 근원이 된다는 것을 보여주고 있다.

사랑이 바뀌어 슬픔이 되면 독창적인 추진력을 강렬하게 만드는 수도 많다. 이것은 터론토에 사는 젊은 여성의 경우를 보아도 알 수 있다. 그녀의 남편은 핸섬한 젊은 피아니스트였는데 결혼한 뒤 죽고 말았다. 외톨이가 된 그녀는 뚜껑이 닫혀진 피아노를 상대로 평생을 보내게 되었다. 그러나 그 피아노는 그녀가 노래를 작곡하여 마음의 괴로움을 승화(昇華)시키기로 결심하던 날 밤에 열렸다. 그녀는 성공했다. 그녀가 작곡한 노래는 〈다시는 웃지 않으리〉라는 것이었다.

　미움으로 바뀌는 사랑도 사람을 독창적으로 만드는 경우가 있다. 어떤 부인에게 복수를 하려고 카메라처럼 생긴 총을 연구해낸 사람의 경우가 바로 그것이다. 그는 아무 짝에도 쓸모없는 게으름뱅이였다. 그의 아내마저 그를 버렸던 것이다. 그의 증오심이 그녀를 죽일 기계를 발명케 했다. 잡지 〈타임〉의 설명에 따르면, 그가 발명한 총은 크림 치즈 상자와 철사, 그리고 얼핏 보기엔 어디서나 볼 수 있는 상표가 붙은 주석 깡통으로 교묘하게 만든 소형 카메라 모양을 한 총이라고 한다. 이 케이스 속에 12구경의 단발식 단총이 숨겨져 있었다. 그는 정신박약아인 한 소녀로 하여금 그 죽음의 카메라로 스냅 사진을 찍게 했다. 그는 소녀에게 자기는 탐정인데 보석 도둑을 쫓는 중이라고 말했다. 소녀는 그 카메라로 그의 아내를 쏘고 만 것이다. 얼마나 놀라운 상상력인가? 만일 그의 능력이 알맞는 감정과 합리적인 의지의 힘을 가지고 착실히 향상되고 있었다면 얼마나 높은 수준에 이르렀을지 모른다.

야심 욕망 역경

　"나는 여러분 중에 억만 장자가 될 야심을 가진 분들에게만 이야기합니다."

앤드류 카네기는 학생들에게 이렇게 인사했다. 황금에 대한 욕망은 독창적인 것을 포함한 모든 연구의 감정적인 추진력의 근원이 된다는 의미이다. 그러나 독창적인 사고의 점화 동기가 되는 힘은 황금에 대한 욕망보다 훨씬 미묘하고 강하다. 그것은 지적인 모험의 정신인 경우가 많다. 솔직히 말하면, 모험이기도 하고 자아를 나타내려고 하는 허영이기도 하다.

가난을 두려워하는 것은 부자가 되고 싶은 희망보다 훨씬 강한 추진력이 된다. 그렇기 때문에 역경이 창조적인 노력과 결부된다. 미국의 가장 독창적인 사람들은 대부분이 기아와 박해에 오랫동안 맞서 온 이민을 조상으로 모시고 있다. 그들의 미국화된 자녀들은 역경 속에서 자란 사람들의 그것과 같은 동인을 익힌 것이다.

1세대 전까지도 미국인들은 가난이 두려워 힘껏 노력하고 상상력을 기르고자 힘써 왔다. 내 경우, 나를 뒤따라다니는 동인은 불안정한 소년기에 발생한 것이다. 어린 시절의 일로 가장 역력히 기억에 남는 것은 옆 방에서 들리는 소리에 잠이 깬 날 밤의 일이다. 그때 나는 6세 안팎이었는데 지금도 부모에게 한 말을 생생히 기억해낼 수 있다.

"어떻게 할 수가 없어요, 키티. 나는 직장을 잃을 것 같고…… 그럭저럭 꾸려가야 해요. 앞으로 2,3개월 동안 연명하는 게 고작일거요. 나는 당신과 아이들 일이 정말 걱정이 되어 견딜 수 없어."

이윽고 양친은 잠이 들었지만 나는 잠을 이루지 못했다. 1시간쯤 지난 새벽 4시에 나는 양친의 침실로 들어가서 그들을 깨웠다.

"아빠와 엄마가 하는 말을 들었어요. 그래서 잠을 못 잤어요. 돈 때문이라면 걱정하지 말아요. 작년 크리스마스에 아빠가 준 상자에 든 연필을 기억하지요? 아직도 그걸 갖고 있으니까 한 자루에 5센트씩 받고 팔겠어요. 그러면 문제없지요?"

물론 당시는 그 위기를 상당히 드라마틱하게 생각하고 있었다. 그러나 그것이 확고한 노력의 습관을 불어 넣은 것이다.

조지 무어의 "뮤즈의 신은 우리가 가난하면 우리와 함께 있지만 부자가 되면 우리를 버린다."라는 말은 대부분의 경우에 적용된다. 경제적인 압박이 사라졌을 경우 사람은 무언가 해야 한다는 감정에 몰두하도록 해야 한다. 뉴욕의 성공한 아이디어맨인 제럴드 커슨은 어떻게 해서 아이디어를 그처럼 내놓느냐는 질문을 받고 "나는 다만 우리 아기에게 새 구두가 필요하다는 생각뿐입니다."라고 대답했다. 그의 아기는 물론 걱정거리로 될 리가 없었지만 유복한 커슨은 아기에 의해 고통스럽던 시절의 동인을 다시 만들고 있었던 것이다.

우리의 상상력을 최대한으로 이용하기 위해 필요한 동인은 보통 내적 충동과 스스로 가하는 자극을 혼합한 것이다. 이들까지도 시간과 함께 변화한다. 미카엘 새드레어의 《안소니 트로로프의 어머니》의 분석에서 그는 "그녀의 소설은 처음에 꼭 필요해서 쓰게 되었다."고 말하고 있다.

이래서 사람은 처음에는 경제적인 압박이나 다른 어떤 강렬한 감정에 의해 강제될는지도 모르지만, 뒤에는 습관에 의해 움직이게 된다는 것이다. 비록 습관이 사라지더라도 대중의 요구가 자극이 되는 일이 있다.

에드너 펠버에 의하면, 노력하는 습관이야말로 가장 의존할 수 있는 것이다. 그녀는 자서전에서 다음과 같이 쓰고 있다.

"수많은 사람들과 함께 나는 기독교 일을 해왔다. 일하고 또 일했다. 일이 진정제요, 자극이요, 도피였으며, 시련이요, 기분전환이요, 정열이었다. 친구가 실패하거나 놀기에 싫증을 내거나 기분이 흔들릴 때도 나에게는 타자기가 있었고 굴조개처럼 폐쇄된 나의 세계가 있었다. 나는 4분의 1세기가 넘도록 일을 계속하고도 일을 좋아했다. 몸져 누워 있을 때에도, 유럽을 기차로 여행하고 있을 때에도 일을 했다. 나는 목조 창고 속에서, 호텔에서, 신문사에서, 극장에서, 그리고 부엌에서도 글을 썼다. 내 세계에는 일만큼 만족스럽고 오래 계속되는 것은 아무것도 없었다."

이렇게 생각하는 사람은 거의 없을지도 모르지만 독창적인 노력의 습관이 붙으면 아주 단순한 재미가 하나의 충동이 된다. 일을 위해 땀흘려 아이디어를 짜내야 하는 사람들은 기분전환으로 아이디어를 가지고 즐긴다. 2시간 정도를 차 속에서 보내는 어느 이름있는 잡지의 편집자는 자기는 일밖에 모르는 주간지 운영 상담을 하는 출판인이라고 상상하며 즐겼다고 한다. 하차할 역에 도착할 때까지 그는 만일 발행 부수가 몇백만이 아니라 몇백 부라면 이렇게도 할 수 있으리라 생각되는 것을 40개 정도 생각해냈다.

긴 안목으로 보면 우리의 독창성은 공포, 분노, 사랑, 슬픔, 증오, 혹은 욕망과 같은 감정적인 동인보다는 습관이라든지 호기심과 같은 비감정적인 동인에 의해서 더욱 믿음직한 힘을 받게 되는 것이다. 때로는 이러한 자극의 하나가 유별나게 강력할 경우가 있을 것이다. 그러나 그러한 것은 의존하기에 너무나 불안정하며 독창력이 필요로 하는 이상적인 힘을 손상키 쉬운 것이다. 어쨌든 사람이란 의지를 제어하듯 간단히 감정을 제어할 수는 없는 법이다. 따라서 독창성을 향상시키려면 우리의 의지를 추진력으로 이용하는 것이 가장 좋다.

2. 독창성에 있어서의 노력의 영향

천재는 힘 안 들이고 아이디어를 생각해낸다고 믿는 사람이 아직도 있다. 그러나 소위 천재라고 불리우는 사람들은 그 반대라고 말한다. 대양에서 마그네슘을 캐냄으로써 제2차 대전을 승리로 이끄는 데 이바지한 윌러드 헨리 도우 박사는 과학의 마법사라고 불리우는 것을 몹시 싫어했다. 그에 의하면 자신의 '천재성'은 교과서적으로 열심히 공부하는 것 이외에는 아무것도 아니라는 것이다. 아이디어는 스타틀러와 같은 사람에게도 손쉽게 떠오르지는 않았다. 그의 비서인 버어트 스탠브로우는 내게 귀띔한다.

"호텔 사람들은 스타틀러를 천재라고 생각했지만, 그의 위대한 아이디어는 모두가 땀흘려 힘껏 일했기 때문에 나온 것임을 나는 알고 있습니다."

전기 산업은 인류의 상상력이 이룬 하나의 기념탑이라고 할 수 있다. 제너럴 일렉트릭 회사는 이른바 많은 천재들을 거느리고 있다.

"당신을 그곳에 데려다 줄 황금마차 같은 것은 절대로 없다."

찰스 윌슨이 제너럴 일렉트릭 회사의 사장으로 있을 때 한 말이다.

이 말은 이 회사에서 일하는 천재들의 신념과도 상통한다.

이는 예술에도 적용된다. 대부분의 작가들은 자신의 창작력이 상승하거나 저하하는 상태를 '창조력의 리듬'이라고 해서 인정하고 있다. 각자의 재능은 그날그날에 따라 다른 것은 아니므로 이같은 순환은 단순한 에너지의 순환임에 틀림없다. 다시 말하면, 우리의 독창적인 창조성이 얼마나 의식적인 노력에 의해 좌우되는가를 알려주고 있다.

의식적으로 생각하려는 사람은 거의 없다지만 대부분의 사람들은 생각에 잠기려고 하는 의식마저도 갖지 않는다. 극단적인 예를 들면, 자신이 살아온 과거 80년 동안을 아주 소상히 기록한 스위스의 신사가 있다. 거기에 따르면, 26년 동안을 잠자리 속에서, 21년 동안은 일하느라 보냈다. 식사를 하느라 6년을 살고, 거의 6년 동안은 화가 나 있었으며, 친구를 기다리느라 5년 이상을 낭비했고, 수염을 깎는 데 228일을 빼앗겼고, 자녀들을 꾸짖는 데 26일이 걸렸으며, 넥타이를 매는 데 28일, 코를 푸는 데 18일, 파이프에 불을 붙이느라 12일이 걸렸다. 그는 일생을 통해 겨우 46시간밖에 웃지 않았다. 이 기록에 의하면, 그 팔십 평생 동안 독창력을 향상시키기 위해 투자한 시간은 전혀 없었다.

바티스터 그래시는 사람을 세 가지 유형으로 분류하고 있다.

●자신의 마음을 작용시키는 사람
●그러는 체하는 사람
●아무것도 하지 않는 사람

그리고 그래시는 다음과 같이 부언하고 있다.

"당신이 첫번째 분류에 들지 않았다면 에너지를 동원해서 상상력을 완전히 발휘하지는 못할 것이다."

상상력을 발휘하는 것이 어려운 일이지만 그것은 언제 어디서나 발현될 수 있다는 것을 잊지 말기 바란다.

집중은 독창의 열쇠

독일의 심리학자들은 과제(Aufgabe)를 중시했다. 이는 간단히 말하면, 전력을 기울여 집중한다는 것이다. 이 주의력을 증대시키기 위해서는 흥미를 갖도록 하면 좋다. 목표를 가지면 의지력이 강해진다. 예를 들면, 돈을 벌자는 목표가 그 한 예이다. 목표를 더욱 뚜렷이 하면, 의지는 한층 강해진다. 예를 들면, 새 집을 사기 위한 자금을 마련하고자 일하는 경우가 그렇다. 행동을 일으키면 의지의 힘을 더욱 강화할 수 있다. 윌리엄 이스튼 박사는 말한다.

"행동을 일으키는 것이 목표를 쏘는 결과가 된다. 행동을 일으키면 흥미를 낳게 되고, 흥미는 즉시 상상력을 유발한다. 그러면 사물을 생각하는 에너지는 거기서 줄곧 그 일의 성취에 기울어진다. 예를 들면, 작가는 쓰고자 하는 작품에 여러 가지 이름을 붙임으로써 흥미를 북돋을 수도 있다. 또 과학자는 실험에 사용되는 장치의 그림을 그림으로써 똑같이 흥미를 북돋을 수 있다."

흥미있는 문제만을 실행하고 흥미가 없는 일은 하지 않는 사람들에게는 스스로 흥미를 가지려는 일은 필요하지 않을 것이다. 그러나 공업 기술의 연구원이나 삽화가, 광고업자 기타 상업에 종사하는 사람들은 흥미없는 문제와 맞닥뜨리는 일이 많다. 그러므로 무리하게라도 독창력을 발휘할 수 있는 충분한 의지력을 키워야 한다. 스스로 불러일으킨 것이든 아니든 강렬한 흥미를 갖는 것이 상상력을 발휘하는 데 꼭 필요하다.

목적을 가지고 명상하면 생산적으로 되는 일이 많다. 그러나 명상을 하고 있으면 주위 사람들의 오해를 받는 수가 많다. 내 친구 변호사의 아내는 밤이면 생각에만 빠져 앉아 있는 그를 곧잘 비난했다. 그는 큰 사건의 변호에 성공한 뒤 그녀를 조용히 나무랐다.

"내가 밤에 여기에 앉아 있으면 몽상이라도 하는 것처럼 보일지 모르지만 사실은 가장 어려우면서도 가장 이익이 되는 일을 하고 있다는 것을 알아 줘요. 나는 열심히 작전을 짜고 있으니까."

그러나 명상에 잠겨 있는 동안 정신을 집중시키기는 결코 쉬운 일이 아니다. 어떤 여류작가는 다음과 같이 말하고 있다.

"나는 셔츠를 다리고 있을 때 마음에 떠오른 생각을 뒤쫓아 본 일이 있다. 그런데 이해할 수 없었다. 내 마음을 술주정꾼처럼 배회하여 종잡을 수 없게 되어 버렸다. 정리되지 않은 머리의 작용에서 무언가를 얻으려면 줄을 던져 묶고 사고 과정에 정착해야 한다. 상상력의 단련에는 정신 집중의 단련도 포함되어야 할 줄로 안다."

아놀드 베네트는 두뇌의 능력을 시험하고, 목표를 향하여 꾸준히 머리를 쓰면 아주 좋다고 믿고 있다.

"집을 나설 때 어떤 문제에 마음을 집중시켜라. 처음에는 어떤 것이라도 좋다. 10야드도 가기 전에 여러분의 마음에서 그 문제는 온데간데 없이 사라지고 다른 문제를 안고 거리를 걷고 있는 자신을 발견할 것이다. 그러면 목덜미를 붙잡아 되끌어오라."

만일 우리가 방심하지 않고 전념한다면 산만해짐이 없이 문제를 숙고할 수 있다. 나는 가장 훌륭한 아이디어를 지하철 속에서 생각해냈다. 여러 달 동안 나는 회사의 소유권을 공유할 계획을 생각해 보려고 했었다. 어느 날 밤, 지하철에서 신문을 사려고 할 때 내가 줄곧 찾던 아이디어를 차를 타는 20분 동안에 좀더 생각해보자는 생각이 갑자기 떠올랐다. 나는 좌석을 정하고 메모를 하기 시작했다. 잠시 후 차 속은 붐비기 시작했다. 떠들썩한 잡담과 소음 속에서 오랫동안 골치를 앓던 그 아이디어를 생각해냈다. 만일 그때 신문을 샀더라면 그 시점에서 문제를 해결하지는 못했을 것이다. 메모를 하면서 정신 집중을 꾀하지 않았더라면, 지하철 속에서 해결할 수 있었을지 의문이다. 즉 종이와 연필은 생각을 할 때 크게 도움이 되는 것이다. 상아탑에 있든, 조용히 앉아 있든, 움직이고 있든, 조용하든, 시끄럽든 종이와 연필은 아이디어를 짜내는 데에 도움이 된다. 이같은 정신 집중이 독창성의 열쇠이다.

자신이 없으면 노력이 잘 안 되기 쉽다. 시드니 펀즈 박사는 독창적 문제 해결 과정에서 10종류의 새를 구분하고, 그 이름을 댈 수 있느냐고 학생에게 묻는다. 대부분의 학생들은 할 수 없다고 대답한다. 그러면 박사는 다음에 드는 열두 가지 새는 구분할 수 있느냐고 묻는 것이다. 카나리아, 잉꼬, 닭, 칠면조, 올빼미, 비둘기, 참새, 울새, 오리, 꿩, 까마귀, 독수리. 이 실험에 대해 펀즈 박사는 이렇게 말한다.

"이것은 사람이란 안다고 생각하는 것보다 더 많은 것을 알고 있다는 교훈입니다. 그러나 질문에는 '모른다.'고 말하는 편이 답을 생각해내기보다 쉽지요. 마찬가지로 당신은 스스로 생각하는 것보다 훨씬 더 독창적인 재능을 가지고 있습니다. 그래서 우선 당신에게 필요한 것은 자신의 가능성을 좀더 시험해 보도록 진지하게 노력하는 일입니다."

만일 당신이 성공하고 싶다면 실무는 하루에 3, 4시간으로 끝내고 나머지 시간은 생각하는 데에 사용해야 할 것이다.

집중은 주의력을 향상시킨다

모든 면에 주의를 기울이면 여러 방면에 걸쳐 문제를 의식하게 되고, 그것이 우리를 독창적으로 만든다. 나는 뉴욕의 아바크롬비 앤드 피치 상점 진열계원들의 철저함에는 곧잘 탄복한다. 언제 가보아도 멈춰서서 응시케 하는 것이 있다. 예를 들면, 전쟁 중에 많은 사람들이 모여 서서 한 진열품을 바라보는 장면을 본 적이 있다. 호기심이 발동한 나는 밀치며 들어가 보았다. 사람들의 관심을 끈 것은 '이 천은 런던을 황폐케 한 폭탄의 낙하산에서 따온 것입니다.'라고 쓴 조그마한 쪽지가 달려 있는 한 조각의 헝겊이었다.

내가 신문사에 있던 무렵에는 이런 문제를 포착하는 것을 '뉴스에 민감한 코를 가지고 있다.'고 했다. 현재도 인기있는 기자의 특징은 그 점에 있다. 화학자도 이 힘을 배양함으로써 뛰어날 수 있다. 감지력에 의해 우리는 사물을 분석, 하나하나의 독창적인 문제에 적용할 재료의 섭취량을 늘릴 수 있다.

감지력이 극단에 이르면 적극적인 호기심이 된다. 그 누구라도 호기심을 나쁘게 생각하거나 제어하려고 해서는 안 된다. '시시한' 호기심이라도 비웃지 말고 오히려 존중해야 한다. 베브렌의 시시한 호기심이라는 비웃음에 제임스 하아베이 로빈슨은 이렇게 반격했다.

"호기심은 귀중하고 꼭 필요한 것임을 인식하지 못하는 사람에게는 가치없는 것이다. 쓸모없는 호기심이 독창적인 생각으로 유도되는 일이 많다."

독창에는 적극적이고 과감한 끈기가 필요하다. 우리는 너무나도 간단히 단념해버린다. 이것은 영감의 힘을 과대 평가하고 번개와 같은 '영감'만을 찾는 경향 때문이다. '하고 또 해서 끝까지 이룩하라.'는 진부한 격언만큼 설득력 있는 말은 없다.

미국이 식량 부족을 겪지 않는 것은 레스터 피스터라는 사람이 5년 동안 열심히 노력한 결과라 해도 지나친 말은 아니다. 만일 피스터가 그토록 노력하지 않았더라면 미국의 옥수수 생산량은 훨씬 적었을 것이다. 피스터는 이웃사촌과 잡담을 하다가 문득 '약한 종자를 없애고 강한 종자를 재배하기 위해 옥수수의 줄기를 동종속 번식을 시키면 어떨까?' 하는 생각이 떠올랐다. 우선 줄기 5만 그루의 술 주위에 봉지를 달아맸다. 화분(花粉)이 가득 차면 그것을 같은 줄기의 화주(花柱)에 뿌리고 나서 술을 잘라냈다. 이 일은 계절마다 정성들여 해야 했다. 5년 후에 피스터는 처음의 5만 그루의 줄기에서 4개의 이삭을 땄다. 그는 이로써 빈털털이가 되었지만 결국 이것은 한재산 모을 계기로 작용하였다. 왜냐하면 병해를 입지 않은 4개의 이삭은 완전한 종자가 되어 농민들이 다투어 그것을 사게 되었기 때문이다.

피스터만큼 열심히 일한 사람은 내 주위에는 거의 없다. 또한 독창적인 노력에 의해 역사를 창조한 사람도 거의 없다. 그러나 우리는 좀더 노력하여 상상력을 갈고 닦으면 이처럼 더 많고 훌륭한 아이디어를 창안할 수 있다.

연합 노력의 영향

정신을 집중하면 마땅히 아이디어의 결실이 많아진다. 다시 말하면, 어떤 아이디어를 다른 또 하나의 아이디어와 결합시키려는 노력은 보람이 있는 노력인 것이다.

고대 이집트와 근대 애리조나는 매우 흡사하다. 어느 쪽이나 대추 야자가 무성하다. 그러나 사람들이 땀 흘려 노력하지 않았다면 애리조나의 대추 야자는 아마 식품이 되지는 못했을 것이다. 대추 야자의 과육(果肉)은 자웅(雌雄)의 교배에 의해서 생긴다. 아프리카에서는 이 수정현상(受精現象)이 자연의 힘에 의해 이루어진다. 그러나 애리조나에서는 사람의 힘으로 봄이 되면 숫나무에서 암나무로 꽃가루를 옮겨 주어야 한다.

애리조나의 예는 아이디어의 이화 수정(異花受精)이라고 할 수 있다. 아리스토텔레스에 의하면, 우리는 목적을 가지고 자연에 작용해야 한다. 그는 또 이렇게 권고한다.

"현재 있는 것이라든지, 무언가 다른 것이라든지, 또는 비슷한 것이나, 반대되는 것이라든지, 인접한 것에서 검토해 가서 그것과 관련된 것을 쫓아라."

영국의 심리학자요, 철학자인 제임스 워드는 선택적 주의에 의해서 연상을 풍부하게 하는 방법을 강조했다. 그에 따르면, 우리의 흥미가 지속될수록 우리는 연상에서 많은 이익을 얻을 수 있다고 한다. 다시 말하면, 연상은 머리의 관을 통하여 이리 가고 저리 가며 쓸데없이 움직이는 것이 보통이다. 하지만 그 부리를 가까이 있는 독창적인 일에 향하게 하면 많은 씨앗을 싹트게 하는 연상의 흐름을 만들 수 있다.

이 책을 쓰는 동안에 내 마음은 서서히 상상의 문제를 생각하게 되었다. 어느 날 아침, 나는 지하실에 갔다가 아들을 상기하게 하는 낡은 어린이 자동차를 발견했다. 그 아이가 공군에 가서 전사도 하지 않고 대학에 돌아온 것을 기쁘게 생각했다. 여기서 비행기에 생각이 미쳤다. 그리고 나서 제트비행기를 생각하게 되었다. 누가 최초의 제트비행기를 생각해냈고, 어떻게 그것을 착상했는지 신기했다. 내가 독창적 사고 문제에 열중하고 있기 때문에 그 일이 내 마음에 떠오른 것이다. 그러나 연상을 너무 중요시할 수는 없다. 독창적으로 되고 싶은 사람은 의식적으로 독창적이도록 노력해야 한다. 독창적으로 되는 가장 좋은 방법은 독창력을 훈련하는 것이다. 직면한 문제뿐 아니라 자진해서 독창적인 문제를 찾아내야 한다.

많은 젊은이들이 독창적인 일을 하고 싶다고 말해왔다. 그러나 의지력으로 상상력을 발휘하려고 한 사람이 거의 없는 것을 알고는 놀랐다. 내 시험의 하나는 '독창력으로 무엇을 하려고 생각했는가?'라는 것이었다. 대개의 경우 답은 '아무것도 없다.'는 것이었다. 독창적인 일과 신중히 맞선 일이 없는 사람들은 상상적인 노력이 필요한 일을 맡게 되면 어쩔 수 없이 해야 하기 때문에, 아이디어를 생각해낼 수 있다고 생각하는 모양이다. 그러나 그와 같은 외부로부터의 압력없이 상상력을 풍부하게 작용시킬 수 있는지 의문시하는 것 같다.

누구나 자기가 할 수 있는 이상의 것을 마음에 명할 수는 있다. 다소 정도의 차이는 있어도 우리는 모두 의지의 힘이 부여되어 있다. 이 의지력이야말로 독창적인 노력의 열쇠인 것이다.

3. '숙고'는 '영감'을 떠오르게 한다

의식적인 노력이 거의 필요없는 독창적인 사고의 단계를 '숙고기(熟考期=incubation)'라고 부른다. 이 어원은 '뉘어 두다.'

라는 의미의 동사인데, 이 경우처럼 목적을 지닌 휴식의 의미
도 있다. 의학 용어로는 전염병이 발전해가는 상태를 가리키
고 있다. 이 용어를 독창성의 작용에 사용할 때는 아이디어가
의식 속에서 저절로 솟아오르는 상태를 가리킨다.

'숙고' 기간을 두면 '훌륭한' 아이디어가 나오는 일이 자주
있다. 그래서 '숙고'가 '영감'을 떠오르게 한다고 말한 것이
다. 이 '영감'은 가끔 갑작스럽게 일어나므로 '빛나는 경악
의 기간'이라고도 한다. 셰익스피어는 '숙고'를 "상상력이 미
지의 세계를 구체화해가는 휴식 시간이다."라고 하였고, 서머
셋 모옴은 "공상은 독창적 사고의 기초를 이루는 것이다."라고
했다.

'숙고'에 관한 문헌은 거의가 개인적인 경험에 바탕을 둔 주
관적 관찰을 쓴 것이다. 이 분야를 다룬 심리학의 과학적 조사
는 놀랄 만큼 드물다.

가장 널리 인용되고 있는 것은 로키의 연구이다. 그 연구의
포인트는 다음과 같은 것이다. 문제를 명확히 밝히는 것과 문
제를 독창적으로 대하는 것과의 시간 간격을 넓혀 가면 해결을
위한 노력에서 볼 수 있는 딱딱함이 감소된다는 것이다. 그래
서 브레인스토밍에서는 회의 전날에 미리 출석자에게 문제를
알려서 생소함을 느끼지 않게 하라고 권하고 있다.

심리학 텍스트에는 독창적인 상상을 무시하고 있는 것도
있다. 그러나 가장 많이 보급되어 있는 노오만의 저서 《심리
학—인간 순응의 원리》엔 500페이지 가운데 14페이지 정도를
할애하여 건설적 사고라는 항목에 이 '숙고'의 기능을 강조하
고 있다.

그는 사색가들이나 그 밖의 여러 사람들에 대한 독창적 사고

의 분석에서 독창적 사고에는 네 단계가 있음을 밝히고 있다.

(1) 준비, 즉 관련이 있는 정보를 모아 짜맞추려는 시도.

(2) '숙고', 즉 비교적 휴지 상태의 기간으로 문제에 대한 아이디어는 있으나 뚜렷한 진전은 없다.

(3) 영감, 즉 갑자기 문제의 해답이 머리를 스치며 '그렇다, 바로 이것이다.'라고 한 경험.

(4) 검증 또는 수정, 즉 사고 과정이나 실험에 의해 아이디어라든가, 추론, 가설 등을 시험하거나 평가하는 것.

이 개념은 '숙고'의 중요성을 이해할 수 있게 하지만, 아이디어 발상을 필요로 하는 문제 해결 과정의 역할이 빠져 있다. 특히 '숙고'가 유익한 아이디어로 탈바꿈해간다는 무의식적인 아이디어 발상에 대해 간과하고 있다.

'영감'의 불가해함

근대 과학은 '영감'의 생산성을 인정하고 있다. 하버드 대학 캐논 박사는 40년 동안에 걸친 심리학 연구 결과인 그의 저서 《영감의 역할》에 "나는 청년 시절부터 갑자기 예기치 않는 영감이 떠올라 손쉽게 문제를 해결한 일이 흔히 있었다."고 서술하고 있다. 232명의 우수한 화학자의 독창성 습관에 관한 그의 연구에 따르면, 이 화학자들의 3분의 1 이상이 직감의 존재를 믿는다는 사실을 알았다고 한다.

이전 시대의 화학자 가운데에서도 '영감'을 강조하는 사람이 많다. 다윈은 자서전에서 "나는 적당한 해결책이 떠올라서 타고 가던 마차를 길 가운데 멈추게 했던 일을 기억하고 있다."라고 말하고 있다. 그리고 4원법의 발견으로 알려진 해밀튼은 그의 기본적인 사고방식은 '아내와 함께 더블린까지 걸어가 부로암 교에 이르렀을 때'에 떠올랐다고 서술하고 있다. 그러나 다윈이든, 해밀튼이든 여러 해 동안 열심히 연구한 결과 이러한 '영감'을 얻게 된 것이다.

문학에서도 이와 같은 현상을 괴테, 코오르릿지, 기타 여러 사람들이 인정하고 있고, 곧잘 비유로 인용하고 있다. 스티븐슨은 자기가 쓴 브라우니*를 가리켜 그가 잠자고 있는 사이에 일해 주는 협력자라고 말하고 있다. 바리이는 '마크코나치이'—그는 이것을 '나의 방자한 반신, 글을 쓰는 반신'이라고 부르고 있다. —를 크게 신뢰하고 있었다. 밀튼은 '영감'을 '기근(drought)'이라고 했다. 사실 그는 하나의 주제를 골똘히 생각하면서 아무것도 쓰지 않음으로써 이 '영감'을 불러들이고 있었다. 때때로 그는 밤중에 딸을 깨워 자기 시를 받아쓰게 하기도 했다.

영감은 '지적인 리듬'으로 설명되어 왔는데 이것은 설명이라기보다는 시적인 표현이다. 스미드 박사는 다음과 같이 명확한 심리학적 설명을 하고 있다.

"만일 발명을 실현하는 발명가의 지식과 실마리가 발명적 통찰력을 가져올 만큼 고조되면 그 사람의 내적 긴장은 매우 강화될 것이다. ……골에 접근할수록 더욱 흥분하게 된다. ……이런 내적 긴장의 갑작스런 해이를 흔히 영감이라고 한다."

내적 긴장이라는 모양의 무의식적 노력이란 매우 논리적으로 보인다. 그러나 이 외에도 영감을 설명하는 방법은 있다. 예를

---

*브라우니(brownies) : 밤에 농가에 와서 일을 도와준다는 스코틀랜드 전설 속의 작은 요정.

들어, 어떤 설익은 동기와 관련시켜 설명하고 있다. 독창적인 사고는 열의에 의해 향상된다. 그런데 이 열의가 거꾸로 어느 일정한 테두리를 넘어서기 어렵게 하는 것이다. 잠시 쉬면 다시 우리의 마음 속에 감정적인 동인이 일어나게 된다. 또 다른 설명에 의하면, 우리의 관념 연합 작용은 그것이 제멋대로 행해질 때 가장 잘 기능을 발휘하는 것이다. 휴식 시간에는 우리의 성실한 협력자는 마음 구석구석을 돌아다님으로써 명안을 찾아내게 된다. 심리적인 연구도 진전되어 주로 피로에서 오는 영향으로 밝혀졌다. 그러나 어떤 설명도 아직 일반적으로 인정되기에는 이르지 못했다. 결국 생명의 문제와 같이 영감의 문제도 앞으로 불가해한 것으로 남을 것이다.

'영감'을 일으키는 수동적인 방법

멍청히 있을 때도 '영감'이 떠오르기 쉽게 하려면 다소의 의지력이 필요하다. 나는 이발하러 가게 되면 늘 친구인 이발사에게 "조오, 만일 상관이 없다면 생각에 잠기고 싶은데."라고 말하기로 하고 있다. 그러나 사실은 아무것도 생각하려고는 하지 않고 생각나는 대로 내맡긴다. 그러면 얼굴에 더운 수건이 덮일 무렵이면 이상하게도 찾고 있던 아이디어가 떠오른다. 순간적으로 일어나는 '영감'은 비유해서 말하면 긴 잠에 대한 낮잠과 같은 것이다. 뉴튼은 이 과정을 '항상 그 일을 생각하고 있는 프로세스'라 말했지만 의식을 긴장시키고 있는 사이에 별을 바라보는 것도 필요하다고 생각하고 있었다.

그 중에서도 수면은 '영감'을 일으키는 데 도움이 된다. 왜냐하면 이로써 우리의 정신적인 에너지가 회복됨과 동시에 관넘 연합의 작용이 증대하기 때문이다. 다이닝이 제너럴 베이킹 회사를 재건하던 무렵 내 나이는 그의 반도 되지 못했지만, 그의 사무실에 수시로 출입했다.

"여보게, 자네는 내가 여기 사무실에서 가끔 낮잠 자는 걸 알고 있는가?"

하고 물은 적이 있다.

"알고 있습니다."

나는 그를 빤히 올려다 보며 대답했다.

"그래, 나의 이 낮잠이 시간 낭비가 아니라는 사실을 자네가 이해하길 바라네. 나는 문제 해결이 어려워지면 한잠 자기로 하고 있네. 잠에서 깨어나면 해답이 당장 눈앞에 떠올라 있는 일이 많지."

낮잠도 좋지만 밤에 잘 자는 것은 더없이 좋다. 그러나 일어나자마자 너무 당황하면 모처럼의 아이디어를 놓칠 수도 있다. 천천히 아침을 들고 잠시 산책이라도 하면 서두르다가 밤에 떠오른 '영감'의 싹을 잘라 버리는 일은 없게 된다.

히틀러가 우리를 공격했을 때 라이트는 전투기 제조의 생산성을 올려야 했다. 나는 라이트와 아는 사이였는데, 그가 그 스트레스에 견디면서 독창적으로 일을 처리한다는 것이 불가사의하게 보였다. 그래서 그의 심복 부하에게 물어 보았더니 그는 이렇게 말했다.

"그는 우리와 함께 점심을 듭니다만, 아주 조금밖에 들지 않습니다. 점심을 끝내면 사무실에 들어 앉아 한 시간쯤 소파 위에 눕습니다. 후에 제가 들은 말입니다만, 눈을 뜬 채 꿈을 꾸는 모양입니다. 거의 날마다 이 낮잠을 자고 나면 라이트는 이 아무것도 하지 않는 시간에 생각해낸 아이디어 중에서 하나 정도는 우리 회의에 내놓습니다."

'국가적인 아이디어맨'인 루믈은 날마다 적어도 한 시간은 방 안에 들어 앉아 조용히 생각에 잠긴다. 그는 이러한 연구를 '주의를 분산한 상태'라 부르고 있다. 그는 사람이란 독창성의 배출구는 원하는 대로 열 수 있다고 믿고 있다. 한편 시카고 대학의 어느 교수는 로버트 핫킨스 학장에게 농으로 이런 말을 했다.

"15 분 안에 새 아이디어를 내놓지 못하면 당신을 해고합니다."

영감을 얻기 위해 토마스는 요가에서 도입한 '지속된 침묵의 순간, 즉 꼭 한 시간 동안 아무것도 읽지 않고, 아무것도 특정한 것을 보지 않고 묵묵히 앉아 있는 방법'을 취하도록 권하고 있다.

'목욕탕에 잠겨라.' 헤롤드의 '숙고'를 위한 대처법이다. 샤워는 목욕만큼 생각에 잠기는 데에 적합하지 않다고 한다.

콘랏트도 마찬가지로 목욕탕에 들어가라고 말한다.

한편 쉐리는 욕조에 종이배를 띄우는 것이 사고하는 데 가장 좋다고 했다. 말할 나위도 없이 면도도 아이디어를 끌어내는 계기가 된다. 그러나 작곡가 브람스는 음악의 영감은 구두를 닦고 있을 때에 떠오른다고 했다.

마크 트웨인은 비록 일부러라도 멍청히 앉아 있으면 직감을 떠오르게 할 수 있다고 믿었다. 영감에 관해 그는 이렇게 서술하고 있다.

"나는 경도(經度)와 위도(緯度)를 큰 망으로 사용하여 고래를 찾아 그것을 대양에서 끌고 다닌다. 번갯불로 머리를 빗고 뇌성을 들으며 잔다."

영감을 떠오르게 하는 적극적 방법

'영감'을 최대한으로 기능시키기 위해서는 독창적인 일에 좀 더 시간을 할애하면 된다. 그렇게 하려면 즉시 일을 착수해야 한다. 내가 다니는 교회 목사는 휴일이 월요일인데 이날 다음 설교 준비를 시작하면 그 뒤에 준비하는 경우보다 훌륭한 설교를 할 수 있다고 한다. 오랜 시간에 독창력을 발휘하면 '영감'이 충분히 활약할 수 있게 되기 때문이다. 비이쳐는 어떠한 설교를 하는 경우에나 적어도 2주일 동안은 생각했다고 한다.

아이디어가 왜 떠오르기 힘드느냐 하면 기능적인 고정성, 즉 상상력이 틀에 박히는 경향이 있기 때문이다. 스탠포드 대학의 심리학자 애덤슨과 딜러는 실험에 의해 시간을 충분히 할애하면 기능의 고정성이 줄어 적절한 아이디어가 나올 수 있다는 원칙을 확인하고 있다.

방향을 바꾸어 생각해보면 '영감'이 떠오르는 수가 많다. 예를 들어, 여행하는 동안에 나는 〈리더스 다이제스트〉의 기사로 쓸 만한 사건에 직면한 일이 있다. 그래서 자료를 모아 글을 쓰기 시작했다. 그러나 방향 설정이 잘못되었음을 알고 나는 그 생각을 중지한 뒤 아들에게 보내는 편지를 단숨에 써버렸다. 이렇게 해서 그 이야기를 완전히 내 머리에서 씻어 내버렸다. 이틀 뒤에 필요한 아이디어가 떠올라서 나는 발표할 원고를 즉시 쓸 수 있었다.

심리학자 디히터는 일을 완전히 다른 것으로 바꾸어 볼 것을 권하고 있다.

"어려워서 좀처럼 결론이 나오지 않을 경우에는 다른 일을 하고 싶은 자연스런 욕구에 따르는 편이 낫다. 독창적인 일을 하는 경우에는 특히 이 점이 중요하다.”

에디슨은 항상 프로젝트를 바꾸고 병행해서 여러 프로젝트를 진행했다.

제너럴 일렉트릭 연구소장 수츠 박사는 취미를 바꾸라면서 이렇게 말하고 있다.

“내 취미는 스키와 클라리넷을 부는 것입니다. 연구소에 있는 친구는 식물 채집이나 인디언의 유물을 수집하기도 하며, 별을 연구하기도 합니다. 내가 아는 한 실업가는 밤에 보고서를 읽지 않고 배 모형을 만지는 편이 이튿날 아침 회의에서 새로운 아이디어가 많이 떠오른다고 합니다.”

윌리엄은 헐리우드 작가들의 영감을 얻는 방법을 연구했다. 시나리오 작가인 베이커는 새로운 아이디어를 찾아 피아노를 마주하고 즉흥적인 연주를 한다. 킹스레이는 스튜디오 앞에 있는 교회에서 묵상한다. 골든은 글을 쓰다가 막히면 남편과 함께 외출하여 새 모자를 산다. 이렇게 해서 시적 영감을 얻고 있다.

쇼펜하우어는 숙고기에 기분전환을 위한 독서는 좋지 않다고 했다. 〈리더스 다이제스트〉를 만든 왈라스도 수동적인 독서는 “숙고기의 육체적, 정신적 해방감에 가장 위험한 것이다.”라고 충고하고 있다.

‘영감’에는 무언가 신비스런 것이 있기 때문에 우리는 자기의 정신을 불태울 일을 하는 게 좋다. 콘그레이브는 “음악은 야만스런 성질을 부드럽게 하는 매력이 있다.”고 기술하고 있는데 음악은 ‘영감’을 얻는 데에 도움이 된다고 부언해야 할 것이다. 음악회는 ‘영감’에 좋다. 그리고 오토 체인저의 스테레오도 도움이 되는 장치이다.

루소온뉴우에 따르면, 교회에 가면 아이디어가 잘 떠오른다고 한다. 그는 훌륭한 장치를 발명함으로써 하늘에 오를 듯한 기분이 되었다. 그 이야기란 이렇다. 육군에서 파괴된 전투기를 인양할 장치를 연구하라는 긴급 명령을 받고 그와 동료들은 열심히 연구했지만 벽에 부딪치고 말았다. "오늘 밤에는 기도회에 다녀오겠다."고 그는 동료들에게 말했다. "반드시 그 사이에 해결책이 떠오를 것이다." 그는 되도록 그 문제를 의식에서 지우려고 힘썼다. 마지막 기도가 끝날 무렵 찾던 설계도가 갑자기 그의 머리를 스쳐갔다. 집에 돌아간 그는 밤을 지새워 설계도를 완성하였다.

높은 곳에 혼자 있는 것도 좋다고 많은 사람들이 권하고 있다. 그들에 따르면 깊고, 태양이 내려 쪼이며, 절로 사색에 잠길, 정적에 묻힌 산보다 더 좋은 곳은 없다는 것이다. 그곳에 가면 마음이 맑아지고 독창적으로 생각할 능력이 새록새록 소생한다고 입을 모아 얘기하고 있다.

4. 독창적인 문제에서 '운'의 요소

"그는 운이 좋았어요. 뜻밖의 생각이 우연히 떠올랐지요."
이러한 해석도 틀렸다고는 할 수 없다. 하지만 대부분의 경우 그때 아이디어를 찾지 않았다면 그러한 영감은 떠오르지 않았을 거라는 말이 옳다.

영감이란 말은 아이디어의 영감이나 또는 우발적인 아이디어 발견에도 폭넓게 쓰이고 있다. 그러나 엄밀한 뜻에서 영감이란 좀더 우발적인 뉘앙스를 가진 용어이다. 환상과 영감의 주된 차이는 윌리엄 이스튼 박사에 따르면 다음과 같다. 환상이 어떤 애매한 곳에 근원이 있음에 반해 영감은 우연한 자극에서이긴 하지만 왜 생겨났는지 분명히 그 자취를 더듬을 수 있는 곳에 근원을 두고 있다. 또 다른 차이는 환상은 우리가 멍청히 있을 때, 순간적으로 머리에 스친다는 색채가 짙은 데 비해 영감은 무엇을 진지하게 생각하는 동안에도 머리에 떠오르는 일이 있다.

그럼 최초의 완전히 우연한 것부터 정리하여 가자. 디킨스의 예를 보자. 그는 처음에 배우를 지망했으나, 감기로 목이 쉬어 버렸기 때문에 그것을 단념하고, 저술 생활에 들어갔다. 우연이 그를 작가로 만들었다고 할 수 있겠다.

미국에서 석탄이 발견된 것도 완전히 우연에 의한 것이다. 펜실베니아 주민이 산에 사냥하러 갔다가 야영하기 위해 어느 검은 바위 위에서 불을 피웠다. 그때 놀랍게도 거기에 불이 붙어 타기 시작했던 것이다.

미네소타에서 철이 발견(1892년)된 것은 더 우연한 일이었다. 메릿트 가의 7형제는 이 산중에 광석이 묻혀 있음을 콤파스의 움직임으로 알고 메사비 산맥을 오랫동안 헤매었다. 그러던 어느 날, 마차가 붉은 색깔을 띤 적토의 진창 속에 빠져 버렸다. 그들이 철을 발견한 것은 바로 그곳이었다. 그러나 이것을 우연이라고 할 수 있겠는가? 그들은 10여 년 가까운 세월을 철을 찾아 헤매었다는 사실을 생각해볼 필요가 있다.

와그너는 늘 새로운 오페라를 구상하고 있었다. 그러나 그가 폭풍우 속을 항해할 기회가 없었다면 저 〈방랑하는 네덜란드인〉은 작곡할 생각조차 못 했을 것이 틀림없다.

만일 젊은 변호사가 미시시피 강을 배를 타고 내려가지 않았다면, 외륜선(外輪船)의 고속화를 위한 그의 특허는 워싱턴에 보내지 못했을 것이다. 이 행운의 발명자가 바로 에이브라함 링컨이었다. 그런데 위에 든 어느 예에서도 영감은 단순히 독창적인 대성공의 계기가 되고는 있으나, 최후의 해답은 제공하지 않고 있음에 주의해야 한다. '이렇게 하면 어떨까?', '저렇게 하면 어떨까?' 하는 아이디어를 많이 내놓는 경우처럼 독창적인 행운은 확률의 법칙에 따르는 것이므로 많이 구할수록 영감을 얻을 기회가 많아진다. 맷슈 톰프슨 막크류우어가 말했듯이, 섬광처럼 스쳐가는 아이디어란 하나의 문제와 대결하고 있는 사람에게 찾아드는 것이다.

"어떤 사람들은 게임이라도 하듯이 열심히 영감을 찾고 있다. 영감을 얻을 만한 곳까지 간다. 그들은 꾸준히 영감에 정신을 집중한다. 영감은 컨트롤을 할 수는 없으나 머리 속에 많은 아이디어를 저장하여 관찰할 기회를 늘리면 그것이 나타날 가능성이 많아진다."

윌리엄 이스튼 박사의 말이다. 그런데 여기서도 양이 질을 유인한다. 그것은 유익한 우연의 기회를 늘리는 힘이 된다. 따라서 행운은 노력의 부산물이라 할 수 있다. 거꾸로 아무런 노력도 않고 영감이 솟아나는 일이란 없다고 해도 과언이 아니다.

관찰은 영감의 근원

대개의 경우 행운은 어떤 구체적인 것을 구명하고 있을 때 나타난다. 그래서 연구하는 사람이 그 문제에 관심을 집중할수록 행운의 해결이 마음에 떠오르는 기회가 많아진다. 무심히 한 말이 해결의 도화선이 될 뿐 아니라 그 문제의 완전한 해결책이 되는 경우가 있다. 예를 들면, 전화 기사들이 파마로이 — 이 파마로이는 후에 해저 케이블의 부설 속도를 6배나 빠르게 했다. — 를 개량할 계획을 세우고 있을 때 말단을 잇는 용제(溶劑) 때문에 난관에 부딪치고 말았다. "소금을 써 보자." 전기 기사 한 사람이 농담으로 말했다. 우연히 곁에 있던 소금병을 흔들어 보았다. 뚜껑이 떨어지며 거품 같은 용제가 완전히 결합점을 때웠다. 우연히 소금이 해결책이 된 것이다.

제너럴 일렉트릭의 전기 기사 프랭크 크라크는 어느 날 밤 만화를 보는데 엉뚱한 생각이 떠올랐다. 그래서 만화를 덮어 두고 기술 관계 잡지를 보기 시작했다. 어떤 용어가 떠오르며 그의 눈이 빛났다. "이것이다!" 하고 그는 외쳤다. 그것은 다이페닐이란 것이었다. 전선의 변압기의 누전을 막는 방법을 도저히 알 수 없었는데 이것이 그 해결책이 된 것이다. 이 아이디어가 변압기가 낙뢰를 맞아도 사람들을 암흑에서 지켜주고 있는 것이다.

면밀한 관찰에 의해 두 프랑스 인이 하찮은 일에서 사진술을 발견했다. 루이 더겔과 니세폴 니에프스는 오랜 연구 끝에 유리판에 감광(感光)시켜 영상을 포착하는 데 성공했다. 그러나 그것을 정착시키는 단계에서 벽에 부딪치고 말았다. 영상의 소실을 막는 방법은 없을 것만 같았다. 그러던 어느 날 더겔은 우연히 감광시킨 원판을 수은이 든 후라스코의 곁에 두었다. 그런데 놀라운 일이 일어났다. 헨드릭 반 루운에 의하면, 그것은 약품에 의한 훌륭한 작품의 시작이며, '빛에 의한 회화' — 사진술의 발명에 종지부를 찍은 것이었다.

1876년, 로버트 코흐는 삶은 감자 위에 여러 색깔의 반점이 있음을 깨달았다. 이 관찰로부터 그는 균이 번식하는 양상을 발견한 것이다. 페니실린도 같은 방법으로 발견되었다. 알렉산더 프레밍은 별다른 정확한 목적도 없이 실험만을 계속하고 있었는데, 배양기(培養基)에 곰팡이가 피었을 때 그는 그것을 주의깊게 관찰하여 섬 모양을 한 박테리아 군을 확인했다. 그러나 그 박테리아 주위에는 아무것도 볼 수 없었다. 이는 곰팡이가 박테리아의 확산을 막을 수 있음을 말한다. 이렇게 해서 페니실린으로의 문이 열린 것이다. 그러나 그때까지 많은 생물학자들이 이러한 곰팡이가 묻은 그릇을 자주 접해왔다는 사실을 묵과해서는 안 된다. 그럼에도 불구하고 이 곰팡이의 중요한 의미를 인정한 것은 프레밍 박사뿐이었다.

과오가 때로는 행운으로 바뀌는 경우가 있다. 어느 날 윌리엄 메이슨은 실험용 프레스에 가한 열과 압력 스위치를 깜박 잊고 끄지 않은 채 점심을 들러 갔다. 그는 그 실험으로 나무의 섬유에서 구멍이 있는 신형 절연체를 만들려고 했다. 그는 천천히 점심을 먹고 실험실에 돌아와 보니 열과 압력은 실험용 섬유 위에 여전히 가해진 대로 있었다. 그는 큰 실패로 생각했다. 그런데 압력을 제거해보자 두껍고 부드러운 보오드지가 되어 있지 않은가. 이 보오드지는 과거의 어느 것보다도 두터웠다. 이 새로운 '발명'은 그가 발휘한 독창력이 승리한 예의 하나에 불과하며, 그 독창력에 행운이 가세한 셈이다.

인내는 영감의 근원

제임스 코난트 박사는 다음과 같이 서술하고 있다.

"과학의 역사에서 우연의 발견은 더욱 깊이 추구하느냐 않느

나에 따라 그 후의 결과에 큰 차이가 생긴다."

퀴리 부인과 퀴리 씨는 라듐을 우연히 발견했다고 알려져 있다. 그러나 퀴리 부인의 박사 논문은 왜 우라늄이 방사선을 방사하는 것처럼 보이는가를 다룬 것이다. 그녀는 수없이 화학이나 광물학 및 그 두 실험을 되풀이했지만 그때마다 실패했다. 그래서 퀴리 씨가 그녀의 연구에 가담하게 되어 오랜 세월이 흐른 뒤에 라듐이라는 새롭고 신비스런 물질을 우연히 접했던 것이다. 4년 동안의 헛된 연구, 수많은 광석을 소비한 끝에 아기의 이빨만한 크기의 라듐 덩어리를 만들어 냈다. 퀴리 부처의 행운은 굽히지 않는 인내의 산물이었다.

코린 심킨에 의하면, 석판술은 1796년 앨로이스 세네펠더가 우연히 발견했다고 알려져 있다. 젊은 극작가였던 그는 자기의 대본이 많이 팔리는 것을 알았지만 인쇄비가 비싸서 싼 값으로 인쇄하는 방법을 찾아내기로 결심했다. 그는 먼저 동판 위에 글자를 반대로 써서 인쇄하는 일부터 시작했다. 그러나 이 방법으로도 값은 비쌌다. 그래서 바닥의 타일을 사용해보기로 했다. 이윽고 그는 비누와 왁스와 램프의 그을음으로 잉크를 만드는 데 성공했다. 어느 날 그는 그 잉크를 사용해서 간단한 메모를 해보았다. 그리고 이 잉크가 굳은 것을 발견하고, 그 잉크로 타일 위에 써 보았다. 며칠 뒤에 쓴 것을 지우려고 하자 잉크로 쓴 곳을 제외하고는 다공성(多孔性)의 돌이 수분을 빨아들이는 것을 발견했다. 코린 심킨은 "석판술의 기초는 이렇게 해서 다져진 것이다. 즉 물과 기름은 서로 반발한다는 점이다."라고 말하고 있다.

확실히 세네펠더의 발견에는 행운이 작용하고 있었지만, 만일 그가 대본을 싼 값으로 인쇄하는 방법을 찾아내려고 하지 않았다면 실패했을 것이다. 여러 가지 방법을 찾는 동안 그는 다공성의 돌을 착안한 것이다. 그의 행운은 주변에 다공성 돌들이 깔려 있었다는 점이다. 그러나 인내가 없었더라면 그는 석판술을 발명하지 못했을 것이다.

에디슨의 독창성 철학에서 키 포인트가 되는 것은 인내이다. 에디슨 자신은 행운을 얻으려고 하지 않았지만, 몇 번이고 행운과 접했다. 한 번은 전화의 트랜스와 백열 전구를 동시에 연구하고 있었다. 그런데 둘 다 연구가 진전이 안 되어 궁지에 빠진 일이 있다. 테이블 위에는 그가 전화 연구에 사용하던 타아르와 램프의 그을음을 혼합한 것이 놓여 있었다. 그는 무심코 이 물질을 들고 엄지손가락과 인지로 비벼서 끈처럼 만들어 보았다. 탐구하던 전구에 관한 아이디어가 떠오른 것은 바로 그때였다. 탄소를 사용한 필라멘트가 전구 문제를 해결해준 것이다. 이 성공은 작은 행운과 절대적인 인내 덕분이다.

에디슨의 전구 필라멘트에 대한 연구는 문제를 해결할 경우 아이디어 양산의 가치를 그가 깊이 믿고 있었음을 보여주는 것이다. 실험을 수없이 되풀이하다가 그는 대나무의 섬유를 사용하기로 결심했다. 필라멘트 연구에서는 대나무 섬유를 6,000번이나 사용했다.

행운이 실마리를 준다

행운이 해결의 실마리를 제공하는 경우도 있다. 행운이 찾아온다는 것은 지금 찾고 있는 아이디어의 진행을 가속화하는 경우도 있고, 언젠가는 발견될 아이디어를 빨리 포착한 것에 지나지 않을 경우도 있다. 대개의 독창적인 실험은 한 걸음 한 걸음 쌓아올림으로써 이루어지는 것이며, 행운이 가끔 그 실험의 비약을 가져다 주는 것이다.

하나의 독창적인 것을 탐구하다 보면 행운이 찾아들어 탐구 목표가 바뀌는 일이 있다. 로오튼 스트다트에 의하면, 월터 스코트 경은 서랍 속의 낚시바늘을 찾다가 쓰다 만 소설의 일부를 발견했다. 당시는 바이런이 나타나서 그는 시인으로서의 지위를 잃어가고 있었다. 월터 스코트는 과거에 쓰다 만 것을 흥미있게 읽고 있었는데 그러는 동안에 새롭고 훌륭한 문학이 태어나게 되었다. 즉 이 우연한 발견이 저 유명한 역사 소설 《웨어버얼리》를 낳은 것이다.

특별한 것을 추구하지 않을 때라도 행운이 나타나는 일이 있다. 그러나 그런 경우에도 끊임없이 독창력을 발휘하는 것이 조건이다. 로버트 루이 스티븐슨은 《쥬베나리아》에서 그가 고전적 소설을 어떻게 구상했는지 서술하고 있다. 그는 어린 아들과 섬의 지도를 장난 삼아 그리고 있었는데, 그 톱니모양의 해안과 후미가 있는 섬의 지도에서 《보물섬》을 생각해낸 것이다. 스티븐슨은 다음과 같이 말하고 있다.

"이 섬에 있을 가공의 나무를 보고 있는 동안 이 책의 이미지가 홀연히 떠올랐다."

에드너 하버는 그녀의 자서전에서 같은 이야기를 쓰고 있다. 연극 연습이 끝났을 때 동료 한 사람이 배우에게 말했다.

"다음 작품은 쇼 보트를 빌려와서 강을 떠내려가는 연극이에요."

"쇼 보트가 뭐예요?"

하버 양은 그런 이름을 들어본 적이 없었기 때문이다.

"쇼 보트란 말하자면, 뜨는 극장이지. 쇼 보트로 배우들이 남부의 강, 특히 미시시피 강이나 미주리 강을 오르내리면서 연극을 해요. 배우들이 카리오페를 불면서 강을 내려가 마을에 정박하고 쇼를 보이기 위해 상륙하지."

하버 양은 항상 긴장하고 있었으므로 이 설명을 곧 이해할 수 있었다.

우연한 계기에서 경험도 없는 사람이 독창적인 사업에 손을 대는 일이 있다. 라이트 형제는 연에 열중해 있었다. 그들은 자전거 회사에서 일하고 있었고, 비행기를 만든다는 일은 전혀 생각도 하고 있지 않았다. 어느 날, 팔과 등에 커다란 날개를 달고 산꼭대기에서 뛰어내리다 죽은 독일인의 이야기를 읽었다. 이 일이 계기가 되어 라이트 형제는 글라이더를 만들기로 결심했으나 스포츠적인 흥미 이외에는 아무것도 없었다. 키티호오크의 라이트 형제가 만든 역사의 시작은 신문 쪽지였다. 그러나 그것은 단순한 실마리 해결의 일부분에 불과하다.

신체적인 사고에서 새롭고 독창적인 것을 낳는 수가 있다. 찰스 캐털링은 자동차의 크랭크를 돌리려다 팔이 부러졌다. 이것이 스타아터 연구의 동기가 되었다. 또한 제인 맥로날드는 루크아웃 산 중에서 자동차 고장으로 사고가 나서 두개골이 약간 상하여 귀머거리가 되었다. 이 사고로 그는 새로운 보청기를 만들기로 결심했다. 그로부터 30년 후 제니스 라디오 회사 사장이 된 그는 난청자에게 그의 발명품을 보통 값의 절반으로 팔고 있다.

젊은 조지 웨스팅하우스는 타고 있던 화물 열차가 충돌해서 사고를 당했다. 당시에는 충돌 사고가 다반사였다. 왜냐하면 화차에 달린 브레이크가 수동식이어서 연결된 여러 대의 차를 정지시키는 데엔 많은 시간이 걸렸던 것이다. 이 사고가 웨스팅하우스에게 열차를 모두 동시에 정지시킬 수 있는 에어 브레이크를 발명케 한 실마리를 준 것이다.

엘머 스페리의 아들은 이런 질문을 했다. "아버지, 팽이는 돌리면 왜 서요?" 이 질문이 스페리를 항해술과 근세의 비행술에 혁명을 가져다 준 자이로콤파스의 발명자가 되게 했다. 그러나 스페리가 그 실마리를 인식할 만큼 마음을 긴장시키고 그것을 추구해갈수록 근면했었다는 사실도 행운 가운데 낄 수 있지 않을까?

서스튼 박사는 독창에서 행운이 어느 정도의 위치를 차지하느냐에 대해 다음과 같이 요약해서 말하고 있다.

"우리는 직업인은 어떻게 유용한 아이디어를 얻는지 모르는 것이 보통이다. 그런데 여러 가지 발명이나 발견이 어떻게 이루어지는가에 대하여는 많은 일화가 있다. 이런 일화는 발명이나 발견이 매우 우발적으로 이루어지는 것처럼 쓰는 경우가 많다. 그러나 연구자들이 문제에 몰두하는 상황에서 우연의 힘을 약간 응용하는 쪽이 훨씬 많다. 그러나 완전히 우연에 의존하여—제3자가 보기엔 우발적인 것으로 보이는 일도—과학적 발견이 이루어지는 일은 드물다."

5. 새 아이디어의 평가와 진부화

"하늘 아래에서 새로운 것이란 없다."

대개의 아이디어는 다른 아이디어와의 조합이거나 그것을 개량한 것이다. 그래서 종합은 독창적인 사고 과정에서 가장 결실이 많다.

종합은 분석의 반대이다. 그러나 정성껏 분석해두면 뒤에 더 좋은 종합을 할 수 있다. 즉 문제를 지적으로 세분화할수록 해결과 연결되는 아이디어의 조각이 발견될 가능성은 한층 더 많아진다.

분석이 종합에서 중요하듯이 아이디어의 연합도 중요하다.

"독창적으로 생각하는 사람은 새로운 생각을 끌어내는 것이 아니다. 사실을 말하자면 이미 자기 마음 속에 있는 아이디어를 새로 조합하는 것이다."

이것이 사실이라면 연합적 사고가 종합을 가능케 한다고 할 수 있다. 또한 종합은 비슷한 것이나 사고의 그루핑에 바탕을 두고 이루어진다. 따라서 유사는 연상의 기본적인 틀을 이루는 것이다.

낡은 아이디어를 발전시켜 새로운 아이디어로

낡은 아이디어를 발전시켜서 새로운 아이디어로 만드는 것은 종합에 의해서 아이디어를 생각해내는 것과 같다. 새 아이디어는 거의 예외없이 종합이나 발전적인 개선을 통해 다른 낡은 아이디어로부터 나온 것이다. 이는 1800년에 걸친 아이스크림의 역사를 보아도 잘 알 수 있다.

내가 어렸을 때 마케브 부인이라는 아주머니는 이웃 동네에서 캔디 가게를 벌이고 있었다. 어느 날 그녀는 얼음을 눈송이처럼 깎아서 거기에 쥬스를 친 아이스크림 샌디를 만드는 새 기계를 샀다. 프레이버를 얹은 눈덩이가 그녀에게는 새로운 것일지 모르지만 서기 62년에 네로가 이미 그와 똑같은 것을 만들었다. 검객의 시합을 축하하기 위해 네로는 로마에서 산정까

지 주자(走者)를 보냈다. 거기에서 눈을 가져오면 그의 요리사
는 꿀로 맛을 냈던 것이다.

마르코폴로가 17세기에 아시아에서 로마로 마치 네로의 얼음
과 같은 놀라운 새 디저트의 조리법을 가져가기까지 아이스크
림은 역사상에서 모습을 감추었던 것이다. 이것은 헨리 8세의
첫번째 왕비인 캐더린이 프르츠아이스라고 부른 것으로 메디치
가*의 잔치에서 히트한 것이다. 17세기에는 찰스 왕이 프랑스
인 요리 책임자에게 왕실용 아이스크림을 만들라고 하기 위해
꽤 많은 돈을 주었다. 그러나 그 요리 책임자는 조리법을 공개
하지 않았다.

아이스크림의 아이디어는 뉴욕 〈게제트〉 신문이 최초의 아이
스크림 가게를 알리는 광고를 낸 1707년에 공개되었다. 조지
워싱턴이 대통령 시절에 그의 집 근처에 있는 '뉴욕'이라는 가
게에서 아이스크림을 샀다고 전해지고 있다.

도울리 매디슨은 백악관에서 아이스크림을 손수 만들었다.
크랭크 식의 아이스크림 프리저라는 새 아이디어는 약 100년
전에 낸시 존슨의 두뇌에서 태어났다. 개량이 거듭되고, 아이
디어가 쌓여 에스키모 파이가 되고, 현재는 아이스크림 위에
초콜렛을 결빙시켜 상자에 넣은 즉석 초콜렛 샌디가 되었다.
아마 더욱 새로운 아이디어가 계속 나타날 것이다.

이 아이스크림의 역사는 단순히 한 걸음씩 쌓아올린 단계를
설명하고, 더 나아가서는 어떤 문제에 대한 새 아이디어와 아

---

*메디치 가(Medici 家) : 문예 부흥기에 이탈리아의 플로렌스와 토스카나를 지
배한 부호의 일가. 13세기 말부터 동방무역과 금융으로 번성하였으며 문예를
보호하고 장려하여 문예 부흥에 크게 공헌하였다. 이 집안에서 군주, 교황 등
이 배출됨.

이디어 사이에는 시간의 흐름이 있음을 보여주고 있다. 게다가 이 세상에는 어떤 사람이 어디선가 거의 같은 아이디어를 생각 해낸 줄도 모르고 새로운 것이라고 착각하는 일이 많음을 알려 주고 있다.

발명가는 합법적으로 다른 사람의 아이디어를 개량한다. 그 러나 제너럴 일렉트릭의 연구소와 같이 몇 사람이 함께 생각하 는 곳에서는 끊임없이 자기 자신의 아이디어를 개량하고 있다. 1905년에는 전기적(電氣的)으로 처리된 새로운 필라멘트에 의해 전구의 효율이 25%나 높아졌다. 1911년에는 새롭고 튼튼한 금 속 필라멘트가 광원(光源)을 더욱 효율적인 것으로 만들었다. 1912년에는 새로운 화학 처리로 전구의 파손을 줄이고 어떠한 촉광이라도 작게 만들 수 있게 되었다. 1913년에는 효율이 더 욱 크게 비약하여 가스를 넣은 램프가 나타났다. 1915년에는 코일 모양의 필라멘트가 다시 설계되어 늘어지지 않게 되었다. 즉 더욱 밝아지고 수명도 길어졌다. 1919년에는 전구에서 돌기 (突起) 부분이 없어졌다. 이로 인해 파손이 줄고 모양도 좋아 졌다. 1925년에는 전구에 젖빛 유리를 사용할 수 있게 되었다. 이로써 빛의 손실이 없는 훌륭한 전구가 만들어졌다. 그 후에 도 개량이 거듭되어 위대한 진보가 이루어졌다.

아이디어 발상의 시간적 요소

아이디어는 주기(周期)에 따라 오간다. 내 친구가 최근에 새 연관 공사(鉛管工事) 장치를 발명했는데, 40년 전에 이미 특허 를 얻은 이가 있음이 판명되었다.

아이디어를 포착하고도 그것을 기르지 못하는 사람도 많다.

언젠가 미국 남서 지방의 한 작은 마을에서 본 일이다. 한 사나이가 많은 구경꾼들을 모아놓고 25센트에 무게가 500킬로그램이나 되는 소의 등에 앉은 사람의 사진을 찍어주고 있었다. 그는 검은 상자를 내게 돌려 샤터를 누르고 나서 상자 속을 뒤적이더니 약 1분 후에 현상한 사진을 꺼내 주었다. 그의 이름은 러셀 챔버린이라고 했다. 그는 22년 동안이나 낡은 런치박스를 모아 스스로 만든 자동 현상 카메라를 가지고 서부 일대를 돌아다니며 사진을 찍는 장사를 계속했던 것이다. 그가 만든 것은 연판 사진(鉛板寫眞)이었는데 나는 이렇게 생각하지 않을 수 없었다.

'만일 러셀 챔버린이 그런 조잡스런 도구에 그치지 않고 연구를 쌓았더라면, 16년 후에 포라로이드의 과학자들이 완성한 것과 같은, 아니 어쩌면 더 우수한 자동 현상 카메라를 만들었을 것이다.'

미국 특허청의 한 사무관이 발명은 다 되었으니 할 일이 없다며 사표를 제출했었다. 하지만 그 후에도 150만이 넘는 새 특허가 나왔다. 특허를 받은 발명품들을 살펴보면 실효성이 없는 다른 사람의 아이디어를 개량하거나 생각 단계에 머무른 남의 아이디어를 검증한 것들이 대부분이다. 발명은 서서히 개량되어 완전하게 된다는 사실을 마음에 새기고 섣불리 실망하지 말고 끊임없이 연구 정진하는 자세가 필요하다.

에디슨처럼 일이 빠른 사람은 아이디어 하나를 만들어 내는 데에 시간이 얼마나 걸리는지 처음부터 예상할 수 있다. 그는 말한다.

"많은 사람들은 발명이 계속적으로 이루어지는 것으로 믿고 있다. 축음기를 예로 들자면, 이것은 오랫동안에 걸쳐 완성된 것이고 게다가 단계적으로 완성에 도달한 것이다. 나를 기준으로 말하자면 내가 인디애나폴리스에서 젊은 청년 기사로 있던 남북전쟁 시대로 거슬러 올라간다."

그가 축음기 발명에 착수한 것은 1864년이었고, 최초의 초라한 모형을 만든 것이 1877년이었다.

또한 레온 폴코르트의 자이로스코우프처럼 아이디어가 그 시대보다도 한 걸음 앞서는 경우도 있다. 그는 지구의 자전을 실증하기 위해 1852년에 이것을 만들었다. 그러므로 당시에는 자이로콤파스의 유일한 용도는 이미 알고 있는 것을 증명하는 일밖에 하지 못했다. 한편 엘머 스페리가 자이로콤파스를 만들었을 때는 근대화된 대양 정기선(定期船) 뿐 아니라 비행기에도 이것이 꼭 필요하게 되었다.

로버트 톰슨이 1845년에 공기를 주입한 타이어를 착상했을 때는 자동차가 없었다. 그러나 1888년에 존 보이드 단로프가 톰슨의 발명을 개량했을 때는 단로프의 새로운 공기를 주입한 타이어는 급격히 증가하기 시작한 자동차에 필요불가한 것이 되어 버렸다. 개량된 아이디어는 다른 아이디어가 출현해야 비로소 가치를 지니는 경우가 많다.

예를 들면, 의사가 하는 일은 진단이라는 면에서 크게 진보되었지만 이 새로운 아이디어들은 주로 인체를 조사하는 새로운 방법이 나왔기 때문이다. 결핵의 진단은 형광성(螢光性)의 X선 건판(乾板)이 순간적으로 흉부(胸部)를 밝힐 수 있게 됨으로써 큰 진보를 이루었다. 형광경(螢光鏡)에 의해서 장기(臟器)의 실제 기능을 볼 수 있게 되었다. 이 내부 카메라는 개량을 거듭한 하나의 예이다. 기본적인 아이디어는 윌리엄 뢴트겐에서 비롯되어 토머스 에디슨이 개량했다. 형광성 건판을 위한 새 물질을 자택의 실험실에서 만들어 낸 것은 칼 패터슨이라는 이름없는 사람이었다.

발명가는 두뇌의 산물을 다른 용도에 사용할 수 없을까 하고 생각함으로써 시간 차이에서 오는 어려움을 타파하는 경우가 많다. 증기는 기원전 120년에 이집트에서 사용되었는데 장난감을 돌리는 데에만 사용되었다. 만일에 이집트의 사상가가 거기에 만족하지 않고 '달리 이 증기의 용도는 없을까?', '증기를 노력 절약기(勞力節約機)로 사용하면 어떨까?' 하고 자문했다면 그 후 세계는 16세기 동안이나 증기의 혜택 없이 지내지는 않았을 것이다.

새로운 아이디어의 진부화

한 사람의 상상 속에서 나온 조잡한 아이디어가 인류 사회에 커다란 반향을 불러일으키는 경우가 많다. 이러한 사실들이 주는 교훈은 다른 여러 사람들의 아이디어와 종합, 연계함과 동시에 개량을 중지해서는 안 된다는 것이다.

자동차 산업의 발전 초기에는 한두 사람만이 계속적으로 개량을 거듭할 만큼 손쉬운 일은 아니었다. 가솔린 모터는 '자동차의 아버지'라고 불린 고트리이브 다임러가 1884년에 만들었고, 1851년에는 팬하드 앤드 레바소올이 다임러의 엔진을 부착하여 세계 최초로 판매를 목적으로 한 자동차를 만들었다. 서적에는 미국에서 처음으로 자동차를 만들어서 팔기 시작한 것은 찰스 드리아로 기록되어 있다. 그러나 프랭크 드리아야말로 미국에서 최초의 가솔린 자동차를 만들어 달리게 한 사람이다. 그는 최초의 시작차(試作車)를 1892년에서 1893년에 걸쳐 만들었고, 1895년에 시카고에서 벌인 미국 최초의 자동차 레이스에서 우승했다. 유일의 강적은 독일의 벤츠였다. 1896년에는 12대의 드리아 호를 제작 판매했고, 그 중 한 대는 바아남 앤드 베일리에게 팔았다. 그 동안 헨리 포드는 자기의 자동차를 완성시키려고 열중하고 있었다. 그러나 1903년까지는 한 대도 팔지 않았다. 우연히도 이 1903년은 라이트 형제가 미국 최초의 비행기를 날린 해였다. 비행기란 본질적으로는 바퀴 대신에 날개를 단 자동차의 신형이다.

1879년으로 되돌아가서 뉴욕 주 로체스터의 조지 셀단이 가솔린 모터로 움직이는 승용차의 기본적인 특허를 신청했다. 이것은 온 세계에 자동차가 판매되기 12년 전의 일이었다. 셀단은 자동차의 아이디어를 가지고 있었다. 그러나 그는 헨리 포드나 그 밖의 사람들과는 달리 개량도 하지 않았고, 상품화시키지도 않았기 때문에 공은 모두 그들에게 돌아가고 말았다.

헨리 포드는 젊은 시절에 거의 혼자서 독창을 계속하고 있었다. 그의 활동적인 일생을 통한 위대한 성과는 개량을 거듭하는 데에서 이루어진 것이다. 예를 들면, 그는 첫 트랙터의 최종 디자인을 결정하기 위해 871대에 달하는 시작차(試作車)를 만들었다.

1910년 경에는 피어스 앨로우가 가장 유명한 차였다. 한때는 이 피어스 앨로우라는 이름이 적혀 있기만 하면 적어도 100만 대쯤은 손쉽게 팔릴 듯한 기세였다. 그러나 경쟁자가 더 좋고 값싼 차를 만들려고 줄곧 아이디어를 쇄신하고 있는데도 피어스 앨로우의 설계는 여전히 처음 그대로였다. 회사가 망하기 직전에 피어스 앨로우라는 상표만이라도 팔려고 했지만 그때는 어떤 값으로도 사려는 메이커가 없었다.

제너럴 밀즈 사장 제임스 벨은 68세 때 이렇게 말하고 있다.

"상상력을 자극함으로써 우리는 날마다 일이든 기계든 혹은 다른 어떤 일에나 관심을 가지고, 더우기 탐구적인 마음가짐으로 바라볼 수가 있다. 그럼 됐지 않느냐고 우리는 말하지만 어떻게 하면 더 좋아질 수 있느냐가 문제이다. 사람이나 회사가 직면하는 가장 큰 위험은 잘 되어 가거나 성공할 경우 새로운 상황이 나타나도 종래의 방법을 그대로 적용하면 된다고 생각하는 점이다. 만일에 성공을 계속하고 싶으면 우리는 아이디어, 방법, 물자, 서비스를 항상 더 좋게 하지 않으면 안 된다."

아이디어 개발은 상상력 훈련으로부터

- 22층에 사는 한 남자가 내려갈 때는 엘리베이터를 이용하지만 올라갈 때는 걸어서 간다. 어째서인가?
- 유복함에 대한 욕망과 가난에 대한 두려움 중에서 어느 쪽이 더 유익한 감정인지 토의하라.
- 15세 된 조카가 담배를 피우기 시작했다고 하자. 담배를 끊게 하려면 어떻게 해야 하는가?
- 새로운 제품이 나옴으로 인하여 영화를 누리던 기업이 쇠퇴 또는 소멸된 예를 셋만 들어라.
- 늘 당신 집 앞에 자동차를 주차하는 사람이 있다고 하자. 어떤 수단으로 그것을 못하게 하겠는가?

상상력은
인간관계를 개선한다

✳

제6장

상상력은 인간관계를 개선한다

1. 당신의 출세는 독창력 나름

　새롭게 직장을 구하거나 성공하려는 사람에게 문제의 열쇠는 독창력이다. 그런데 유명한 경영자의 말에 따르면 일자리를 구하려는 사람이 독창력을 발휘하는 경우는 십에 팔구는 없다고 한다.

　라이프세이버 제과의 사장이었던 시드니 에드란드는 15년 동안 새로운 구직 방법을 가르쳐 왔는데, 그 기초적 원칙은 다음과 같다.

　(1) 직업을 구하는 대신에 봉사를 제의하라.

　(2) 고용주의 흥미를 끌 만한 일을 호소하라.

　(3) 이런 일을 구하고 있고, 그 자격 요건으로써 이러이러한 것이 있음을 분명히 보여라.

　(4) 무언가 남다른 점을 가짐과 동시에 성실하라.

이들 원칙을 따르기 위해서는 적극적으로 생각하거나 독창적으로 생각할 필요가 있다. 우리의 외모(복장 기타)까지도 취직 운동을 하기 전에 상상력의 거울에 비추어 보는 게 좋다. 그리고 '무언가 남다른' 바꾸어 말하자면, 다른 지원자보다 뛰어나기 위해서는 고용주의 문을 두들기기 전에 아이디어를 내놓을 필요가 있다.

일자리를 구할 때 먼저 생각해봐야 할 것은 '어떤 직업이 나에게 가장 알맞는가?'라는 것이다. 거기서 자기에게 알맞다고 여겨지는 일을 전부 기록하여 본다. 그것이 끝나면 체크 리스트를 사용해본다. 직업별 전화번호부를 뒤져서 거기에 나와 있는 200개 가량의 직업을 조사해본다. 그리고 나서 도서관에 가서 전문 서적을 몇 권 읽어본다. 경험 있는 몇몇 친구와 상의하고 그 지도를 받는다. 그러나 독창적인 사고까지 그가 하게 해서는 안 된다. 자기에게 알맞는 직업의 리스트를 그에게 제시하고 그에게는 판단만을 구하자.

유명한 백화점의 월터 호빙은 해마다 일을 찾는 50만 명의 대학생 중에서 자기에게 알맞은 일을 찾으려면 무엇을 해야 하고, 어디서 찾는가를 독창적으로 생각하는 사람은 많지 않다고 보고 있다. 그는 그들이 스스로 할 사고를 남이 해주기 바라는 수동적인 태도가 항상 걱정된다고 말하고 있다.

현재 우리의 적성은 과학적인 테스트로 알 수 있다. 그러나 테스트로 적성을 알게 되어도 그것은 장래의 인생에 대한 독창적 사고의 서곡에 지나지 않는다.

아주 좋은연주회로 기억되기 위해서는 연주자의 치밀한 계산과 끊임없는 추구에 의한 남다른 기술, 그리고 이 모든 것의 토대가 되는 독창적인 상상이 필요함을 잊지 말길 바란다.

좋은 기회를 포착하기 위한 기략

자기에게 가장 어울리는 직업을 알면 다음에는 실마리를 찾을 필요가 있다. 상상력은 그런 연구에 크게 도움이 된다. 신문의 구인 광고를 읽은 클리블랜드에 사는 젊은이의 경우가 그 좋은 예이다. 그 광고에는 사람을 구하는 신문사가 오하이오에 있다는 것밖에 적혀 있지 않았다. 지원자가 많을 것으로 생각하고 집단에서 남보다 뛰어나기로 결심했다. 그래서 그 지방의 모든 일간지의 편집장 이름을 확인하고 한 사람 한 사람에게 편지를 썼다. 다행히 뜻하던 사람을 찾아 직장을 구했다. 그를 채용하겠다고 제의한 다른 신문사의 편집장도 많았다.

변변치 못한 종업원을 구하려는 경영자는 없다. 그러므로 지원의 뜻을 전하는 편지를 쓰더라도 철자는 바르게 하고 읽는 사람의 입장에서 써야 한다. 플록터 겜블의 인사부 직원은 지원자로부터 온 500통의 편지를 분류한 결과 그 중 82%는 철자가 엉망이라는 사실을 발견했다.

사사로운 편지가 아니므로 직장을 구한다는 점을 나타내야 한다. 시라큐스 대학을 졸업하게 된 로버트는 살고 있는 마을에서 일자리를 찾았다. 그는 가능성이 있는 170명의 사용자 명단을 바탕으로 포올더를 보냈다. 그것은 매우 효과적이어서 32개 회사에서 면접하겠다고 알려 왔다. 또 성(聖) 루이 대학의 학생 레온 타아나는 사진 옵세트 책자를 만들어 58개 회사에 우송했다. 12개 회사에서 회신을 받았다.

면접시에는 더욱 독창적인 사고방식이 필요하다. 작전 계획을 세울 때 '만일에 ……이라면'이라는 질문을 비롯하여 모든 질문을 생각해두어야 한다. 평소라면 예기치 않던 질문도 미리 생각해두면 잘 대응할 수 있고, 질문에 거침없이 대답할 수 있다. 그러한 준비가 없으면 엉뚱한 대답을 하거나 머리가 둔한 게 아닌가 하는 느낌을 주게 된다. 면접에 앞서 아이디어를 내놓으면 유리한 경우가 많다.

지금까지와는 다른 분야에서 일해보겠다는 열정을 가진 한 젊은 친구가 있었다. 하지만 그는 그 분야에 대한 전문 지식이 전무한 상태였다. 단지 그는 들어가고 싶은 회사만 정해두고 있었다. 첫 면접에서 성패가 가름날 것이므로 걱정이 되었다. 그래서 그는 흔한 방법을 쓰지 않고 고용주의 거래처를 찾아다니며 1주일을 소비했다. 그 1주일 동안에 그는 거의 50개에 이르는 아이디어를 얻었다. 그리고 면접시에는 열 정도의 가장 좋은 아이디어를 정중히 내놓았다. 그의 새로운 상사는 그 후 내게 그 젊은이가 일을 아주 잘하고 있다고 전해왔다.

"나는 그가 흔한 방법으로 일자리를 부탁해오지 않아 기뻤습니다. 나는 사람을 더 쓰지 않을 생각이었습니다. 그래서 첫 면접에서 아이디어 제안 방법을 아는 사람처럼 보이지 않으면 거절하려고 했습니다. 다행히 직업을 얻기 위해 발휘한 재능을 일하는 데에도 발휘하고 있습니다."

몇몇 회사에서는 장래성이 있는 청년을 고용하기 위해 대학에 직원을 파견한다. 재학 중인 내 친구는 이 중 한 회사에서 일하고 싶었다. 그래서 그는 4주일 동안이나 주말이면 그 회사의 딜러와 경쟁 회사의 딜러를 만나보는 데에 소비했다. 직원은 이 청년이 그 직무에 대해 너무나 잘 알아서 깜짝 놀랐다. 이 두 사람은 지금도 같은 부서에서 일하고 있다. 목표가 높을수록 이를 위한 준비도 독창적이어야 한다. 1만 5,000달러 이상의 연수를 받던 사람이 더 좋은 일자리를 구하기로 작정했다.

그는 들어가고 싶은 회사를 결정하고, 그 회사가 속하는 분야의 모든 전문지(專門紙)를 구독했다. 게다가 그 회사의 문제가 실린 모든 책을 샀다. 토요일이 되면 그는 그 딜러를 방문했다. 4개월 정도 이렇게 준비를 한 뒤에 딜러의 무관심을 개선하기 위한 아이디어를 넣은 짧은 메모를 사장에게 보내고 만나기를 청했다. 그의 계획은 채택되지 않았다. 그러나 간부는 그의 문제 파악 방법에 감탄하고 원하는 지위를 주었다.

제시의 독창성

미 해군은 시청각 자료를 사용하면 주의력이 35%가 향상되고 이렇게 확보한 것은 55%를 더 오래 유지할 수 있다고 밝혔다. 따라서 취직 의사를 밝힐 때도 가능하다면 도표를 사용하는 것이 좋다. 하버드 비즈니스 스쿨의 한 졸업생은 14년 동안 성공리에 경험을 쌓은 뒤에 더 좋은 일을 신청했다. 평범한 이력서 대신에 자기의 뛰어난 경험을 도표로 표시했다. 이것은 고용주의 주의를 끌었을 뿐 아니라 그 지원자의 독창적 능력에 큰 매력을 느끼게 했다.

인원 충원이 끝난 바로 직후 우리 회사에 한 청년이 찾아왔다. 더이상의 인원은 필요 없었지만 나는 즉석에서 그를 채용했다. 그는 퇴짜 맞을 수도 있는데 단 한 번의 면접을 위해 3개월 동안이나 우리 회사의 전문적인 일과 또 그것이 필요로 하는 바를 배워 어떻게 하면 우리에게 기여할 수 있는가를 연구해 왔기 때문이다.

처음으로 일자리를 찾는 내 친구는 메이시 백화점에 신청을 했지만 지원자가 많아 단호히 거절당하고 말았다. 이런 거절에도 좌절하지 않고 백화점 안을 돌아다니다가 인사 부장에게 전화를 했다.

"저는 메이시에서 일하고 싶습니다. 제가 도와 드릴 곳은 없을까 하고 몇 시간 동안 백화점 안을 돌아보고 있습니다. 제가 도와 드릴 곳이 10군데쯤 있어서 그것을 리스트해보았습니다. 지금 부장님께 설명을 드리러 가도 되겠습니까?"

이렇게 해서 그는 면회에 성공하여 마침내 메이시의 수습생이 되었다.

상상력은 승진을 쟁취한다

미국 응용 심리학 협회에서는 평균적인 급여를 받는 사람들의 집단과 높은 급료를 받는 사람들을 비교 연구하여 그 결과를 발표했다. 네 가지 지능 테스트를 한 결과, 이 두 그룹은 한 가지 점, 즉 독창성이라는 것을 제외한 모든 점은 다름이 없었다고 한다. 상사로 승격한 사람들은 해야 할 일과 그 방법을 깊이 생각할 수 있는 사람들이었다. 몽테뉴는 말한다.

"강력한 상상력은 좋은 기회를 가져다 준다."

사업의 어느 면을 보아도 제시된 독창성에 의거해서 승진이 이루어진다. 어느 큰 회사의 사장이 은퇴하려고 하고 있었다. 그는 7명의 유능한 보좌관을 두고 있었다. 후계자를 어떻게 선출했느냐고 묻자 그는 대답했다.

"한 보좌관이 오랜 세월을 늘 '이건 이상할지도 모릅니다만…….' 또는 '사장님도 아시겠습니다만…….' 하는 서두로 나한테 번번히 각서를 보내 왔습니다. 비록 그 아이디어의 대부분은 천박한 것이었을지라도 나는 결국 내 뒤를 이을 사람으로 단정했습니다. 왜냐하면 이 사업은 아이디어를 믿고 자발적이고 진취적인 성격의 지도자가 아니어서는 고갈되어 버리기 때문입니다."

제너럴 베이킹의 사장 조지 모리슨은 회계 담당 부사장을 선임해야 했다. 그는 60세의 토머스 올슨을 발탁했다. 나는 모리슨에게 그 이유를 물었다. 모리슨의 대답은 단호했다.

"그의 사고방식은 젊기 때문입니다. 그는 항상 아이디어를 가지고 있습니다."

옛날에는 그 회사 소유자의 친척이나 금융을 맡고 있는 은행가의 뒷받침으로 종업원이 승진되는 일이 많았다. 그러나 그러한 낡은 방법은 이제 매우 드물다. 현재 승진하는 사람은 대부분의 이 두 가지 힘에 의해 추진된다. 상사들이 함께 일하면서 도움을 받기 위해 그를 끌어올리는 경우와 상사가 그를 신용하고 또한 좋아하기 때문에 끌어올리려고 하는 경우이다. 만일에 그에게 독창력이 없으면 상사들은 그를 아쉬워하지는 않는다. 그가 상대방의 입장에 선다는 상상력이 없으면 그의 동료는 그와 사이가 좋아지지는 않는다.

자기가 근무하는 회사의 생활 경비 절감이라든가 사무용품 절약에 대해 고민하는 종업원은 매우 드물다. 내가 보기에 결코 인색한 사람이 아닌 어느 회사의 사장이 이렇게 투덜댔다.

"해마다 사원으로부터 이런 경비 저런 경비를 달라는 요청을 받습니다. 그러나 돈을 절약할 수 있는 방법에 대해 제안하는 사원은 거의 없습니다."

젊은 사원이 절약의 아이디어를 생각만 해낸다면 남다른 기회가 있지 않겠는가?

"우리 회사에서는 될 수 있는 대로 머리가 좋은 사람을 고용합니다. 그런데 신입 사원은 정해진 이외의 일을 요구하면 망치는 일이 혼합니다. 이것저것 생각할 힘이 없는 것 같습니다."

이처럼 수많은 회사의 간부는 종업원의 독창성을 바라고 있는데 상상력 강화에 힘을 기울이는 사람은 별로 없는 듯하다.

비즈니스 컨설턴트인 칼 홈즈는 종업원의 대부분이 진보를 못하는 것은 독창력이 없기 때문이라고 생각하고 있다.

그의 한숨 섞인 이 말이 우리의 가슴에 박힌다.

"신은 우리에게 상상력을 주셨다. 우리가 생활하는 데 가장 강력한 무기는 상상력이다. 그러나 그것을 건설적으로 발휘하는 사람은 혼치 않다. 지식도 좋고 근면도 좋다. 그러나 상상력이야말로 기적을 낳는 것이다."

세일즈맨십의 열쇠

사업의 어느 면에서나 그렇지만 특히 세일즈맨십에 있어서의 독창력은 승진의 열쇠이다. 세일즈맨은 자기 손님에게 이익이 되는 일은 아무리 작은 일이라도 그 상상력으로 신중하고도, 양식을 가지고 생각해야 한다.

사례마다 다른 전술이 필요하다. 적성 검사를 하는 사람들이 판매에서 성공하는 두 가지 특성을 외향적인 인격과 독창적인 상상이라고 말하고 있는 것도 이 사실을 뒷받침하는 것이다.

오래도록 드라이브를 한 어느 날 밤 9시쯤에 나는 로체스터의 호텔에 도착했다. 나는 전부터 이튿날 방문할 거래처를 어떻게 설득할지 생각하는 데에 취침 전의 한 시간을 할애하기로 했다. 그렇게 한 나는 아이디어를 모아 기록해 두었다. 다음

날 아침의 면회는 전날 밤의 독창적 사고 덕택에 아주 잘 진행되었다. 이 승리가 내 생애의 전기(轉機)가 된 것이다.

어느 구매 담당 부사장이 한 세일즈맨의 이야기를 해주었다. 이 세일즈맨은 전부터 그를 찾아왔지만 주문은 하나도 받지 못했다는 것이다.

"그는 결코 실망하지 않았습니다. 내가 거절하면 그는 항상 잠시 미소짓고 다시 부탁한다고 말합니다. 드디어 연간 10만 달러가 넘는 일을 주게 되었습니다. 내가 감동한 것은 그는 올 때마다 어떤 아이디어를 내놓고 가는 것입니다."

판매 훈련계에서는 신입 사원 교육에 독창적 지도를 할 필요가 있음을 인식하기 시작했다. 레이놀드 메탈 회사와 크라운 제러바하 회사가 이 방면의 개척자이다. 크리스마스 클럽 오브 아메리카는 전 세일즈맨에게 독창력 훈련 방법을 개척했다.

길을 걸으면서도 상상력이 작용하고 있으면 회사에 도움이 되는 아이디어를 포착할 수 있다. 예를 들면, 제너럴 밀즈의 부사장이자 생산 관리 담당인 카렌 토머스는 다음과 같은 예를 보고하고 있다.

"한 세일즈맨이 플로리다의 작은 빵집에서 반만 구워진 롤빵을 발견하여 보내왔다. 그것은 담갈색으로 거의 흰색깔에 가까와 식욕을 돋구지 못했다. 그러나 완전히 구우려고 다시 열을 가하자 손으로 만든 멋진 풍미의 롤빵이 되었다. 우리는 즉시 이 단순한 제조 공정의 권리를 획득했다. 그리고 좀더 실험적 연구를 하기 위해 연구소에 보냈다. 약 8주일 후에 혁명적인 제품을 제빵업계에 보내어 수많은 가정의 식탁에 올려놓는 일에 성공한 것이다."

이처럼 상상이 기민하면 회사의 독창력 연구에도 도움을 준다.

2. 상상력은 인간관계를 개선한다

공적인 면의 생활이든 사업상의 생활이든 독창적 사고는 리더십에서 빠뜨릴 수 없는 것이다. 간부란 어느 정도 판단력이 있어야 하지만, 그저 판단만 하면 되는 것은 아니다. 기지(機智)도 풍부해야 한다. 독창의 가치를 인정할 필요가 있으며 동료의 독창력을 촉진시키는 방법도 알아야 한다.

기업의 리더는 결정을 할 때 독창적인 생각과 비판적인 생각을 결부시켜야 한다. 혼자만의 판단으로 얻을 수 있는 것보다도 더 확실한 결론을 얻으려면 다른 사람의 경험을 끌어내는 방법을 생각해내고, 회의 그룹이나 조사를 통해서 판단을 종합하는 방법을 검토하고, 또 문제를 실제로 테스트해보는 방법도 고안해볼 필요가 있다.

상상은 예방 조치적 판단에서 빠뜨릴 수 없는 것이다. 내가 아는 가장 유능한 경영자 한 사람은 이렇게 말했다.

"우리는 맑은 날씨에 항해하고 있지만, 전방의 암초를 경계해야 된다. 나는 난파의 원인이 될지도 모르는 것을 20가지 정도 열거해 보았다."

뒤에 그는 사업 경험이 있는 5명의 독창적인 사람과 협력하여 179개 위험 신호의 체크 리스트를 완성했다.

우수한 리더는 독창성을 장려한다

"독창성이 의식적으로 해방되어 있는 상태를 조성하는 것도 경영자의 책임이다."

이상적인 경영자는 주위 사람들의 독창성을 길러주고 그것을 꽃피운다. 그럴려면 무엇보다도 아이디어의 힘을 올바로 평가해야 한다.

프리츠 박사는 굿드리지 회사의 존 코리아노 사장을 이렇게 평한다.

"그 사람은 어떠한 아이디어라도 환영할 뿐 아니라 그가 우리에게 가장 강력히 요구하고 있는 건 독창적 상상력을 충분히 발휘해야 한다고 모든 사람에게 느끼게 하는 것이다."

〈하버드 비즈니스 리뷰〉에서 프레드릭은 힘주어 말한다.

"경영자나 관리자는 자기가 속해 있는 계층에 걸맞는 독창성을 갖추어야 한다. 새로운 것으로 개조하거나 조건을 변경하는 경영력에는 과거의 경험에 구애되지 말고 생각할 필요가 있다. 독창적인 사고는 회사에도 가장 값진 자산의 하나로 생각할 수 있다."

대기업에 필요한 것은 제2선 관리자들의 독창력을 기르는 일이다. 여러 회의에 출석해도 그들의 상상력은 자기 발언을 동료들이 어떻게 생각하느냐에만 발휘되고 있다. 그러한 반독창적인 경향은 상부에서 적극적으로 격려해주면 극복할 수 있다. 연장의 리더들은 보기에 가망이 없는 아이디어에 대해서도 냉소적인 태도를 취해선 안 된다. 제너럴 푸드의 사장, 클래런스 프랜시스도 경고하고 있다.

"젊은 간부가 새 아이디어로 믿고 나에게 가져옵니다. 내 경험으로 보아 그 아이디어는 잘 안 될 것으로 생각합니다. 그 이유를 말해주기는 쉽지만 나는 그렇게 하지 않습니다. 최소한의 손실로 테스트할 수 있도록 일정한 범위 안에서 해보라고 제안합니다. 재미있는 것은 나라면 발상 단계에서 버렸을지도 모를 유치한 아이디어가 절반은 성공하거나 그렇지 않으면 더 좋은 아이디어와 결부됩니다. 내가 간과한 점은 아이디어는 새롭지 않지만 아이디어가 실시되는 조건이 완전히 바뀐다는 점입니다."

전문직에 있어서의 독창성

상상력은 과학이나 기술에 의하여 어떤 일을 달성하는 데에 없어서는 안 된다는 사실은 이미 서술했다. 이와 같이 어떤 직업에나 독창성이 필요하다. 의학에도 끊임없이 상상력이 필요하다. 의사는 진단할 때 모든 아이디어를 동원해야 한다. 비록 현대에는 다른 사람의 독창력이 생각해낸 기구나 테스트 법이 이용된다고는 하지만 여러 가지 가설(假說)을 생각해내야만 진단을 내릴 수 있는 것이다. 다음에 치료를 할 단계에 이르면 책만으로는 도움이 안 된다. 자기의 지식을 상상적으로 적용해봐야 한다.

내과 의사나 외과 의사는 최근의 외과 의학의 눈부신 진보가 대부분 쿳싱 박사나 플레밍 박사와 같은 혁신자의 독창적 노력으로 이루어졌음을 인정하지 않을 수 없을 것이다. 또 의사는 상대방의 입장에서 생각한다는 상상력을 끊임없이 발휘할 필요가 있다. 즉 환자의 입장에서 생각해야 한다. 이는 《할리팍스의 아들》에 극화되어 있다.

제2차 대전의 귀환병으로 두 다리가 절단된 할리팍스는 다리를 잃고 절망에 빠져 있는 귀환병을 위로해달라는 부탁을 받았다. 몇 주일인가 지난 뒤에 원장은 환자의 귀환병이 회복되고 있다며 기쁘게 물었다.

"당신은 어떻게 그의 기분을 전환시킬 수 있었습니까?"

"별다른 게 아닙니다."

할리팍스는 말했다.

"나는 모든 문제를 그 사람 입장에서 생각했지요."

소아과 의사는 환자와의 관계에서 특별히 많은 상상력을 발휘할 필요가 있다. 전에 내가 버팔로에서 신문 기자로 일하고 있을 무렵, 보디렐리 박사의 이야기를 자주 들었다. 이 사람은 버팔로 시의 우상이며, 이탈리아 이민들의 존경을 받고 있었다. 그는 머리에 꼬리가 달린 개의 이야기를 창작했다. 앓는 어린이를 다룰 때는 늘 이 이상한 개 이야기를 해서 어린이의 주의를 빗나가게 했다. 대개 어린이들은 그 동물을 보겠다고 고집하기 때문에 그의 부인은 장난감 개들을 많이 사서 그 꼬리를 잘라 코에 달아야 했다.

목사는 어떨까? 매주 새로운 설교 준비를 해야 하는 독창적 노력을 상상할 수 있을까? 또 사제(司祭)로서 성공하기 위해서는 자금을 모으고 프로그램을 짜고, 신도를 만족시키기 위해 독창력을 발휘해야 한다.

탁월한 교사란 독창적으로 가르친 사람들을 말한다. 모범적인 교사는 예수 그리스도라고 생각하는 사람들이 많다. 그리스도의 기술은 그의 제자 마태가 다음과 같이 보고하고 있다.

"이 모든 것을 예수는 군중에게 비유로 말했다. 참으로 그는 비유없이는 아무 말도 하지 않았다."

그리스도는 가르치는 경우에도 상상력을 발휘한 것이다.

변호사에 대해서는 어느 법률가가 다음과 같이 말하고 있다.

"학교 성적은 보통이라도 독창적인 사고방식을 할 수 있는 청년을 내게 보내 주십시오. 그러면 상상력이 없는 우등생보다도 훨씬 더 훌륭한 변호사로 키워 볼테니까."

변호사는 틀림없이 작전을 세우고 적의 작전 행동을 예측해야 한다. 게다가 배심원이 있다. 얼마나 힘이 든 일일까.

저널리즘에서도 독창적인 테크닉이 차츰 인정되고 있다. 몇몇 대학에서는 저널리즘의 교과 과정에 독창적 훈련을 끼워넣고 있다. 1955년 산업 신문 편집장 협회는 연례 대회의 이름을 아예 '독창 대학'이라는 이름으로 바꾸어 버렸다.

정치가는 선거전에서 오랫동안 진부한 방법만으로 일관해왔다. 그러나 토마스 듀이는 1950년의 뉴욕 지사 선거에서 새로운 방법을 생각해내야 했다. 그에겐 승산이 거의 없었다. 밤낮없이 텔레비전 시청자 앞에 나타나 전국의 유권자가 던지는 질문에 대해 즉각 대답했다. 그의 말을 듣고 본 사람들은 그가 대중의 문제를 파악하고 있는 데에 놀라 그에게 투표하기로 결심을 굳혔던 것이다. 아이젠하워는 대통령 선거전에서 전국의 공화당 지사들을 전부 모아 텔레비전에서 방영했다. 얼마나 멋진 아이디어인가? 아이젠하워가 지루하게 강연하는 것보다 훨씬 더 멋지지 않은가?

군대에서는 전략과 전술이 전부이다. 이것이 잘 되느냐 안되느냐는 독창적 사고에 달렸다. 어떠한 군인도 상상력을 발휘하지 않고는 위대한 장군이 될 수 없다.

군의 지휘관은 역시 자신을 적의 입장에 놓고 생각해야 한다. 아프리카 전선에서 영국의 몽고메리 장군은 그 이동 사령부의 벽에 롬멜 장군의 사진을 붙여 두었다. 이유를 묻자 그는 대답했다.

"이유는 간단하네. 그의 사진을 보고 내가 만일 롬멜이라면 어떻게 할까 하고 생각하기 위해서야."

결혼 관계에 있어서의 상상력

"우리는 사랑하는 사람에 대해 사랑하지 않기 때문이 아니라 상상하지 않기 때문에 죄를 저지른다."

현재 미국에서는 매년 약 40만 건의 이혼이 이루어지고 있다. 이러한 이혼 사례 중에서 남편이나 아내, 친척이나 친구가 의식적으로 상상력을 발휘해서 암초를 피하는 법을 생각한 사례가 얼마나 될까?

초기에는 '키스로 화해한다.'는 방법이 효과가 있을지도 모른다. 그러나 잠시 후에는 수확체감의 법칙에 부딪힌다. 더 좋은 방법은 '키스하고 생각한다.'는 것이다. 즉 충돌을 피하기 위한 방법을 생각하는 것이다. 이러한 상상 훈련은 우리의 행복을 지킬 뿐 아니라 우리의 마음을 함양하는 데 도움이 된다.

스티븐스 컬리지는 여성에게 결혼을 위한 준비를 시키는 것으로 유명한 학교이다. 그리고 가정 부문의 책임자인 헨리 파우먼 박사는 결혼 문제의 권위자이다. 이 파우먼 박사는 학생들에게 이렇게 말한다.

"원만한 결혼생활은 독창성 덕택이다. 이혼율이 전국 평균 3명에 1명 꼴인데 비해 스티븐스의 졸업생은 20명 중에서 1명만이 이혼했을 따름이다."

이혼에 휩쓸린 남성이나 여성은 불행을 극복하는 방법을 생각할 수 있다. 예를 들면, 남편이 젊은 여자에게 빠져서 아내가 바로 이혼 소송을 제기하려고 했을 때 한 친구가 고민을 승화시킬 취미를 가져 보라고 제안했다. 그녀는 몇 가지 활동 중에서 시작(詩作)을 택했다. 이로써 그녀는 남편이 분별을 되찾을 때까지 견딜 수 있는 독창적인 도피처가 생긴 것이다.

니나 윌콕스 패트남이 신상에 관한 이야기를 하다가 지적했 듯이 타이밍이라는 것이 결혼생활을 유지시키는 열쇠이다.

"과거 2,3년 동안 남편과 나는 수없이 이혼을 생각했다. 늘 우리는 깊이 생각하기 위해 시간을 할애했다. 그로 인해 더욱 다정한 관계가 우리의 분노 속에서 움텄던 것이다. 어떠한 결 혼생활에 있어서도 시간은 없어서는 안 될 요소라고 나는 생각 한다."

시간을 도구로 사용하는 것은 결혼 문제를 해결하는 수많은 아이디어 가운데의 하나에 지나지 않는다. 상상은 결혼생활을 원만히 이끌어가기 위한 열쇠이다.

집안 일과 상상력

대부분의 부인들이 하는 집안 일은 남편의 무미건조한 일 보다 훨씬 많은 상상력을 필요로 한다.

'이 쓰다 남은 것으로 무엇을 만들 수 있을까?', '다음 토요 일 저녁 식사에는 누구를 초대할까?'

대부분의 여성은 이런 질문에 답하는 것으로 날마다 아침부 터 밤까지 독창력을 예민하게 할 수 있다.

쇼핑은 확실히 민첩한 사고가 필요하다. 그러나 주머니 사정 이 여의치 않으면 그만큼 상상력이 필요하다. 예를 들면, 남편 은 아내가 고기 사는 것을 당연한 일로 알고 방관할 것이다. 그 러나 값싼 스튜 요리가 텐더로인처럼 맛이 있으면 그는 아내가 돈을 쓰지 않고도 상상력을 발휘한 행운에 감사할 것이 틀림 없다.

수많은 저명 작가나 배우나 화가는 요리법을 배운다. 이들은 요리가 독창력을 단련한다고 인정하고 있다. 어떤 요리는 맛있게 하려면 몇 가지 방법을 짜내야 한다. 무엇을 요리하고 그것을 어떻게 요리하느냐를 생각한다. 다시 말하면, 새로운 성분과 새로운 형식을 생각해내는 데에 상상력이 필요하다.

세탁? 이런 일도 여성들에게 상상력을 발휘할 기회를 제공한다. 어느 여류 작가가 이렇게 말했다.

"게으름을 피울 때가 독창적인 생각을 하기에 가장 좋다. 비교적 마음을 느긋하게 갖고, 한 곳에 열중할 수 있는 일은 정신집중에 매우 도움이 된다. 어떤 의미에서는 최면술처럼 하나의 광원(光源)에 두 눈을 고정시키니까요."

가정을 아름답게 장식하는 일에도 상상력이 필요하다. 우리는 상상력을 사이즈, 기호, 색깔 등을 정할 때, 또는 그림에 틀을 끼울 때도 발휘한다. 가정을 아름답게 꾸미는 경우 아이디어가 있으면 돈은 필요없다. 에드워드 카트 부인은 아파트의 단순하고 푸른 벽을 아름답게 해보기로 했다. 그래서 예쁜 천을 써 보기로 했다. 천에서 그림을 오려내고 하나하나의 그림에 까만 나무로 세련된 틀을 끼웠다.

부모와 자식간의 관계와 독창력

부모가 자녀들의 결점만을 찾지 말고 조금만 주의를 기울인다면 어떨까? 잔소리를 위해서라면 입만 놀리면 되지만 주의를 기울여 보살펴 주려면 독창력이 필요하다.

어린이들은 유년기, 청년기라는 황야의 정글을 거쳐 어른이 되어 가게 마련이지만, 어린이들을 이 동안에 잘 기르려면 많은 아이디어가 필요하다.

어느 사려 깊은 어머니는 피아노를 연습시키는 데에 잔소리를 하는 대신에 작은 노트와 별표 색종이를 한 상자 샀다. 아이들은 부엌의 스토브 위에 시계를 놓아 두고 15분 동안 연습을 한다. 그 시간이 끝나면 어머니는 아이들의 연습장에다 별표 종이를 붙인다. 일요일에는 한 주일 동안에 별이 가장 많았던 아이에게 상을 준다.

"피아노가 늘었어요. 게다가 어느 아이나 연습에 대해 책임감을 느끼게 되었습니다."

라고 그녀는 나한테 말했다.

얼마나 작고 단순한 아이디어인가! 그런데 새로운 방법은 전혀 생각해보려고 하지 않고, 잔소리만 하는 부모들이 너무나도 많다.

벌을 주지 않을 수 없는 경우에도 볼기 때리기보다 나은 방법을 생각해낼 수 있을 것이다. 그리고 그때마다 화를 내기보다는 적당한 때와 장소를 가리면 훨씬 좋다. 좀 연극을 하는 것도 좋을지 모른다. 캐나다의 한 법률가에게 세 아들이 있었다. 아이들이 이것저것 분별할 수 있게 되자 아버지는 볼기 때리기에 조심하기 시작했다. 그러나 볼기를 때릴 때는 늘 평소에는 입지 않던 털실로 된 스포츠 코트를 입었다. 이 때문에 매질을 부드럽게 해도 효과가 컸다.

어린이들이 당연하게 생각하는 벌을 주는 데에도 상상력이 필요하다. 디일 캐스토스 부부는 입장을 바꾼다는 방법을 썼다. 그들은 아들과 함께 조심스럽게 그 문제를 토의한다. 그리고 나서 어떤 벌을 받느냐는 아들에게 맡긴다. 선택한 벌이 너무 지나치자 아버지는 마침내 이렇게 말한 일도 있다.

"네 벌은 너무 지나치다. 일주일 동안 야구를 안 하는 건 너무 가없다. 이틀 동안만 안 해도 벌은 충분하다."

바우어 박사는 점심 식사에 늦은 소년에 관해서 상담한 내용을 말해주고 있다. "어머니는 몹시 화가 나서 그에게 덤벼들어 그 아이가 마치 어린 짐승이라도 되듯이 나무라고 억지로 점심을 다 먹였습니다. 어머니가 투덜거리며 나가자 소년은 곧바로 음식물을 토해냈습니다. 그리고 소년은 가출했지요. 한밤중에 남의 차에 편승해서 마을을 빠져 나가려던 소년은 경찰관에게 붙잡혔습니다."

이 어머니가 해야 했던 일은 바우어 박사에 따르면 이렇다. "점심 식사에 소년이 나타나지 않았다면 어머니는 점심을 혼자 먹고 나서 치우고, 소년이 나타나면 다시 음식을 차려 먹이고 설거지하라고 일렀어야 했습니다. 이는 그에게 알맞는 벌이 되는 것이며, 식사에 늦으면 벌을 받게 된다는 가르침도 될 것입니다."

부모가 상상력을 발휘해서 아이들을 훈련하면 잔소리보다 위험이 적고, 좋은 결과를 얻을 수 있다. 게다가 이런 작전을 짬으로써 부모는 그 가정을 행복하게 할 뿐 아니라 그들의 상상력을 일깨워 줄 수 있는 것이다.

부모는 또 자녀들이 독창적으로 되려는 것을 도울 수 있다. 예를 들면, 진 린드로프 부인의 자녀들이 침착하지 않고 투덜거리며,

"뭐 놀 게 없나?"

하면 부인은 늘 이렇게 대답한다.

"이리 오너라, 앤. 종이하고 연필을 가져와서 네가 하고 싶은 걸 모두 적어 봐요. 적어도 25가지는 꼽을 수 있을거다. 그 리스트만 만들어도 아주 재미있어요."

백화점 임원 줄리안 트라이바스도 자녀들에게 생각하게 하고 있다. 어느 날 저녁 식사 때 그는 가늘고 긴 구멍이 뚫린 이상한 나무 상자를 열었다. 그리고 6,000개 기업체에서 시행하고 있는 제안 제도에 대해 다섯 자녀에게 이야기해주었다. 그리고 가정의 행복을 위해 아이디어가 떠오르면 그 제안을 상자 속에 넣으라고 말했다. 월말이면 가장 훌륭한 제안에는 멋진 상품을 주겠다고 했다. 트라이바스 방식은 터무니없는 아이디어는 내놓지 않았지만 다섯 자녀들은 머리를 독창적으로 쓰는 기쁨을 배웠던 것이다.

브레인스토밍은 유익한 오락으로써 이웃끼리 사귀는 방법으로도 이용되고 있다. 그들은 일주일 동안에 하루씩 서로의 가정에서 만나 리더의 역할을 할 기회를 가졌다. 과정을 완료하고 나서도 그룹은 일주일에 한 번씩 자녀 문제, 시민으로서의 문제, 그리고 기타 상호간의 이익을 브레인스토밍하기 위해 줄곧 만나고 있다.

자기 자신과의 원만한 교류

결혼을 했든, 독신이든 적극적으로 상상력을 발휘하면 각자의 생활에서 보다 많은 것을 얻을 수 있다. 오버스트리트 교수에 의하면, 더욱 매력 있는 인격을 형성할 수 있다고 한다.

"독창적으로 기민한 사람은 그렇지 않은 사람보다 훨씬 재미있다. 그들은 마치 전혀 다른 종족이거나 아니면 좀더 높은 진화의 수준에 속해 있는 것처럼 보인다. 그들은 단순히 무엇인가를 볼 뿐 아니라 그것이 다른 곳에도 쓸 수 있음을 간파한다. 그 힘은 사람을 동물과 구별케하는 중요한 특색의 하나이다."

자기 자신과 사이좋게 지내는 것, 즉 우리가 만족하느냐 못 하느냐는 대부분이 독창적이냐 아니냐로 정해진다. 휴먼 엔지니어링 연구소의 발견에 의하면, 우리가 불안해하는 것은 대부분이 자기의 적성을 살리지 못하는 데서 빚어진다고 한다. 우리의 기능은 끊임없이 배출구를 찾고 있다. 뿐만 아니라 끊임없이 발전을 추구하고 있다. 우리가 기능을 막으면 그 재능이 우리를 괴롭힌다. 이처럼 우리가 불만스러워하는 원인은 자기의 독창적 자질을 단련하지 않았기 때문인 경우가 많다. 프랭클린은 말한다.

"독창적으로 생각하지 않는 것은 사는 것을 그만두는 것과 거의 다를 바 없다."

가장 강인한 정신의 소유자도 기분이 우울할 때가 있다. 칼매닝거 박사는 링컨 대통령의 의기소침은 너무 심해서 한동안은 그를 밤낮으로 지켜보아야 했으며, 한때는 모든 칼과 가위, 자살에 쓰일 만한 도구는 전부 제거하는 게 좋다고까지 생각되었던 적이 있음을 기술했다.

링컨의 우울증에는 깊은 이유가 있었다. 그러나 우리 대부분에게 따라다니는 우울은 결코 깊은 원인이 있을 리가 없다. 이런 시기는 독창적 상상력을 올바로 발휘하면 막을 수도 있고, 구할 수도 있다. 마음을 썩히지만 말고 사정을 자상히 기록해본다. 기록해보면 조금도 대단한 일이 아닌 경우가 많다. 우스울 정도의 일도 있다. 그 기록하는 노력 자체로 감정적인 구조를 받게 되고 독창적인 사고에 대한 문이 열린다.

우리는 근심 속에 어떤 독창적인 것을 밀어 넣음으로써 근심을 마음 속에서 밀어낼 수 있다. 윈스턴 처어칠은 1915년 후반만큼 고민한 적이 없었다. 해군 대령일 때는 바빠서 고민할 여유가 없었다. 그러나 그 분주한 지위에서 물러나자 고민에 싸이는 시간이 너무 많았다.

"무서운 전쟁의 전개를 생각할 한가한 시간이 생겼다. 최전선에 앉아서 무슨 일이든 하려고 행동으로 옮기려 할 때, 비극의 방관자로 앉아 있어야 했다. 그때 회화(繪畫)의 여신이 나를 구하러 왔던 것이다."

그러나 회화나 그 밖의 취미보다도 뛰어난 것은 우리가 절망하는 원인과 강력히 맞서는 불요불굴의 정신 단련이며, 나아가야 할 길을 독창적으로 생각하는 일이다.

아이디어 개발은 상상력 훈련으로부터

● 어떻게 하면 남다른 방법으로 직장을 구할 수 있는가?

● 당신이 고용주라고 하자. 구직자의 독창력을 시험하는 세 가지 질문을 생각하라.

● 이미 쓸모가 없을 줄로 알고 있는 아이디어를 열성스런 젊은 종업원이 계속 제안한다면 어떻게 하겠는가?

● 혼자서 밤을 지내야 할 때 자신을 즐겁게 하는 방법을 열 만 들어라.

● 당신이 가장 싫어하는 사람을 생각하라. 다음에는 그의 가장 좋은 점을 들어 보라. 그리고 그 장점을 칭찬하는 방법을 셋만 들어라.

현대를 지배하는

아이디어맨

1판 1쇄 인쇄 : 2005년 7월 25일
1판 1쇄 발행 : 2005년 7월 31일
6판 1쇄 발행 : 2023년 3월 10일

지은이 | 알렉스 F. 오즈보온
옮긴이 | 이 정 빈
펴낸이 | 김 용 성
펴낸곳 | 지성문화사
등 록 | 제5-14호(1976.10.21)
주 소 | 서울시 동대문구 신설동 117-8 예일빌딩
전 화 | (02)2233-0654
팩 스 | (02)2236-0655

정 가 | 15,000원